W0359139

# Les Grandes Énigmes de la Franc-Maçonnerie

PHILIPPE BENHAMOU

# Les Grandes Énigmes de la Franc-Maçonnerie

ÉDITIONS FRANCE LOISIRS

*À Brigitte et à Jean-Charles,*
*pour leur lecture attentive et leur soutien*

Édition du Club France Loisirs,
avec l'autorisation des Éditions First

Éditions France Loisirs,
123, boulevard de Grenelle, Paris
www.franceloisirs.com

Le Code de la propriété intellectuelle n'autorisant, aux termes des paragraphes 2 et 3 de l'article L. 122-5, d'une part, que les « copies ou reproductions strictement réservées à l'usage privé du copiste et non destinées à une utilisation collective » et, d'autre part, sous réserve du nom de l'auteur et de la source, que les « analyses et les courtes citations justifiées par le caractère critique, polémique, pédagogique, scientifique ou d'information », toute représentation ou reproduction intégrale ou partielle, faite sans le consentement de l'auteur ou de ses ayants droit ou ayants cause, est illicite (article L. 122-4). Cette représentation ou reproduction, par quelque procédé que ce soit, constituerait donc une contrefaçon sanctionnée par les articles L. 335-2 et suivants du Code de la propriété intellectuelle.

© Éditions First, 2007
ISBN : 978-2-298-01309-2

## Sommaire

# INTRODUCTION

Questionnez votre entourage sur la franc-maçonnerie et vous entendrez que c'est une force politique, un groupe de lobbying ou un mouvement social. Certaines personnes vous répondront que la franc-maçonnerie est une religion, une méthode de développement personnel, une voie spirituelle ou un refuge d'intellectuels nostalgiques du siècle des Lumières. D'autres, enfin, vous diront qu'elle est surtout une secte souterraine, un groupement de notables, un réseau d'hommes d'affaires, un club de rencontres pour solitaires, une université du troisième âge ou encore un havre de paix face à la tyrannie domestique. Bref, beaucoup d'idées reçues, beaucoup de fantasmes et surtout beaucoup d'interrogations.

Dès la création de la première Grande Loge maçonnique en 1717, à Londres, des textes ont commencé à circuler, détaillant ce qui se passait dans les loges, ce que les francs-maçons se racontaient et les rites étranges auxquels ils se livraient. Trois siècles plus tard, tout ou à peu près tout a été dit, raconté et écrit sur la franc-maçonnerie. Les loges et obédiences possèdent leur propre site internet. Les blogs maçonniques se multiplient. Les rituels sont publiés et commentés sur le Net. Les rayons des librairies sont remplis de témoignages de francs-maçons. Les rites maçonniques sont montrés à la télévision et les déballages polémiques sur la franc-maçonnerie, les francs-maçons et leurs organisations font régulièrement la couverture des hebdomadaires.

Et pourtant la franc-maçonnerie reste mystérieuse. Son histoire est remplie d'énigmes qui font toujours autant travailler notre imagination… pour le meilleur comme pour le pire. Pourquoi ? Parce que tout le monde aime les mystères et que la franc-maçonnerie constitue par excellence un inépuisable réservoir à énigmes. Son caractère secret laisse, en effet, la porte ouverte aux délires les plus incroyables imaginés par des antimaçons et, parfois, par les francs-maçons eux-mêmes.

Nos idées reçues ne sont donc pas le fruit du hasard. Elles proviennent souvent d'actions de propagande et de désinformation menées avec plus ou moins d'efficacité par les ennemis de la franc-maçonnerie. L'abbé Augustin Barruel imagina les francs-maçons en comploteurs contre le roi et l'Église, et les voilà aujourd'hui soupçonnés d'influencer les plus hauts personnages de l'État français et de se livrer à des opérations financières malhonnêtes.

Les esprits les plus fous ont même écrit que tous les soirs le diable en personne revêt son tablier et s'invite dans des arrière-loges où les francs-maçons immolent de jeunes vierges sur des autels recouverts de peau de chèvre ! Si cela nous fait sourire aujourd'hui, d'autres affabulations ont eu des conséquences plus tragiques. Lorsqu'en 1890 les services secrets russes construisent de fausses preuves pour prouver l'existence d'un complot judéo-maçonnique, pouvaient-ils imaginer que ce texte deviendrait le livre de chevet de Hitler ?

Ce livre raconte l'origine des grandes énigmes qui parsèment l'histoire de la franc-maçonnerie. Des commanderies templières à la pyramide du Louvre, il démêle le vrai du faux et propose des pistes pour éclairer ces questions. Derrière ces dernières se cachent certes une part de vérité historique, mais aussi souvent une bonne dose de fantasmes.

Amateurs de mystères, toutes les énigmes ne seront pas résolues. Mais ne vous inquiétez pas. En la matière, comme dit l'adage, la réalité dépasse souvent la fiction…

# CHAPITRE 1

## Et si les Templiers avaient inventé la franc-maçonnerie ?

« Pierre d'Aumont peut enfin souffler. Après plusieurs mois d'efforts et de dangers, il a réussi la première partie de sa mission. Quelques semaines plus tôt, aidé de ses plus fidèles compagnons, il a passé plusieurs nuits à charger des coffres sur de grands chariots. Il est le seul à savoir ce que contiennent ces lourdes malles. Il regarde encore une fois la porte du Temple. Le dernier chariot est chargé. Il donne l'ordre de les recouvrir de paille pour passer à travers les mailles de la police de Philippe le Bel, roi de France. Pierre d'Aumont franchit une dernière fois la porte du Temple. Il laisse à regret son long manteau blanc orné d'une grande croix rouge et s'habille, ainsi que ses compagnons, avec des habits de maçons achetés rapidement au carreau du Temple. Vite, il ne faut pas traîner ! Le jour commence à se lever et la route jusqu'à La Rochelle est longue et risquée. Dans quelques heures, l'acte de condamnation des Templiers signé par le pape sera exécuté ! Tous seront arrêtés et le temple fermé.

Le navire est déjà prêt et attend sa précieuse cargaison. Le chargement se fait, là encore, dans le plus grand silence. L'équipage a rejoint le navire, les voiles sont bordées. La marée et le vent qui se lève se chargeront de sortir le navire du port de La Rochelle. La route a été soigneusement tracée par Jacques de Molay, le Maître de l'ordre du Temple lui-même. D'abord contourner la Bretagne, puis cap sur les îles anglaises, contourner l'Irlande, puis enfin l'Écosse. Là, Pierre d'Aumont sait qu'il est attendu par Georges Harris, Maître écossais de l'ordre du Temple, et par Robert de Bruce, le roi d'Écosse. Jacques de Molay a été formel. Le trésor devra être conservé en lieu sûr car l'ordre du Temple devra être reconstruit. Pierre d'Aumont ne sait pas très bien ce qu'il adviendra de lui. Mais il sait que Robert de Bruce le protégera. En échange, il lui transmettra les secrets qu'il a reçus en déposition. Pierre d'Aumont, expert en architecture, débarque en Écosse habillé en maître maçon. Avec Robert de Bruce, il fondera la franc-maçonnerie, nouvel ordre chargé de venger les Templiers injustement spoliés par le roi de France. »

Quelle belle histoire que cet ordre des Templiers détruit en 1307 et qui continue à vivre au travers de la franc-maçonnerie ! Quelle belle histoire que ce fameux trésor des Templiers qui aurait été transporté en Écosse ! Quelle belle histoire, enfin, que celle racontant que les Templiers auraient inventé la franc-maçonnerie ! Belle histoire, oui, mais – les historiens sont formels – tout est faux… ou presque !

## Deux chevaliers sur un même cheval

La première croisade débute en 1095. La dernière a lieu en 1270. Pendant deux siècles, les chrétiens d'Occident luttèrent pour reprendre Jérusalem aux Turcs, puis aux Arabes. Reprendre Jérusalem, c'était assurer aux milliers de pèlerins chrétiens l'accès à la Ville sainte. Tous ceux qui participaient à la croisade étaient marqués par le signe de la croix. Ils devenaient ainsi des croisés.

Les routes de l'époque n'étaient pas sûres. Les pèlerins chrétiens étaient souvent dépouillés et même assassinés. Après la prise de Jérusalem en 1099, deux croisés, Hugues de Payns et Geoffroy de Saint-Omer, décident de fonder un ordre chevaleresque, les Templiers, chargé de protéger les pèlerins qui arrivent par milliers deux fois par an par bateau. De leur lieu de débarquement, Saint-Jean-d'Acre ou Caïffa (aujourd'hui Akko et Haïfa en Israël), jusqu'à Jérusalem, les Templiers leur assurent la protection. Mais, très vite, ils ne se contenteront pas de les escorter. Comme il vaut mieux prévenir que guérir, ils bâtissent des sortes de bastions sécurisés, passent à l'offensive et deviennent ainsi de véritables guerriers.

Mais ils ne sont pas assez nombreux et ils ressentent le besoin d'une organisation plus structurée et, surtout, d'une reconnaissance officielle. À l'automne 1127, le pape Honorius II reconnaît officiellement l'ordre du Temple et dicte les règles de fonctionnement. Ce sont, bien entendu, des règles monastiques. Ainsi, la vie des Templiers est divisée en périodes régulières de prière, de lecture des Saintes Écritures, de repos et de travail physique. Mais l'ordre des Templiers est également un ordre guerrier et les règles monastiques ont été adaptées à la vie active que devaient mener les Templiers.

Ainsi, la règle du jeûne était moins stricte, parce que les Templiers devaient garder leurs forces pour le combat.

Les voilà donc reconnus. L'ordre des Templiers est composé de chevaliers issus de la noblesse, de prêtres, mais aussi de sergents, d'écuyers et de servants. Seuls les chevaliers sont autorisés à porter le fameux long manteau blanc et le grand bouclier. Ils portent la grande croix rouge caractéristique de leur ordre. Sur leur sceau, véritable carte de visite de l'époque, on peut voir une chose surprenante : deux chevaliers sur le même cheval. Non pas que les chevaux étaient une ressource rare mais simplement parce que la règle était formelle : la police de la route se fait toujours à deux, par mesure de sécurité. Les ancêtres de nos motards en quelque sorte ! De plus, ayant fait vœu de pauvreté, il était de bon ton de ne pas montrer à l'extérieur que l'ordre était riche et même très riche.

Comme tout ordre, celui du Temple était fondé sur une hiérarchie très stricte dirigée par le Maître de l'ordre. Le terme de « grand maître » souvent utilisé pour désigner les chefs de l'ordre du Temple est issu de l'imagination des historiens des XIX^e^ et XX^e^ siècles. Chaque région était également dirigée par un maître et les Templiers vont s'installer dans toute l'Europe chrétienne : Portugal, Espagne, Allemagne, France, Angleterre, Italie et Hongrie.

Mais plus encore que protecteurs des lieux saints et des pèlerins, ils deviennent une organisation (on dirait aujourd'hui une ONG) indispensable à la défense de la chrétienté. Leur grande renommée fait que les nobles leur accordent des dons de grande valeur. Par ces donations, ils soutiennent l'Ordre mais aussi s'achètent une place au paradis. Bâtiments, terres, revenus, les dons affluent et les caisses se remplissent rapidement. Grâce à cette manne, l'organisation templière va participer à l'édification de l'Europe médiévale.

## Un tiers de Paris appartient aux Templiers

En deux siècles, les Templiers vont construire un nombre impressionnant de commanderies et de nombreuses places fortes en Orient et dans la péninsule Ibérique.

Les commanderies servent à la fois à rapporter de l'argent, grâce aux dîmes et autres taxes qu'elles perçoivent, mais aussi à assurer la fourniture de biens alimentaires et de chevaux nécessaires à la réussite des expéditions en Terre sainte.

Les commanderies sont de vastes exploitations agricoles. L'architecture est caractéristique des grandes fermes fortifiées de cette époque. Deux différences cependant : la présence indispensable d'une chapelle, et les croix templières qui ornent tous les bâtiments. Le nombre de commanderies est assez bien connu. Régine Pernoud en dénombre 9 000 au total, dont 700 en France d'après Georges Bordonove. Mais Laurent Dailliez, dans *Les Templiers*, explique qu'une décision du pape Alexandre III est à l'origine de « fausses commanderies », c'est-à-dire des fermes qui se disaient templières pour bénéficier de privilèges particuliers. Selon la bulle du pape, il suffisait, en effet, de faire porter à tous les animaux de la ferme un morceau d'étoffe sur lequel était cousue la croix de l'Ordre pour devenir *ipso facto* des protégés des Templiers et surtout être exempté de certaines taxes.

À Jérusalem, les Templiers possèdent deux couvents avec 350 chevaliers et environ 1 200 sergents. L'Ordre administre son propre port à Saint-Jean-d'Acre. Mais dès l'an 1140, l'Ordre installe son siège à Paris, dans la commanderie de La Villeneuve qui se situe près de l'actuelle rue du Temple. Imaginez qu'à la fin du XIIe siècle, un tiers des terres de la ville de Paris appartenait aux Templiers. D'ailleurs, de nombreuses traces des Templiers sont encore visibles, en particulier à Paris dans le quartier qui porte leur nom : le quartier du Temple.

Certaines commanderies ont été construites directement par les Templiers comme celle d'Arville dans le Loir-et-Cher, d'autres furent reçues par legs comme celle de La Couvertoirade, située sur le plateau du Larzac, offerte aux Templiers par le vicomte de Millau en 1158. Ces deux lieux peuvent être encore visités aujourd'hui.

Plus que des exploitants, les Templiers ont modifié le territoire. Ils ont construit des routes et des ponts. Ils ont creusé des étangs pour la pisciculture. Ils ont déboisé pour augmenter la surface de leurs terres cultivables. À Paris, ils ont asséché les terres marécageuses situées alors au nord de l'enceinte de Philippe Auguste pour les louer à des maraîchers (actuel quartier du Marais). Les Templiers creusèrent des mines, en particulier des mines de fer pour réaliser les armures et les cottes de mailles. Ils devinrent également d'excellents commerçants, doués pour le négoce international. Ils possédaient une marine pour assurer le transport des pèlerins en Terre sainte et pratiquaient même la location de bateaux.

Les Templiers étaient donc de grands constructeurs. Ils entretenaient de multiples chantiers et les maçons y étaient nombreux, exerçant librement leur métier sans être soumis aux charges du roi ni à celles de la cité. Il est évident que les Templiers et les corporations de métiers se côtoyèrent pendant ces deux siècles. Les Templiers avaient besoin de construire et les corporations de métiers avaient tout simplement besoin de travailler et surtout d'être protégés par les Templiers afin de jouir des privilèges comme ceux, non négligeables, de ne pas payer de dîme ni d'impôts.

### S'il meurt, c'est pour son bien, s'il tue, c'est pour le Christ

Les croisés dans leur ensemble étaient perçus par les Arabes comme de véritables barbares, ignorants et puérils. Au début du XIIe siècle, les Templiers se révélèrent les combattants les plus fanatiques que durent affronter les Arabes. Bien que moines chrétiens, ils avaient le droit de tuer. Ce que saint Bernard explique en 1129 en ces termes : « Le chevalier du Christ donne la mort en toute sécurité et la reçoit avec plus d'assurance encore. S'il meurt, c'est pour son bien, s'il tue, c'est pour le Christ. » L'entrée dans l'Ordre était gratuite et volontaire.

Le candidat faisait don de lui-même et l'entrée était directe, dès la prononciation des vœux, et à vie. Il devait être âgé de plus de 18 ans, être un homme libre et n'appartenir à aucun ordre. C'est dans les commanderies qu'étaient formés et entraînés les nouveaux chevaliers, avant d'être envoyés en Orient.

Les Templiers possédaient une puissance militaire équivalente à 15 000 hommes dont 1 500 chevaliers entraînés au combat et entièrement dévoués au pape. Par conséquent, une telle force ne pouvait que se révéler gênante pour le pouvoir royal en place. Pour Philippe le Bel (roi de France de 1285 à 1314), soucieux d'asseoir son pouvoir, ces moines-soldats au service du pape devenaient finalement très gênants.

**Les Templiers inventent le chèque de voyage**

Pour mener à bien leur mission de bâtisseurs et de soldats, les Templiers avaient besoin d'argent. Dans un laps de temps étonnamment court, les Templiers virent leur prestige et leur richesse croître avec la création de l'un des premiers systèmes bancaires internationaux. Quand un chevalier partait pour les croisades, il déposait de l'or dans la commanderie la plus proche de son lieu de résidence. Il partait avec une lettre de crédit qui lui permettait de retirer de l'argent aux autres commanderies templières sur la route de Jérusalem. Cela lui permettait de voyager sans se faire détrousser, ne portant sur lui aucune valeur, et de recevoir de l'argent en quelque pays où il se trouvât. C'était la première fois que cet ingénieux système bancaire était utilisé à si grande échelle.

Les Templiers ne payaient aucun impôt, mais la bulle pontificale *Militia Dei* (1145) leur permettait, en outre, de percevoir des dîmes, impôt jusque-là réservé aux ecclésiastiques.

Les Templiers prêtaient de l'argent aux pèlerins, aux commerçants, au clergé et même aux rois en proie à des difficultés. Ainsi, à plusieurs reprises, ils aidèrent le Trésor royal à financer les croisades. Mais l'argent était toujours rendu, comme l'atteste Louis VII dans une lettre à son intendant : « Nous ne pouvons pas nous imaginer comment nous aurions pu subsister dans ces pays [l'Orient] sans leur aide et leur assistance. Nous vous notifions qu'ils nous prêtèrent et empruntèrent en leur nom une somme considérable. Cette somme leur doit être rendue. » Mais, comme le stipulait l'Église, les Templiers s'interdisaient le paiement d'un intérêt. Malins, ils jouaient simplement sur le cours des monnaies, bref ce qu'on appelle aujourd'hui le marché des changes ! Après tout, l'argent n'est-il pas le nerf de la guerre ?

À la fin du XIIIe siècle, les Templiers sont devenus, pardon pour cet anachronisme, un État dans l'État. Jugez plutôt. Ils sont puissants. Ils bénéficient d'une armée obéissante et fidèle. Ils disposent de leur propre clergé. Les commanderies leur assurent leur subsistance. Le pouvoir royal en a besoin. L'Église les protège. Ils sont utiles, ils sont partout. Ils sont en train de devenir un danger pour Philippe le Bel, roi sans scrupule prêt à tout pour transformer un État encore féodal en une monarchie moderne. Après leur avoir accordé tous les pouvoirs et tous les privilèges, le roi de France va provoquer la chute de l'Ordre.

## Le souffle spirituel transmis par un baiser sur la bouche

Il faut dire que l'ordre des Templiers, après deux siècles de discipline et de grandeur au service de la chrétienté, commence à jouer les trouble-fête. Ainsi, les Templiers sont accusés de mener leur propre politique et de ne plus suivre celle du pouvoir en place. Ensuite, ils commencent à perdre des batailles en Terre sainte et de nombreux chevaliers meurent dans les combats. En 1291, la ville de Saint-Jean-d'Acre, ce port méditerranéen d'où débarquaient les pèlerins, est prise par les musulmans. Cette défaite marque la fin de la présence des Templiers en Terre sainte. Les dernières places fortes sont évacuées sans combat et les 30 000 Templiers survivants retournent en France.

Là, ils ne sont pas les bienvenus. Ceux qui vivaient en Occident étaient vus comme des privilégiés. Partout, on raconte qu'ils ont oublié le vœu de pauvreté, qu'ils ne sont pas si chastes que ça. Pis encore, des bruits sur les pratiques occultes des Templiers commencent à circuler dans tout le royaume de France.

Ces rumeurs racontent que lors de l'intronisation d'un nouveau Templier, une cérémonie secrète, n'ayant plus rien à voir avec les rites chrétiens, est pratiquée. Ainsi, lors de la cérémonie, « le souffle spirituel était transmis par le baiser sur la bouche. Sur le plexus sacré, il donnait la force créatrice spirituelle et matérielle ; sur [le nombril] il marquait le lien rattachant le néophyte à l'Ordre, sur le sexe enfin, il confirmait le pouvoir créateur viril ». Plus fort encore, les Templiers étaient accusés de s'être convertis à la religion de Mahomet et d'adorer une idole appelée Baphomet. Le nom de cette figure étrange, mi-homme, mi-femme, serait une contraction de saint Jean-Baptiste et de Mahomet. Par cette idole, les Templiers montreraient donc qu'ils auraient pratiqué une religion nouvelle née de la fusion des deux religions ennemies. Le plus surprenant dans cette histoire d'idole, c'est que, cinq siècles plus tard, les francs-maçons seront accusés d'adorer le même Baphomet.

Les Templiers ont eu le temps, en particulier pendant les périodes d'accalmie, de s'imprégner des conceptions philosophiques et ésotériques de l'islam. Les Templiers auraient eu des contacts avec les « Assassins », cette secte fondée au XI^e^ siècle par Hassan Ibn Sabbah. Comme les Templiers, les Assassins sont des chevaliers moines principalement basés en Syrie et en Perse. Les Templiers et les Assassins partageaient donc la même mission : la défense de la Terre sainte, et ils s'allièrent même lorsqu'un ennemi commun apparut : les Mongols ! Les Templiers jouaient un rôle d'intermédiaires avec le monde musulman. Ils apprirent l'usage des chiffres arabes et acquirent des connaissances en astronomie, en alchimie, en géométrie et en numérologie. De ce fait, ils atteignirent un niveau d'évolution supérieur à celui de leurs contemporains. Cette connaissance dans les domaines de l'art et de la science est certainement à l'origine de l'essor de l'Ordre et de son indépendance vis-à-vis des autorités. Ce même essor les conduira à leur perte.

La Terre sainte perdue, les Templiers devenaient inutiles et encombrants. Leur pouvoir devenait gênant et leur richesse, objet de convoitise. Le roi Philippe le Bel avait rapidement compris le danger que représentait l'ordre du Temple. De plus, comme il avait contracté de lourds emprunts pour faire la guerre et avait besoin d'argent – énormément d'argent, et au plus vite –, il alla en demander aux Templiers qui lui refusèrent ce crédit. Furieux, Philippe le Bel convainquit le nouveau pape Clément V d'excommunier tout l'ordre des Templiers. Le prétexte ? Le témoignage d'un ancien Templier selon lequel les membres se livraient à des rites initiatiques secrets et à des pratiques obscènes.

## Rites obscènes, sodomie et adoration d'idoles

La condamnation du pape Clément V tombe le vendredi 13 octobre 1307. Tout chevalier du Temple de France devait être immédiatement arrêté. Cette condamnation fit l'effet d'une bombe sur la population. La plupart des Templiers présents dans les commanderies sont arrêtés sans résistance. Étaient-ils confiants ou obéissaient-ils à une consigne ?

Après l'arrestation et la confiscation des biens des Templiers, les officiers du roi, aidés par les inquisiteurs de l'Église, commencent les interrogatoires.

Rien qu'à Paris, cent trente-quatre prisonniers sur cent trente-huit confirment l'exactitude du premier témoignage : reniement du Christ, rites obscènes, sodomie, adoration d'idoles, cupidité, négation des sacrements, réunions nocturnes secrètes. C'est fou ce qu'on peut avouer sous la torture !

Ces interrogatoires vont durer sept ans. Le rouleau de parchemin qui contient la transcription des interrogatoires mesure, à lui seul, plus de vingt mètres ! Au final, l'acte d'accusation reposera sur ces onze points jugés très graves :

1. Les Templiers ne croyaient pas en Dieu.
2. Aussitôt après avoir été reçu dans l'Ordre, tout nouveau templier était tenu de renier Dieu, de marcher sur la croix et de cracher dessus.
3. Ils adoraient une tête de bois aux yeux brillants comme la clarté du ciel et portant le nom de Baphomet.
4. Ils avaient trahi saint Louis quand il avait été fait prisonnier en Terre sainte.
5. Ils avaient vendu les chrétiens aux infidèles.
6. Ils avaient puisé dans le trésor royal confié à leur garde.
7. Ils commettaient entre eux des actions contraires aux mœurs.
8. Lorsqu'un enfant venait à naître d'une femme et d'un Templier, ils se rangeaient tous en rond, se passaient l'enfant de main en main jusqu'à ce qu'il meure ; après quoi ils le faisaient rôtir et se servaient de la graisse pour oindre leur idole à tête de bois.

9. Ils avaient coutume d'avaler les cendres des frères morts.
10. Ils s'entouraient les reins d'une ceinture destinée à détruire certains maléfices.
11. Ils n'entraient qu'à reculons dans une maison où se trouvait une femme nouvellement accouchée.

Notons que sur ces onze motifs, certains seront repris plusieurs siècles plus tard pour accuser la franc-maçonnerie de complot contre l'Église (voir chapitre 6) !

**Maudits jusqu'à la treizième génération**

Les chevaliers sont jugés pour hérésie sur la base d'une variété d'accusations plus ou moins inventées, et beaucoup sont torturés et brûlés vifs. Les ordres du pape s'étendirent à toute la chrétienté, et tout pays qui refusait d'arrêter un chevalier du Temple était menacé d'excommunication. Un très long procès suivit cette condamnation. Sept ans d'interrogatoires, de cachots, de rumeurs et de souffrance et de condamnation pour les chevaliers du Temple. Sept ans donc après la condamnation du pape, Jacques de Molay, dernier grand maître du Temple, est brûlé le 18 mars 1314 à Paris, date qui marque la fin officielle des chevaliers du Temple. Avant de mourir sur le bûcher, Jacques de Molay lança sa fameuse malédiction : « Maudits, vous serez tous maudits jusqu'à la treizième génération. » Cette malédiction passa presque inaperçue mais, un mois plus tard, Clément V mourut de dysenterie, suivi par Philippe le Bel frappé d'apoplexie en novembre de la même année, suivi enfin de la mort de tous ceux qui étaient intervenus dans le procès contre les Templiers... La légende de Jacques de Molay et des rois maudits était née. Maurice Druon en fera un chef-d'œuvre.

Le trésor des Templiers fut partagé entre les souverains d'Europe et leurs biens immobiliers furent donnés à l'ordre de Saint-Jean de Jérusalem (qui deviendra l'ordre des Chevaliers de Malte). La maison du Temple à Paris fut fermée. Les Templiers rescapés rejoignirent d'autres ordres religieux en Allemagne, en Espagne ou au Portugal. Certains parmi les plus hauts placés dans l'Ordre prirent rang de chevaliers au service des princes. D'autres croupirent en prison. D'autres enfin disparurent dans la nature. Les servants se réfugièrent dans les corporations d'artisans et d'ouvriers.

## Les Templiers réfugiés en Écosse inventent la franc-maçonnerie

L'histoire de l'ordre du Temple s'arrête là. Enfin presque, parce que depuis l'exécution de Jacques de Molay les histoires les plus folles ont commencé à circuler.

L'une d'entre elles affirme que l'ordre du Temple n'est pas mort en 1314 et qu'il continue à vivre dans la franc-maçonnerie ! Cette histoire, comme souvent, mélange de petites vérités historiques et de grands mystères.

Parmi ces mystères, une légende tenace affirme que Jacques de Molay, peu avant son exécution, confia les secrets, les reliques et surtout le fameux trésor des Templiers à ses proches. Plus encore, il leur confia la mission de reconstruire l'ordre des Templiers et surtout celui de le venger en luttant contre les rois et les papes.

Le héros de cette légende s'appelle Pierre d'Aumont. En 1307, il est alors maître de la province d'Auvergne. Peu après l'exécution de Jacques de Molay, Pierre d'Aumont s'enfuit dans l'île écossaise de Mull. Pourquoi l'Écosse ? Parce qu'à cette époque toute l'Écosse était déjà excommuniée, et les Templiers menacés par l'édit du pape comprirent rapidement qu'ils pouvaient y trouver refuge et la protection du roi Robert de Bruce. Là, Pierre d'Aumont aurait aidé le roi écossais Robert de Bruce dans sa lutte contre les Anglais. Les Templiers possédaient de grandes connaissances dans tous les domaines intéressant un roi : construction, aménagement, agriculture, élevage, pratique militaire, vie monastique... Ces connaissances étaient disponibles, moyennant finance et surtout protection, à qui n'avait pas peur de braver l'autorité du pape. À partir de cette fuite supposée en Écosse des survivants de l'ordre du Temple, certains auteurs affirment que les Templiers cachés en Écosse se réfugièrent dans les loges de corporations de métiers et reconstruisirent ensemble un ordre chargé de venger les Templiers : la franc-maçonnerie !

Une autre légende vient confirmer cette hypothèse du lien entre la franc-maçonnerie et les Templiers. Le soir du 18 mars 1314, Pierre d'Aumont et sept autres chevaliers auraient récupéré les cendres de Jacques de Molay et les auraient jetées en direction du palais de la Cité en criant les mots « Mac Benach » et en jurant de venger l'Ordre. Or le mot « Mac Benach » que la légende attribue à Pierre d'Aumont est le mot de passe du troisième degré du rite écossais. Mais ce terme n'apparaît que bien plus tard dans les rituels maçonniques. Il est donc étonnant que la légende le place dans la bouche de Jacques de Molay. Sauf si l'histoire n'a d'autre but que de laisser subsister un doute sur la filiation possible entre les Templiers et les francs-maçons, comme chercheront à le faire croire les francs-maçons au XVIIIe siècle.

**Un symbole de chasteté en peau de mouton**

Plusieurs autres faits troublants viennent confirmer l'hypothèse d'un lien entre Templiers et francs-maçons.

Tout d'abord, les Templiers étaient poursuivis et devaient se cacher des catholiques, de sorte qu'ils auraient eu besoin d'établir des mots de passe secrets et autres modes de reconnaissance. Ils auraient emprunté aux corporations de métiers leurs secrets et symboles, et se dénommèrent francs-maçons.

Les Templiers portaient une « ceinture » de peau de mouton autour de la taille, en tant que symbole de chasteté. Certains y ont vu l'origine des tabliers que portent les francs-maçons.

Le fait que les Templiers étaient un ordre français expliquerait l'origine française de nombreux termes inhabituels associés à la franc-maçonnerie écossaise comme « geste de garde » ou « tailleur ».

Mais les historiens considèrent très souvent ces histoires comme des légendes. Ainsi, aucun fait historique ne prouve l'existence du voyage de Pierre d'Aumont en Écosse. Dans les documents dressant l'inventaire des biens des Templiers, documents qui serviront au partage de ces biens, on ne trouve aucune trace des nombreux bateaux des Templiers. Certains y verront une manœuvre habile de Philippe le Bel pour s'emparer de ces bâtiments, d'autres la marque d'un mystérieux complot. Aucune trace également, ni des chariots qui auraient quitté Paris pour La Rochelle ni encore d'une flotte qui aurait quitté La Rochelle pour les îles Britanniques.

**La tête momifiée du Christ**

La légende raconte que les Templiers réfugiés en Écosse auraient permis au roi Robert de Bruce de gagner la bataille de Bannockburn en 1314 contre les Anglais. Pour les remercier, Robert de Bruce aurait créé l'ordre du Chardon, qui deviendra la plus grande distinction militaire écossaise. Hélas, aucun historien sérieux ne viendrait confirmer une telle légende, créée de toutes pièces par un romancier du XVIIIe siècle en mal d'inspiration. L'ordre du Chardon fut créé en 1687 !

Mais la plus belle légende concernant les Templiers prétend qu'ils avaient trouvé un grand trésor dans les sous-sols du temple de Jérusalem. De nombreuses histoires décrivent ce trésor : argent, reliques, documents rares, morceaux de l'Arche d'alliance ou de la croix du Christ, la couronne du roi Salomon, le chandelier à sept branches, les quatre évangélistes d'or ornant le Saint-Sépulcre, et même la tête momifiée du Christ ! La rumeur ira même jusqu'à affirmer que le suaire de Turin, censé avoir enveloppé le corps du Christ, aurait en fait servi à entourer la dépouille de Jacques de Molay (qui, rappelons-le, fut brûlé !). À la dissolution de l'ordre du Temple, ces légendaires objets auraient circulé en Europe pour finir enterrés, par exemple, dans la crypte de Rosslyn Chapel. Bref, l'imagination est au pouvoir au supermarché des croyances !

Les spéculations sur un trésor des Templiers disparu ou caché hantent encore aujourd'hui les esprits. On raconte même que Henry Sinclair, baron de Rosslyn, le père du fondateur de Rosslyn Chapel, aurait quitté l'Écosse en 1398 et rejoint une île de la Nouvelle-Écosse pour enterrer le trésor des Templiers.

Mais revenons aux francs-maçons. D'où vient l'idée si souvent répandue que la franc-maçonnerie est la continuation de l'œuvre des Templiers ? En 1314, on l'a vu, les Templiers et les maçons des corporations de métiers se côtoient. Mais l'idée d'une filiation entre la franc-maçonnerie et les Templiers apparaît quatre siècles plus tard.

## Les francs-maçons redécouvrent l'héritage des Templiers

Vers 1730, lorsque la franc-maçonnerie laisse derrière elle les truelles et le mortier pour devenir un club pour aristocrates et bourgeois, elle cherche rapidement à entraîner les nobles dans son sillage. Mais ces derniers sont difficiles à convaincre. L'idée d'être rattaché à une corporation d'ouvriers n'est pas très flatteuse. Il leur faut une filiation plus prestigieuse. Un homme va les faire rêver... et cet homme s'appelle Andrew Michael de Ramsay.

Il est le Grand Orateur de l'Ordre maçonnique en France et c'est lui qui va trouver l'astuce pour conquérir la noblesse. Il va exploiter les rêves que la chevalerie suscitait dans les loges. Il va tout simplement fonder une nouvelle maçonnerie sur la symbolique des croisades et des Templiers.

Au début du XVIIIe siècle, les francs-maçons étaient vus d'un mauvais œil. On les accusait de se réunir secrètement dans les arrière-salles des tavernes pour se livrer au libertinage et comploter contre l'Église et la royauté. À cela, Ramsay réplique : « Notre Ordre ne doit pas être regardé comme un renouvellement de bacchanales, et une source de folle dissipation, de libertinage effréné et d'intempérance scandaleuse, mais comme un ordre moral, institué par nos ancêtres dans la Terre sainte pour rappeler le souvenir des vérités les plus sublimes, au milieu des innocents plaisirs de la société. Les rois, les princes et les seigneurs, en revenant de la Palestine dans leur pays, y établirent des loges différentes. Du temps des dernières croisades, on voit déjà plusieurs loges érigées en Allemagne, en Italie, en Espagne, en France et de là en Écosse. » Historiquement c'est faux, archi-faux. Mais peu importe. Le mythe était né : les francs-maçons descendent des Templiers et sont les héritiers de leur dernier grand maître, Jacques de Molay !

Ramsay va ajouter aux grades d'apprentis, de compagnons et de maître de la maçonnerie du début du XVIIIe siècle des « hauts grades » ou grades chevaleresques, qui tirent leur symbolique des Templiers. Il définira les francs-maçons de rite écossais comme tenant « la truelle d'une main et l'épée de l'autre ».

## De faux Templiers en tenue de carnaval

Cette histoire sera reprise et même amplifiée quelques années plus tard par un homme surprenant, le baron de Hund. Dans son ouvrage au titre lugubre *(Du régime de la stricte observance)*, ce franc-maçon allemand cherche à rétablir et à renouveler l'ordre des Templiers. Il propose de créer un ordre pour réhabiliter la mémoire des Templiers et recouvrer leurs biens injustement spoliés. Cet ordre réunit une grande partie de la noblesse allemande puis se répand rapidement à l'ensemble du monde germanique, à la Scandinavie et à la France, avant de disparaître complètement au début du XIXe siècle. L'ordre de la Stricte Observance sera à l'origine du rite écossais rectifié créé par Jean-Baptiste Willermoz, qui sut habilement abandonner les légendes templières pour ne pas inquiéter les autorités laïques et ecclésiastiques. Ce rite disparaît également au XIXe siècle puis resurgit vers 1930. Aujourd'hui, cet ordre chevaleresque existe encore mais reste très marginal dans le monde maçonnique. De plus, la filiation avec l'ordre du Temple dissous en 1307 est une filiation symbolique et mythique, et personne ne croit plus au trésor caché des Templiers.

Pourtant, régulièrement, des illuminés ou des nostalgiques tentent de recréer l'esprit de l'ordre du Temple. Ainsi, en 1808, les Parisiens purent assister à une messe célébrée le jour anniversaire de la mort de Jacques de Molay. Cette cérémonie était organisée par Bernard Fabre-Palaprat, un médecin qui prétendait avoir retrouvé un document unique appelé la Charte Larmenius, qui était une liste des grands maîtres ayant succédé à Jacques de Molay. Fabre-Palaprat affirmait qu'il n'était accordé qu'à de rares personnes le privilège de voir ce document… La cérémonie fut grandiose et soigneusement préparée pour montrer la magnificence de l'Ordre. Les chevaliers portaient le manteau blanc des Templiers alourdi par de somptueux baudriers incrustés d'or. Ils étaient coiffés de toques à plumes selon la mode de l'époque. Rien à voir donc avec la tenue dépouillée des pauvres soldats du Christ ! Comment Palaprat réussit-il à organiser cette cérémonie somptueuse ? Mystère. Mais il obtint l'appui des pouvoirs publics. Napoléon ira même jusqu'à soutenir cette société néo-templière ! Non pas que l'empereur fût intéressé par l'héritage spirituel des Templiers mais plutôt parce qu'il voyait là le moyen d'ennuyer le pape, ou encore de contrôler ces sociétés secrètes si nombreuses en ce début de XIXe siècle. L'Ordre ne survécut pas longtemps à cette tenue de carnaval. Dommage pour Palaprat qui n'eut pas le temps de s'enrichir en vendant les titres honorifiques de « Grands connétables » ou de « Suprême précepteurs » à des bourgeois en mal de reconnaissance. Les historiens sont formels sur Palaprat. Aucune preuve, aucun fait historique ne peut affirmer que la Charte Larmenius a existé ailleurs que dans l'esprit imaginatif de Fabre-Palaprat. Aucun lien n'existe entre Palaprat et l'ordre du Temple, ni avec la franc-maçonnerie de l'époque. Tous les documents retrouvés sont des faux grossiers et ces textes montrent même la méconnaissance que les faussaires avaient de l'ordre du Temple.

## Jacques de Molay, tu es vengé !

Aujourd'hui, une rapide recherche sur internet fait ressortir une bonne centaine d'ordres ou de groupes, et même de sectes, prétendant être les descendants des Templiers. Dans le meilleur des cas, ces groupes se contentent d'affirmer une recherche spirituelle inspirée de la spiritualité templière. Dans le pire des cas, ils affirment être dépositaires d'un secret, d'un trésor ou d'une mission dictée par Jacques de Molay lui-même. Mais du point de vue des historiens, aucun d'entre eux ne peut prétendre être le descendant direct de l'ordre du Temple. La franc-maçonnerie, quant à elle, avoue ne pas savoir grand-chose de ses origines et que la filiation avec les Templiers est plus symbolique et mythique qu'historique. Aucun franc-maçon sérieux n'affirmerait se sentir le descendant des Templiers. Même si certains grades des rites maçonniques sont dits templiers, ou chevaleresques, on a vu qu'ils ont été créés au début du XVIII^e siècle par des francs-maçons en mal de filiation.

Le mystère fait recette. Les auteurs à succès ne s'y trompent pas et… les escrocs non plus. En 1994, une trentaine de morts furent découverts dans une ferme incendiée en Suisse. Tous appartenaient à l'ordre du Temple solaire. Les adeptes de cet ordre considéraient que l'ordre du Temple ne s'est pas éteint avec l'exécution de Jacques de Molay en 1314. L'Ordre aurait perduré secrètement sous la direction de grands maîtres, dans l'attente d'une renaissance le moment venu. Comme tous les mouvements, ordres et sectes se réclamant de cet héritage, l'ordre du Temple solaire ne résiste à aucune analyse historique sérieuse. Malgré cela, cette secte est responsable de plus de soixante morts par suicide collectif.

Cependant, les francs-maçons nourrissent une véritable sympathie pour les Templiers. C'est normal, ces derniers furent de grands bâtisseurs et ils furent victimes, en leur temps, de ce que les francs-maçons combattaient : l'absolutisme du pouvoir royal et l'autoritarisme de l'Église. Ainsi, l'esprit des Templiers souffle parfois dans certaines loges. Un esprit non pas de revanche, mais de justice et de liberté.

Les Templiers avaient pu, pendant plus de deux siècles et au contact des musulmans lettrés, s'imprégner des valeurs de tolérance et des connaissances de l'ésotérisme. Il est possible que les chefs de cet ordre aient, dans leurs rêves les plus fous et las des affrontements incessants depuis plus de deux siècles, imaginé un monde nouveau en unissant la Croix et le Croissant. L'idée aurait été d'écraser Rome et le Lys pour fonder une nouvelle société universelle fondée sur la fraternité et sur la tolérance. Que les francs-maçons des Lumières, quatre siècles plus tard, aient eu la même idée ne relève peut-être pas de la coïncidence (voir chapitre 3).

Alors la Révolution française comme dernier acte de la vengeance des Templiers ? Pourquoi pas ? Rappelons que c'est dans la grosse tour de l'ancienne commanderie templière transformée en prison que furent emprisonnés Louis XVI et sa famille. C'est encore là que le dauphin Louis XVII mourut dans l'indifférence la plus totale.

On raconte que le 21 janvier 1793, lorsque la tête de Louis XVI roula dans le panier, un homme dans la foule s'approcha de la guillotine, trempa ses mains dans le sang royal, puis les leva vers le ciel en criant : « Jacques de Molay, tu es vengé ! »

**À lire**

BAIGENT, Michael et LEIGH, Richard, *Des Templiers aux francs-maçons*, Rocher, 2007.

BORDONOVE, Georges, *Les Templiers : histoire et tragédie*, Fayard, 1997.

CHARPENTIER, John, *L'Ordre des Templiers*, Tallandier, 1977.

DAILLIEZ, Laurent, *Les Templiers*, Perrin, « Tempus », 2003.

DRUON, Maurice, *Les Rois maudits*, Del Duca, 1965.

LORMIER, Dominique, *Les Grands Ordres militaires et religieux*, Trajectoire, 2006.

MOLLIER, Pierre, *La Chevalerie maçonnique : franc-maçonnerie, imaginaire chevaleresque et légende templière au siècle des Lumières*, Dervy, 2005.

PERNOUD, Régine, *Les Templiers : chevaliers du Christ*, Gallimard, « Découvertes », 1995.

SAINT GRALL, Michel, *Dictionnaire du rite écossais ancien et accepté*, Télètes, 1996.

# Chapitre 2

## Rosslyn Chapel, premier temple maçonnique ?

« Le prince William, son âge le faisant souffrir, vint à considérer les années qu'il avait passées et comment il allait employer ses jours restants. C'est pourquoi, sur la fin de sa vie, afin qu'il apparaisse reconnaissant à Dieu pour les bénéfices qu'il avait reçus de lui, il lui vint à l'idée de construire une maison au service de Dieu, du plus curieux ouvrage. Afin qu'elle puisse être réalisée dans la plus grande gloire et la plus grande splendeur, il fit appel à des artistes de toutes les régions et de tous les royaumes étrangers, afin d'avoir grande quantité de maçons, charpentiers, forgerons, terrassiers et tailleurs de pierre. [...] Il entama la fondation de son œuvre en l'an de grâce 1446. Il commença par faire faire des esquisses sur des planches à tracer de bois oriental, qu'il donna ensuite à sculpter à des charpentiers qui suivaient les esquisses, sculptures qu'il donna ensuite aux maçons pour servir de modèles, afin qu'ils puissent les faire apparaître tels quels dans la pierre. Parce qu'il trouvait que les maçons n'avaient pas d'endroit convenable où loger [...] il leur fit construire la ville de Roslin, qui existe encore aujourd'hui, et donna à chacun une maison et des terres. Il récompensa les maçons suivant leur degré ; ainsi, au Maître Maçon, il donna jusqu'à quarante livres de salaire annuel, et aux autres dix livres… »

Tout le monde connaît Rosslyn Chapel comme l'église écossaise où Sophie Neveu, l'héroïne du *Da Vinci Code*, découvre la vérité sur son incroyable héritage. Néanmoins Dan Brown ne l'a pas choisie uniquement pour sa beauté, mais parce que ce lieu recèle d'autres mystères. Selon les légendes, c'est ici que les Templiers auraient débarqué pour fuir la répression de Philippe le Bel, c'est ici que les premières loges maçonniques ont commencé à s'organiser et que les premiers francs-maçons ont été initiés. Certes, la légende est séduisante, mais les preuves avancées sont faibles et les dates ne correspondent en rien. Cependant, les pierres de Rosslyn Chapel délivrent des messages secrets bien plus étranges encore. Messages qu'il nous faut décoder avec la plus grande prudence.

Mais n'allons pas trop vite et transportons-nous en Écosse pour visiter ce joyau de l'architecture gothique.

### Les mystérieux épis de maïs de Rosslyn Chapel

Rosslyn Chapel est une très belle église gothique située à environ 12 kilomètres d'Édimbourg. Elle surprend le visiteur par la profusion de sculptures ornementales riches en symboles propres à lui donner un caractère mystérieux. Les chercheurs en histoire des religions et en architecture s'interrogent encore sur ces énigmes de pierre que représentent les sculptures de Rosslyn Chapel.

La première de ces énigmes est constituée par ces deux cent treize boîtes en pierres finement sculptées dépassant des piliers et des voûtes. Aucune signification satisfaisante n'a jamais été trouvée à ces sculptures étranges. Beaucoup ont cherché des codes particuliers, des secrets ou des messages, mais rien n'y fait, le mystère demeure. L'interprétation la plus prometteuse raconte que ces sculptures creuses seraient comme des « boîtes à musique », sortes de caisses de résonance qui permettraient d'améliorer l'acoustique de la chapelle. Une autre interprétation raconte qu'une mélodie, jouée avec les instruments médiévaux à un volume suffisant, pourrait faire entrer en résonance ces boîtes qui produiraient alors un son particulier susceptible de déceler une chambre ou un passage secret.

D'autres sculptures sont encore plus mystérieuses en apparence. Elles sont appelées des « hommes verts » car elles représentent des visages humains de la bouche desquels sortent des végétaux qui se développent et forment une couronne encadrant les visages. Ces végétaux sont des feuilles ou des branches dont certaines portent des fleurs et des fruits.

Ces « hommes verts » de pierre font tout le tour de l'intérieur de la chapelle. La première sculpture, située à l'est, montre le visage d'un jeune homme et la dernière, située au nord, ressemble à un squelette. L'ensemble des figures déroule donc le cycle de la vie humaine, de la naissance à la mort, comme les chemins de croix dans les églises modernes déroulent les étapes de la passion du Christ. De plus, les végétaux encadrant les visages illustrent le cycle des saisons, du printemps à l'hiver.

Ces figures sont étranges à nos yeux car nous avons oublié les codes de lecture de ces symboles anciens. Le symbole de l'homme vert est d'origine et de signification incertaines, bien que probablement païennes. Il est lié à l'arrivée du printemps et plus généralement au cycle de la nature. Les Britanniques fêtent le premier jour du mois de mai en défilant accompagnés d'un curieux personnage de carnaval, « Jack in the Green », un homme recouvert de feuillage de la tête aux pieds qui sert à fêter le 1er mai en Grande-Bretagne. Moins spectaculaire, le brin de muguet que nous offrons ce même jour en France est un souvenir de cette tradition païenne.

Parmi ces végétaux, certains ont pu voir des épis de maïs. Encore un mystère ? Oui, car comment des épis de maïs ont-ils pu être représentés dans une église construite en 1440 alors que le maïs était inconnu en Europe à cette époque et ne sera cultivé que plusieurs siècles plus tard ? Devant ce mystère, d'aucuns prétendent que les sculptures sont plus récentes et que le grand-père de William Sinclair aurait pris la mer avec les Templiers exilés et découvert l'Amérique bien avant Christophe Colomb. Mais ce que nous croyons être des épis de maïs ne sont peut-être, en fait, que des représentations stylisées de blé, de fraises ou de lis.

D'autres mystères sont encore plus surprenants. Une rumeur persistante prétend que l'Église abriterait la clef pour décoder le mystère du christianisme. S'agit-il des débris perdus du temple de Salomon, de la tête de saint Jean-Baptiste rapatriée de Jérusalem à l'époque des croisades, ou de la tête du Christ enterrée dans la crypte à côté des restes de l'Arche d'alliance ? On trouve de tout dans le grand bazar de l'étrange. À tel point que les habitants de Roslin, le village qui jouxte la chapelle, s'amusent de ce phénomène en racontant que si l'on creusait une piscine sur le parvis de l'église, certains affirmeraient y voir la queue du monstre du Loch Ness !

On comprend mieux alors pourquoi Dan Brown a choisi Rosslyn Chapel comme lieu où est dévoilée l'histoire de la filiation supposée du Christ. Mais si l'auteur du *Da Vinci Code* a beaucoup forcé le trait sur le caractère mystérieux de cette église, Rosslyn Chapel reste un joyau du style gothique que la froide lumière écossaise remplit de mystères.

Mais la vraie magie du site de Rosslyn Chapel réside dans son histoire et dans ses liens avec la franc-maçonnerie. Ce qui est certain, c'est que c'est en Écosse que les premières corporations de métiers se sont structurées en sociétés initiatiques qui se transformeront en organisations maçonniques.

## Des messages symboliques gravés dans la pierre

Tout commence en 1440. William Sinclair, baron de Roslin, héritier d'une des familles les plus puissantes d'Écosse, décide de faire construire non pas une simple chapelle, mais une collégiale qu'il appellera collégiale Saint-Mathieu. Cette collégiale, destinée à être sa dernière demeure, ne prendra que bien plus tard le nom de Rosslyn Chapel, du nom de la ville de Rosslyn (ou Roslin), située non loin.

Une collégiale est un lieu très particulier. C'est bien sûr une église, mais aussi un lieu d'instruction spirituelle et morale. C'est un lieu où les corporations de métiers, les maçons, les sculpteurs, les tailleurs de pierre et les charpentiers entretiennent un autel consacré à leur saint patron. À l'époque de la construction de la collégiale, les métiers étaient organisés en corporations ou guildes chargées de défendre les intérêts du métier et d'assurer la formation des jeunes ainsi que la transmission des secrets des savoir-faire. Pour avoir une idée de ce que pouvait être une corporation de métier au milieu du XV^e siècle, il faut imaginer une organisation locale très puissante qui regrouperait une chambre de commerce et d'industrie, un syndicat professionnel, un conseil des prud'hommes, un centre de formation professionnelle, un système de mutuelle et d'assistance, et enfin un système d'organisation du métier à l'image du compagnonnage, le tout en parfaite harmonie avec les autorités civiles et religieuses de la ville. Du moins au début…

Mais revenons à William Sinclair, le commanditaire de la collégiale. C'est un homme érudit et ambitieux. Il a voyagé en France et en Italie et a rapporté de nombreux ouvrages de ces expéditions. D'ailleurs, il possède une importante bibliothèque, peut-être la mieux dotée d'Écosse. Il est proche de la

France et dispose même dans son château d'un *scriptorium*, lieu où des scribes traduisent et recopient avec soin des ouvrages illuminés venant d'Europe. L'année 1440 est la date de l'invention de l'imprimerie par Gutenberg mais il faudra attendre plusieurs décennies pour que des livres imprimés circulent largement en Europe. En cinquante ans, de 1450 à 1500, vingt millions de livres sont imprimés. Mais à l'époque de la construction de la chapelle, seuls les moines savaient reproduire les livres qui étaient de ce fait rares et chers. Les textes étant peu répandus, peu de gens savaient lire. Cela est important à signaler car l'enseignement d'un métier se faisait sans livres. Les instructions sont donc données de vive voix et, pour bien pénétrer les esprits, les messages moraux sont inculqués grâce aux symboles, aux mythes et aux légendes.

L'enseignement religieux utilise une autre méthode. Puisque les fidèles ne savent pas lire, les scènes de la Bible sont sculptées dans la pierre des églises ou peintes sur les retables. Elles expriment, au travers des scènes bibliques reprises par le jeu des symboles, des messages moraux. C'est très certainement à cette époque que les francs-maçons ont commencé à utiliser des symboles pour transmettre leur enseignement.

## William Sinclair, un baron grand maître des maçons

William Sinclair a donc certainement voulu inscrire dans Rosslyn Chapel les connaissances rapportées de ses voyages. Il ne pouvait se contenter d'une modeste collégiale, il lui faut ce qu'il y a de plus novateur et de plus magnifique. Mais pour réaliser ce bâtiment qu'il voit comme l'œuvre de sa vie, il doit faire appel aux gens du métier, c'est-à-dire aux corporations. Certes Roslin abrite des corporations de maçons, de charpentiers, de forgerons et de tailleurs de pierre qui se partagent le travail usuel. Mais ce chantier est différent. Jamais bâtiment de cette ampleur n'a été édifié et ils ne seront jamais assez nombreux pour faire face à cet immense chantier. William Sinclair va alors faire appel, comme il était d'usage à l'époque, aux hommes de métiers de toute l'Europe. Il va ainsi transformer en une cinquantaine d'années sa petite ville tranquille de Roslin en un « *burgh of barony* », c'est-à-dire une véritable bourgade prospère. William Sinclair va lui-même dessiner les plans de sa collégiale, faire exécuter des esquisses et suivre les travaux jusque dans le détail. Il ira même jusqu'à encourager le développement du village de Roslin et à offrir aux maçons des maisons pour installer leur famille et des terres pour les nourrir. Il est vrai que le chantier va durer un demi-siècle et par conséquent s'étaler sur plusieurs générations. C'est donc toute une ville qui sort de terre par la volonté d'un seul homme.

Au-delà d'un simple espace de construction, un chantier devait assurer l'organisation de toute la vie matérielle et spirituelle des communautés de métier. William prend tout en charge et, pour les maçons de métier, il deviendra l'équivalent d'un patron ou d'un protecteur et sera même nommé grand maître des maçons par James II, le roi d'Écosse, en 1441. C'est donc pendant ce chantier que les corporations de métiers vont pour la première fois adopter une organisation rigoureuse, mais il faudra attendre 1598 pour que ces chartes soient écrites et revêtues de l'autorité royale (les fameux *Statuts Shaw*, considérés comme l'un des textes fondateurs de la franc-maçonnerie).

## Des maçons en gants blancs

À l'époque de la construction de Rosslyn Chapel, la société urbaine s'organise grâce à l'Église et aux corporations de métiers. Ces deux institutions sont très liées. L'Église fait appel aux corporations pour construire les édifices religieux et les corporations de métiers sont entièrement inspirées par la religion chrétienne. Non seulement les corporations construisent les églises, mais elles participent à leur entretien, puisqu'un autel dédié à leur patron leur est affecté. Les corporations organisent également les processions et les fêtes religieuses où la statue de leur saint patron (saint Joseph pour les charpentiers ou saint Roch pour les tailleurs de pierre) est promenée dans la ville, portée sur les épaules des membres de la guilde. Certes, si les corporations pratiquaient le secret, elles mettaient un soin particulier à la confection de tout ce qui les représentait à l'extérieur. Il faut imaginer ce que devaient être les processions et les fêtes des saints patrons des corporations. Lorsque toutes les corporations défilaient ensemble, elles portaient des bannières et autres décors qui permettaient de les reconnaître immédiatement. De plus, les membres de la corporation défilaient en portant des décors montrant leur grade dans l'organisation. Pour l'occasion, on peut penser que les tailleurs de pierre ne portaient pas le tablier de protection ou les gants en peau qu'ils utilisaient pour travailler, mais un tablier d'apparat richement décoré et des gants d'un blanc immaculé. Le tablier et les gants ne servaient plus alors à protéger l'ouvrier mais devenaient des symboles de son métier. Des hommes avec un tablier et des gants qui ne servent à rien ? Cela ne vous rappelle rien ? Si, les francs-maçons, bien sûr !

Ces corporations de métiers sont aussi des lieux d'enseignement moral et spirituel. Ainsi, l'apprenti devra, certes, apprendre les rudiments du métier, mais aussi comment devenir un bon chrétien honnête et moral. Dans l'esprit du métier, il était évident que pour construire un édifice religieux beau et harmonieux, les ouvriers devaient être en harmonie avec eux-mêmes.

Les corps de métiers possèdent presque tous une confrérie religieuse et, dans la pratique, les deux entités sont bien souvent confondues.

Comme le nombre d'ouvriers n'est pas suffisant pour assurer tous les chantiers, ils voyagent de chantier en chantier. De par la nature même de leur travail, ils ne peuvent être attaché à un seul. Les maçons deviennent donc libres de leurs mouvements, dans des pays où cette liberté était toute relative. Ils deviennent donc libres, donc *free*, donc free maçon ou encore franc maçon… Est-ce l'origine du terme « franc-maçon » ? C'en est une, mais les historiens en proposent d'autres et la question est encore débattue.

## Des secrets transmis de bouche à oreille

L'arrivée de maçons étrangers sur les chantiers a obligé les corporations de métiers à se défendre contre les « faux ouvriers », à protéger leurs secrets et privilèges. Ainsi, les corporations de métiers ont imaginé des mots de passe et des modes de reconnaissance. Comme il était, bien entendu, impossible d'imprimer des cartes de visite, des diplômes ou des attestations, les ouvriers devaient prouver par eux-mêmes qu'ils étaient de bons ouvriers, qu'ils provenaient bien de telle ou telle corporation et surtout qu'ils possédaient bien le grade qu'ils affirmaient avoir. Lorsqu'un ouvrier se présentait sur un chantier, il n'avait pas à prouver qu'il connaissait le métier, il se contentait de fournir les éléments secrets pour être reconnu et accepté sur le chantier. Avouez que c'est plus simple que de fournir un CV, une liste de références et de faire trois mois d'essai. Bien entendu, ces mots de passe et signes de reconnaissance étaient transmis de bouche à oreille dans le secret des loges et seulement à ceux qui avaient prouvé qu'ils étaient de bons ouvriers. C'est ainsi que des pratiques rituelles se sont mises en place dans les loges. Ces usages comportaient des épreuves où le candidat devait prouver son courage et sa sincérité. À l'issue de ces épreuves, qui pour la plupart nous sembleraient aujourd'hui un peu folkloriques, les ouvriers obtenaient les secrets du grade auquel ils venaient d'accéder. Ces pratiques ont été transmises avec, bien entendu, de nombreuses variations à la fois géographiques et historiques. Elles existent encore aujourd'hui, dans une version plus symbolique, dans la franc-maçonnerie moderne qui s'est inspirée de ces pratiques, et dans le compagnonnage, qui en est l'héritier direct.

Avant la fin du XVIe siècle, les pratiques secrètes des loges des corporations de métiers étaient essentiellement orales. Les historiens ne disposent donc pas de beaucoup de documents pour comprendre l'histoire de la maçonnerie avant cette date. C'est en Écosse qu'on retrouve les premières traces écrites de l'organisation des corporations de métiers. Ce sont elles qui vont inventer ce système d'enseignement matériel et spirituel, cette fraternité de métier, et qui sera à l'origine des loges maçonniques telles que nous les connaissons encore aujourd'hui.

D'ailleurs, c'est encore en Écosse, en 1598, qu'un autre William, William Shaw, rédigera les premiers textes destinés à structurer l'activité des corporations de maçons. Ces écrits leur donnent une dimension régionale et les inscrit dans une organisation sociale. Ce qui est surprenant dans ces textes, c'est qu'aucune référence biblique ou presque n'est évoquée. Pour les historiens de la franc-maçonnerie, ce fait est important car il marque le début d'une émancipation des corporations de métiers par rapport à la religion. Les choses, bien entendu, ne sont pas si simples. L'Écosse du début du XVIIe siècle est en passe de devenir protestante et cette transformation s'effectuera, comme on peut l'imaginer, dans la douleur.

Mais revenons sur le chantier de Rosslyn Chapel. Il faut imaginer ce que devait être un tel chantier. Plusieurs corps de métiers s'y côtoient, des tailleurs et sculpteurs de pierre, des carriers, des charpentiers, des maçons, des menuisiers, des forgerons... On est surpris lorsqu'on lit les descriptions des grands chantiers du Moyen Âge de l'inventivité des hommes de cette époque. Les moyens de transport sont longs et coûteux. On doit utiliser les ressources disponibles à proximité : l'eau, la pierre, la terre, le sable et le bois. Ainsi, les bûcherons déboisent la forêt alentour et fournissent le bois aux charpentiers qui fabriquent les engins de levage, ancêtres de nos grues utilisant contrepoids et démultiplication par les poulies. Les pierres sont taillées directement dans les carrières afin de transporter le poids minimal.

Mais plus que la simple activité professionnelle, c'est toute une vie sociale qui est organisée par les corporations qui veillent au bon déroulement du chantier. Aujourd'hui, on parlerait d'hygiène et de sécurité, de respect des délais et de qualité. Les mots sont différents mais les problèmes étaient les mêmes. Les corporations devaient s'assurer que le chantier se déroule bien et ce, rappelons-le, sur une durée d'un demi-siècle !

Des conflits, bien entendu, éclataient. Des bagarres entre les ouvriers de corporations différentes ou des altercations entre les maîtres et les apprentis. Les corporations qui avaient en charge de maintenir la paix sur le chantier devaient certes résoudre les conflits, mais devaient également apprendre aux ouvriers à vivre en bonne intelligence. Pour cela, des règles très strictes étaient édictées et suivies par les ouvriers aussi bien sur le chantier que pendant les fêtes et les agapes. Si les règles ne suffisaient pas ou n'étaient pas comprises, les maîtres avaient recours à des légendes ou à des histoires mystérieuses à la façon des contes que l'on raconte aux enfants pour leur apprendre les règles de la vie sociale. L'une de ces histoires se serait passée sur le chantier de Rosslyn Chapel. C'est une histoire terrible et d'autant plus forte qu'elle est restée gravée dans la pierre. C'est le fameux pilier de l'Apprenti de Rosslyn Chapel.

## Jaloux et furieux, le maître tue l'apprenti

Voici ce que raconte la légende : William Sinclair avait rapporté de son voyage à Rome les croquis et le modèle d'un pilier en pierre. Il avait été ébloui par tant d'audace dans le travail de la pierre. De la base du pilier, des dragons sculptés s'enroulent puis se transforment en un décor floral qui monte en spirale vers un chapiteau lui aussi richement décoré. Il convoque le meilleur des maîtres sculpteurs pour lui demander de reproduire ce pilier à l'intérieur de la chapelle. Mais le modèle est difficile à reproduire et le maître sculpteur hésite. Le travail est exceptionnel et il ne doit pas décevoir le commanditaire du chantier. Les croquis ne sont pas précis et le modèle n'est pas parfait. Il décide alors d'aller à Rome pour inspecter l'original, en relever les plans et mieux en saisir les détails. Mais pendant son absence, un apprenti, peut-être un peu plus indiscipliné ou plus doué que les autres, se met à l'œuvre et commence à travailler le pilier selon le modèle fourni. Il a le temps. À cette époque, un aller-retour Édimbourg-Rome durait plusieurs mois. À son retour, le maître découvre le travail de l'apprenti. La réalisation est superbe et le maître se rend compte instantanément qu'il n'aurait jamais pu faire un tel ouvrage. Il entre dans une grande colère contre l'apprenti qui lui avait désobéi. Fou de rage, jaloux du talent de son disciple ou furieux contre son audace, il le tue d'un coup de maillet en plein front.

Le pilier qui porte maintenant le nom de pilier de l'Apprenti est toujours à sa place au fond de l'église, derrière le chœur à droite. À gauche se trouve un autre pilier appelé pilier du Maître, moins beau comme pour montrer que l'apprenti avait dépassé le maître. Le pilier de l'Apprenti est le seul à être aussi richement décoré. Tous les autres piliers de l'église sont des colonnes simplement nervurées. William Sinclair avait-il prévu que tous les piliers de Rosslyn Chapel soient ainsi sculptés ? Est-ce que le meurtre de l'apprenti a troublé le chantier de telle sorte qu'aucun ouvrier ne voulut par la suite entreprendre un tel travail ? Mystère !

Cette légende parle aux francs-maçons. Tout d'abord parce qu'elle se situe dans le monde des bâtisseurs de cathédrales dont la symbolique de la franc-maçonnerie est tirée. Mais plus encore parce que cette légende pourrait être à l'origine de la légende de la mort d'Hiram, légende ou mythe au cœur du degré de maître de la maçonnerie moderne. En effet, le grade de maître de la franc-maçonnerie moderne met en scène le meurtre d'un maître maçon par des compagnons désobéissants et pressés de gravir les échelons. Cette légende sert d'instruction pour le jeune maître. Elle lui apprend les dangers de l'ambition, du fanatisme et de l'ignorance. Pour imaginer cette légende, les francs-maçons du XVIIIe siècle se sont inspirés de ce qu'ils connaissaient le mieux : les Saintes Écritures, et en particulier l'Ancien Testament.

**Le secret du maître disparaît dans sa tombe**

Deux passages de la Bible décrivent la construction du Temple. Le premier est dans le Livre des rois et le second est dans le Livre des chroniques. Voici comment l'histoire débute : le roi Salomon, soucieux de bâtir un temple à la gloire de l'Éternel, fait venir Hiram, fils d'une veuve de la tribu de Nephthali, et le nomme architecte du temple. Hiram, architecte et spécialiste du travail du bronze, s'occupe de la décoration du Temple. Il moule les deux colonnes avec leur chapiteau près du vestibule. Il conçoit également dix cuves qui reposent sur des bases aux montants sculptés, douze bœufs qui soutiennent une mer de fonte, des chaudrons et des calices.

Là où s'arrête l'Ancien Testament commence la légende maçonnique. Poursuivons donc l'histoire :

un soir, lorsque les ouvriers se reposent, l
Hiram parcourt seul le chantier désert. Son reg
se porte sur l'œuvre en cours de réalisation. Mais son esprit est déjà dans l'œuvre terminée. Il marche seul dans le soir qui tombe. D'un geste machinal, il ramasse en souriant un outil qu'un compagnon a oublié de ranger. Le travail ne manque pas. Bientôt, les compagnons auront rejoint les maîtres et pourront à leur tour transmettre la connaissance du métier. Il sait que c'est à lui que revient le devoir de tracer les plans que devront suivre les ouvriers. Mais ce soir, il est seul, il s'apprête à se retirer du chantier lorsqu'il entend un bruit insolite à la porte du Midi. Il s'en approche et là, est accosté par trois compagnons bien décidés à s'emparer par la force des secrets des maîtres maçons. Même devant leurs menaces, Hiram refuse de leur livrer le « mot de maître », ce mot qui leur permettrait de se faire reconnaître comme maître. Exaspéré, le premier compagnon porte un coup sur l'épaule droite d'Hiram avec le lourd poids de son fil à plomb. Le deuxième le blesse à l'épaule gauche avec le niveau en bois. Mais c'est le troisième qui lui porte le coup fatal, un violent coup de maillet au front. Hiram meurt sans avoir divulgué les secrets qu'il s'était engagé à protéger. Le mot du maître maçon disparaît dans la tombe avec lui. Les trois compagnons enterrent le corps, plantent une branche d'acacia sur la tombe et tentent de s'enfuir du pays mais ils sont attrapés, traduits en justice puis exécutés. Des maîtres maçons trouvent le corps décomposé d'Hiram, et après plusieurs tentatives pour l'extraire de sa tombe, ils parviennent

finalement à le sortir de son lieu de repos. Son corps est ramené au Temple en vue d'un enterrement convenable, et un monument est érigé pour commémorer sa droiture face à la mort, sa fidélité et son honneur.

L'analogie entre les deux légendes est frappante. On connaît peu l'origine de la légende du pilier de l'Apprenti. Elle est racontée pour la première fois dans l'ouvrage anglais, *An Account of the Chapel of Roslin* de Robert Forbes, publié en 1774 par la Grande Loge d'Écosse. Dans ce texte, le pilier de l'Apprenti s'appelle le pilier du Prince. La légende d'Hiram, elle, apparaît dans les textes maçonniques au début du XVIIIe siècle. Hiram, architecte du temple de Salomon, est appelé « Prince des architectes ». Hasard ? Est-ce que la légende du pilier de l'Apprenti a influencé la légende d'Hiram ? Est-ce le contraire ? Difficile de conclure avec les éléments actuels. Le mystère reste entier.

## Frappé à mort de cinq coups de poignard

D'autres légendes similaires ont existé, qui mettent en scène des maîtres tuant leur apprenti trop doué ou des compagnons frustrés assassinant également leur maître. Les maçons opératifs voyageaient beaucoup et ont certainement contribué à diffuser ces légendes qui se sont transformées en mythes. Aujourd'hui, on parlerait de légendes urbaines ou de rumeurs. Elles avaient certainement pour objectif inconscient de conseiller aux apprentis de demeurer à leur place, aux compagnons de demeurer fidèles et obéissants, et aux maîtres d'être reconnaissants et compréhensifs.

Une autre légende met en scène la jalousie et la compétition entre ouvriers. Il s'agit de la légende des « compagnons du Devoir ». Ces derniers racontent que leur premier maître, fondateur de leur ordre, Maître Jacques, aurait, toujours selon la légende, travaillé sur le chantier du temple du roi Salomon. Il se fit remarquer par la réalisation des deux colonnes du Temple. Le chantier terminé, il retourne en Gaule en compagnie d'un autre architecte, Maître Soubise. Ils jurèrent de ne jamais se séparer mais Maître Soubise était jaloux de l'influence de Maître Jacques sur leurs disciples et ils se séparèrent. Un jour, Maître Jacques, trahi et livré par un de ses disciples peut-être pour le compte de Maître Soubise, fut frappé à mort de cinq coups de poignard alors qu'il était seul et en prière. Les compagnons lui ayant ôté sa robe auraient trouvé sur lui un petit jonc qu'il portait en effigie. Ils adoptèrent alors ce jonc, qui se transforma plus tard en bâton, puis en canne, pour emblème. Les rixes entre compagnons du rite de Soubise et ceux du rite de Maître Jacques étaient nombreuses et parfois mortelles. Les cannes ne constituaient alors pas uniquement un signe de reconnaissance et d'appartenance à un rite compagnonnique, elles servaient aussi à se défendre. Ces légendes étaient, là encore, racontées, comme pour prévenir les compagnons du danger qu'il y avait à laisser exprimer ses passions.

Mais le pilier de l'Apprenti qui semble narguer les francs-maçons d'aujourd'hui n'est pas le seul mystère qui les intrigue. Une autre sculpture étrange pose à elle seule encore beaucoup de questions.

## Devine qui t'a frappé...

Ainsi, les francs-maçons qui se rendent en Écosse restent perplexes devant la sculpture du chapiteau d'un des piliers extérieurs. Sur ce chapiteau, une sculpture représente un homme à genoux, les yeux bandés, placé entre deux petites colonnes sculptées. Sa main gauche tient une Bible. Un nœud coulant est passé autour de son cou. L'autre bout de la corde est tenu par un homme debout derrière lui. Cet homme porte le manteau des Templiers, en tout cas une grande croix est visible sur sa poitrine. Cette sculpture, abîmée par plus de cinq siècles de vent et de pluie, nous montre une scène qui ressemble étrangement à une cérémonie d'initiation maçonnique telle qu'elle a lieu encore aujourd'hui.

En effet, dans les loges maçonniques modernes, le candidat à l'initiation entre dans le temple maçonnique pour la première fois les yeux bandés. Au cours de la cérémonie d'initiation, et en fonction du rite pratiqué, il se mettra à genoux et devra prêter serment sur un livre sacré. Il se retrouvera entre les colonnes du temple et sera accompagné dans ses « voyages initiatiques » par un homme placé derrière lui, le tenant par une corde entourant son cou.

Comment cette représentation de l'initiation maçonnique a-t-elle pu être sculptée ici à Rosslyn Chapel vers 1440, date de la construction de la collégiale, alors que la maçonnerie moderne dite spéculative est née en 1717 par la création de la première Grande Loge d'Angleterre ? On serait tenté de répondre que cette scène représente les premières initiations des maçons constructeurs et Rosslyn Chapel serait en quelque sorte le premier temple maçonnique. Mais les choses ne sont pas si simples. Les origines de la franc-maçonnerie ne sont pas encore bien connues. Ce que l'on sait, c'est qu'elle puise ses racines dans l'Écosse médiévale et peut-être tout près de Rosslyn Chapel. Alors héritage secret ou simple coïncidence ? Étudions cette ressemblance point par point.

L'homme de la sculpture, tout comme le candidat franc-maçon, a les yeux bandés. C'est d'ailleurs la seule statue de Rosslyn Chapel dans ce cas. Mystère ? Non, la solution se trouve dans la Bible. En effet, le passage suivant extrait de l'évangile de Luc, chapitre 22, versets 63 et 64, nous donne un indice : « Les hommes qui tenaient Jésus se moquaient de lui, et le frappaient. Ils lui voilèrent le visage, et ils l'interrogeaient, en disant : "Devine qui t'a frappé." »

Dans cette scène de la passion du Christ décrite par Luc, le Christ est représenté les yeux bandés et victime d'un jeu pervers. On retrouve d'ailleurs de nombreuses représentations du Christ les yeux bandés dans la peinture et la sculpture de l'époque de Rosslyn Chapel. Ainsi, ce qui nous paraît étrange aujourd'hui était très facilement compréhensible par tout chrétien du XV^e^ siècle. D'ailleurs, il est important de signaler que ce n'est qu'au milieu du XVIII^e^ siècle que l'on commence à bander les yeux des candidats francs-maçons. Avant cette date, le candidat gardait les yeux ouverts.

Le fait que l'homme aux yeux bandés soit à genoux n'est pas exceptionnel pour l'époque médiévale. Il s'agit d'un acte de soumission, d'obéissance ou de respect, et de très nombreuses sculptures sont représentées à genoux.

De la même façon, tenir une bible n'est pas un geste inhabituel. De nombreuses statues comme celles des docteurs de l'Église et bon nombre de saints comme saint Jean l'évangéliste les représentent ainsi.

Un autre point est troublant. La sculpture de l'homme aux yeux bandés est placée entre deux petites colonnes sculptées. Or le candidat à l'initiation maçonnique est placé également entre les deux colonnes situées de chaque côté de la porte du temple maçonnique. S'agit-il d'une autre coïncidence ou d'un indice permettant de dire que cette sculpture représente une initiation maçonnique ? Là encore, il suffit de regarder les autres sculptures de Rosslyn Chapel pour se rendre compte que les scènes sont très souvent encadrées par des colonnettes, comme il est d'usage dans l'architecture gothique.

### Un nœud coulant autour du cou

Un autre détail pourrait nous laisser croire que cette sculpture représente une initiation maçonnique : la corde autour du cou. Aujourd'hui, le futur franc-maçon entre dans le temple pour son initiation avec un nœud coulant autour du cou. Cette corde représente symboliquement le lien avec sa vie profane, avec ce qui l'empêche d'avancer sur le chemin spirituel proposé par la franc-maçonnerie. Dès le début de la cérémonie, cette corde lui est enlevée et c'est libéré de cette entrave qu'il subira les différentes épreuves initiatiques. La corde, dans la symbolique chrétienne, représente le désir d'ascension mais aussi ce qui nous empêche de progresser, c'est-à-dire ce qui nous attache à nos passions. Plus proche de nous, dans l'église de Saint-Martin-de-Thuret en Auvergne (église romane du XII$^{e}$ siècle), un chapiteau représente un singe relié à la Terre par une corde passée autour de son cou. Pour qui sait décoder les symboles, cette sculpture nous montre que pour accéder à la vie spirituelle, l'homme doit se libérer de son côté animal qui le retient prisonnier de la Terre pour accéder à la vie spirituelle. Par ailleurs, de nombreux tableaux (comme celui de Matthias Grünewald, peint en 1503, montrant la scène biblique appelée *Le Christ outragé et humilié*) représentent le Christ les yeux bandés et les mains liées par une corde dont l'autre bout est tenu par un soldat romain. L'homme aux yeux bandés sculpté sur le chapiteau dit « de l'initié » serait-il le Christ ? Tout le laisse croire.

Mais d'autres éléments sont encore inexpliqués. Ainsi de la tenue de Templier de l'homme qui tient par la corde le prétendu initié. Certains affirment, grâce à ce simple indice, avoir trouvé la connexion entre les Templiers et la franc-maçonnerie. Mais l'ordre des Templiers a été dissous en 1307 sur ordre du roi de France Philippe IV le Bel. Entre 1307 et 1446, six générations se sont écoulées ! Impossible de trouver des preuves de ce supposé héritage. L'hypothèse ne tient donc pas. Mais comme la légende est plus forte que la réalité, l'hypothèse de la connexion entre les Templiers et les francs-maçons a encore de l'avenir.

Une autre hypothèse relevée par David Stevenson affirme que les premiers rituels maçonniques et en particulier les rituels d'initiation sont nés en Écosse au cours du XVIe siècle. Secret oblige, à cette époque les rituels n'étaient pas couchés sur le papier. Mais les premiers comptes rendus écrits des travaux de loge qui datent précisément de 1598 donnent une assez bonne indication sur la vie des premières loges maçonniques écossaises. Ces textes montrent que la maçonnerie écossaise de cette époque était d'inspiration chrétienne. Les premiers maçons ont élaboré leurs rituels à partir de ce qu'ils connaissaient le mieux, à savoir la symbolique de l'Ancien et du Nouveau Testament. Il n'est donc pas étonnant que dans les rituels maçonniques anciens comme ceux d'aujourd'hui qui en découlent, nous retrouvions de nombreuses références à la symbolique chrétienne, elle-même issue de rites païens plus anciens. La seule différence avec nos prédécesseurs, c'est que nous avons perdu ce que tout chrétien du Moyen Âge savait par cœur : la signification de ces symboles.

## Le rugissement de la parole de Dieu

Si les collégiales étaient des églises, elles étaient aussi des lieux d'enseignement religieux. Comme le peuple était illettré, quoi de plus naturel que d'inscrire les messages religieux dans la pierre et ainsi les proposer comme modèles ? Les gens du peuple, habitués à ce style de lecture simple et directe, connaissaient les codes utilisés et largement répandus.

Dans la pensée du Moyen Âge, chaque objet, chaque être vivant a une signification surnaturelle. Chaque animal, chaque pierre, chaque herbe a une signification morale ou mystique. Signification bien entendu censée avoir été écrite par le doigt de Dieu dans le livre ouvert que constitue le monde.

Par exemple, représenter un homme avec une corde au cou ne signifiait pas forcément qu'il allait se pendre, mais bien une représentation du Christ outragé comme nous venons de le voir.

Chaque ornement, chaque détail, même le plus insignifiant, était alors porteur de sens. Ainsi les sculptures de Rosslyn Chapel, comme celles des autres chapelles alentour, inspirées souvent par les enluminures des livres sacrés, reposent sur une symbolique chrétienne : bestiaire, flore…

Nous avons perdu la plupart des significations de ces symboles. La première raison en est que chaque objet, chaque animal ou chaque herbe pouvait posséder des significations différentes, voire contradictoires. Par exemple le lion est, comme emblème de la tribu de Juda, associé au Christ, et son rugissement est associé à la parole divine. Mais il incarne aussi le mal de par sa cruauté légendaire.

Aujourd'hui, nous savons lire et écrire mais l'utilisation de métaphores, d'analogies, d'allégories ou de symboles nous est souvent difficile parce qu'incompréhensible. Les francs-maçons redécouvrent ce langage et l'utilisent pour comprendre le monde (voir chapitre 10). Ils sont attachés à la tradition issue des corporations de métiers composées d'ouvriers, qui ne savaient pour la plupart ni lire ni écrire, mais qui savaient déchiffrer les symboles des sculptures de pierre de Rosslyn Chapel.

## La brebis la plus célèbre du monde

Le chantier commencé en 1440 dura plus de quarante ans, jusqu'à la mort de William Sinclair en 1482. L'église ne fut jamais terminée et Rosslyn Chapel n'est donc pas comme son fondateur l'avait imaginée. Oliver Sinclair, le fils de William, se contenta d'y inhumer son père et de faire recouvrir les bâtiments déjà construits par une voûte de pierre. L'édifice que l'on peut visiter aujourd'hui n'est donc qu'une partie du projet de William Sinclair. La collégiale est restée à l'abandon jusqu'en 1736. En 1861, un grand travail de restauration est entrepris, mais c'est surtout le *Da Vinci Code* qui va révéler Rosslyn Chapel au grand public.

William Sinclair aurait-il pu penser que, plus de cinq siècles après sa mort, sa collégiale deviendrait l'objet de tant de mystères ?

Mais surtout aurait-il pu imaginer, en homme érudit qu'il était, que cinq siècles plus tard une brebis du petit village de Roslin ferait la une de tous les journaux du monde ? Si, si, vous avez bien lu. Une brebis. Mais pas n'importe laquelle. Dolly, la brebis la plus célèbre du monde, clonée par le Roslin Institute.

**À lire**

STEVENSON, David, *Les Premiers Francs-Maçons*, Ivoire-Clair, 1988.

SINCLAIR, Andrew, *Le Glaive et le Graal : les secrets de Rosslyn Chapel*, Demeter, 2006.

Chapitre 3

# La Révolution française, complot maçonnique

« Un ami m'invite à dîner. Je me trouve seul profane au milieu des maçons. Le repas terminé, on propose de se former en loge et de m'initier. Je persiste dans mon refus et surtout dans celui de faire le serment de garder un secret dont l'objet m'est inconnu. On me dispense de ce serment ; je résiste encore ; on me presse, surtout en me disant qu'il n'y a pas le moindre mal dans la maçonnerie, que la morale en est excellente ; je réponds en demandant si elle vaut mieux que celle de l'Évangile. Au lieu de répliquer, on se forme en loge, et alors commencent toutes ces singeries ou ces cérémonies puériles que l'on trouve décrites dans divers livres maçonniques, tels que Jakin et Boaz. Je cherche à m'échapper ; l'appartement est vaste, la maison écartée, les domestiques ont le mot, toutes les portes sont fermées ; il faut bien se résoudre à être au moins passif, à laisser faire. On m'interroge, je réponds presque à tout en riant ; me voilà déclaré apprenti, et tout de suite compagnon. Bientôt même, c'est le troisième grade, c'est celui de maître qu'il faut me conférer. Ici, on me conduit dans une vaste salle ; la scène change, et devient plus sérieuse. En m'épargnant les épreuves pénibles, on ne m'épargne pas des questions insignifiantes, ennuyeuses.

Au moment où je m'étais vu forcé de laisser jouer cette comédie, j'avais eu soin de dire que puisqu'il n'y avait pas moyen d'empêcher cette farce, j'allais laisser faire ; mais si je venais à m'apercevoir qu'il y eût la moindre chose contre l'honneur ou la conscience, ils apprendraient à me connaître. [...]

Enfin survient cette question du Vénérable : "Êtes-vous disposé, mon frère, à exécuter tous les ordres du grand maître de la maçonnerie, quand même vous recevriez des ordres contraires de la part d'un roi, d'un empereur, ou de quelque autre souverain que ce soit ? Ma réponse fut, non. [...] Il renouvelait toujours la question, pour m'excéder et m'arracher un oui. À la fin, je me sens en effet excédé. J'avais les yeux bandés ; j'arrache le bandeau, je le jette par terre et, en frappant du pied, je réponds par un non accompagné de tout l'accent de l'impatience. [...] Le Vénérable me donna les signes et les mots de passe pour ce troisième grade comme il l'avait fait pour les deux autres. Cela me suffisait pour être admis en loge régulière." [...] Nous nous trouvâmes tous Frères ; et moi, dans un après-dîner, apprenti, compagnon et maître franc-maçon, sans en avoir eu la moindre idée le matin.

L'article était pour moi d'apprendre le fameux secret de la maçonnerie. [...] Le serment prononcé, le Vénérable dit ces paroles : "Mon cher frère, le secret de la franc-maçonnerie consiste dans ces mots : égalité et liberté ; tous les hommes sont égaux et libres, tous les hommes sont frères." »

## La vengeance du jésuite

C'est par ces mots parus en 1797, dans un livre interdit par les autorités révolutionnaires, qu'un certain Augustin Barruel décrit son initiation. Mais ce franc-maçon de salon n'est pas un vrai franc-maçon. C'est d'abord un prêtre et c'est surtout un farouche adversaire de la franc-maçonnerie. C'est lui qui va inventer et diffuser l'une des plus grandes supercheries de l'histoire de la franc-maçonnerie française, qui se résume en une formule : la Révolution française est le fruit d'un gigantesque complot imaginé par les francs-maçons !

Quatre ans après l'exécution de Louis XVI, ce livre de mille pages, intitulé *Mémoires pour servir à l'histoire du jacobinisme*, arrive discrètement de Londres. Son auteur, l'abbé Augustin Barruel, démontre que la franc-maçonnerie a fomenté un immense complot contre le pouvoir royal et l'Église et que ce complot a conduit à la Révolution française. Mythe ou réalité ? Aujourd'hui, plus personne ne croit à cette thèse. Les historiens ont réfuté point par point les arguments de Barruel. Pourtant, si la franc-maçonnerie n'a pas préparé la Révolution française, c'est au nom des valeurs qu'elle défend que les révolutionnaires vont renverser le trône de France. Et ces valeurs, le père jésuite Augustin Barruel les énonce comme étant les secrets de la franc-maçonnerie : liberté, égalité et fraternité, avant d'ajouter : « Si c'est là tout votre grand secret, il y a longtemps que je le sais. »

Aujourd'hui encore, les thèses de Barruel sont largement citées et exploitées par ceux qui veulent faire passer les francs-maçons pour les acteurs d'un complot mondial visant à détruire les religions. La Révolution française ne serait alors qu'une première étape. Mais les francs-maçons étaient tout sauf des révolutionnaires. Comme l'affirme Daniel Mornet dans *Les Origines intellectuelles de la Révolution française*, « les francs-maçons n'étaient pas révolutionnaires de cœur, mais ils l'étaient obscurément de bouche en oreille, s'habituant à des formules sous lesquelles la Révolution allait mettre des réalités ». Et s'ils portaient l'épée, ce n'était pas pour occire des prêtres, mais simplement parce qu'ils étaient des gentilshommes.

## La franc-maçonnerie, curiosité anglaise

L'apparition de la franc-maçonnerie en France ne date pas de la Révolution. La franc-maçonnerie spéculative, donc très éloignée des corporations des métiers du bâtiment, arrive d'Écosse en 1689. Jacques II, souverain britannique en exil, trouve refuge chez son cousin germain qui n'est autre que le roi Louis XIV et qui lui offre le château de Saint-Germain. Dans ses bagages, ce roi en exil apporte une curiosité qui ne va pas tarder à devenir un mouvement de mode chez les aristocrates : les loges maçonniques. Ces loges affirment des idées audacieuses pour l'époque : la tolérance religieuse, la fraternité humaine et la primauté de la raison sur la foi. Bref, des idées qui ne vont pas tarder à devenir révolutionnaires.

En 1721, la première loge française s'installe à Dunkerque. Quelques années plus tard, le restaurant parisien *Au Louis d'Argent*, situé rue des Boucheries au faubourg Saint-Germain, accueille la première loge parisienne. À l'époque, les loges portent le nom du lieu où elles se réunissent et c'est ainsi que la première loge parisienne s'appellera naturellement « Saint-Thomas au Louis d'Argent ». Là, les frères échangeaient, discutaient et festoyaient, et les agapes commençaient par des toasts rituels dont le premier était porté au roi.

La maçonnerie connaît un grand succès en France car le terrain est favorable : besoin de réaction contre le despotisme royal, aspiration à la liberté, goût pour les sciences et la philosophie, curiosité pour l'Angleterre. En 1753, la France compte deux cents loges dont vingt-deux à Paris. À l'aube de la Révolution, le nombre avoisine le millier.

Jusqu'à la Révolution, franc-maçonnerie et catholicisme faisaient plutôt bon ménage. Les francs-maçons étaient de bons chrétiens et les manifestations maçonniques étaient souvent mêlées à des fêtes religieuses. Mais, en 1738, le pape Clément XII, dans la bulle *In eminenti*, dénonce la franc-maçonnerie : « Nous avons appris, par la rumeur publique, qu'il se répand à l'étranger, faisant chaque jour de nouveaux progrès, certaines sociétés, assemblées, réunions, agrégations ou conventicules, appelés communément du nom de francs-maçons ou d'autres noms selon la variété des langues, dans lesquels des hommes de toute religion et de toute secte, affectant une apparence d'honnêteté naturelle, se lient entre eux par un pacte aussi étroit qu'impénétrable, d'après des lois et des statuts qu'ils se sont faits, et s'engagent par serment prêté sur la Bible, et sous les peines les plus graves, à couvrir d'un silence inviolable tout ce qu'ils font dans l'obscurité du secret. »

Ce qui est remarquable dans cet événement, ce n'est pas la condamnation du pape mais le peu d'effet qu'elle produisit sur la maçonnerie française. La condamnation de Clément XII passe complètement inaperçue en France. Ce qui est encore plus surprenant, c'est que les loges maçonniques accueillent même certains membres du clergé. Et la désappropriation papale ne va rien changer, au contraire. Il est clair qu'un certain mouvement d'émancipation des idées est en marche et que la bulle papale arrive trop tard pour arrêter le progrès de la philosophie des Lumières, qui conduira à la Révolution française.

Qui est franc-maçon au XVIIIe siècle ? Essentiellement des nobles, des bourgeois, des militaires et, nous l'avons vu, des ecclésiastiques ! Les maçons, sujets obéissants et surtout respectueux, ne sont pas des révolutionnaires en herbe.

Ce sont les Anglais, grands voyageurs et négociants, ainsi que les militaires qui vont favoriser le déploiement des loges maçonniques sur le territoire de France. La franc-maçonnerie du XVIIIe siècle est une maçonnerie de gentilshommes lettrés. Elle permet à des hommes de religions et d'opinions différentes de se réunir librement et de disserter de façon courtoise et paisible. Pendant l'Ancien Régime, il n'y avait pas beaucoup d'occasions de se réunir. La liberté d'association n'existait pas au sens où nous l'entendons aujourd'hui. Elle ne deviendra d'ailleurs un droit qu'après la Révolution puisque l'article 7 de la Déclaration des droits de l'homme de l'an I affirmera le « droit de s'assembler paisiblement ». Mais auparavant, la franc-maçonnerie offre surtout en province l'occasion de se rencontrer, de se cultiver et de se distraire. Ainsi, en plus des tenues maçonniques, les loges organisent des causeries sur des sujets historiques, philosophiques ou scientifiques, des concerts et des activités de bienfaisance.

Les loges du XVIII^e^ étaient des cercles très fermés, réservés à une élite. Elles initiaient aux trois premiers degrés (apprenti, compagnon et maître) puis à des hauts grades chevaleresques, plus séduisants pour les aristocrates. Aux aspirations philosophiques de certaines loges parisiennes plus avant-gardistes répond un conservatisme des loges de province. Le droit d'entrée est élevé (l'équivalent de cent journées de travail d'un ouvrier qualifié). Ces sommes facilitent l'entretien et la décoration des temples, l'organisation des dîners et des banquets, mais aussi des manifestations de bienfaisance en faveur des pauvres. Pour être franc-maçon, il faut donc avant tout être riche, les droits d'entrée écartant les classes les moins aisées de la franc-maçonnerie.

Les loges étaient aussi des lieux de convivialité. Les hommes se retrouvaient pour échanger, manger, boire et aussi chanter. Ainsi, dans les loges écossaises de Saint-Germain-en-Laye, tous les frères entonnaient le *Chant des adieux* (« Ce n'est qu'un au revoir, mes frères... »), écrit en 1750 par le franc-maçon écossais et poète Robert Burns sur une ancienne mélodie populaire en Écosse et d'origine celte.

### Allumez les lumières !

Mais ce qui attire dans les loges maçonniques, ce sont surtout ces nouvelles idées que l'on nomme les « Lumières ». Cette philosophie portée par des hommes illustres comme Voltaire, Montesquieu, Rousseau, Diderot et Condorcet affirme que les hommes sont égaux en droit, libres de penser par eux-mêmes, et enfin qu'ils sont frères.

Ces philosophies (il n'y eut jamais de consensus sur ces idées mais des débats permanents) vont réaliser un véritable travail de sape de l'autorité du roi et de l'Église, en affirmant finalement que l'homme est au cœur de toutes les préoccupations. Ne laissez pas les autres décider pour vous-même, recherchez le bonheur ici et maintenant plutôt que la sainteté dans l'au-delà, et enfin œuvrez pour le bien universel : telles pourraient être les trois devises de cette philosophie. Il ne s'agit pas d'athéisme, puisque la majorité des hommes des Lumières sont croyants. Mais ils sont plus souvent enclins à croire en un grand horloger de l'univers qu'en un Dieu révélé. La science s'affirme également comme moyen d'accéder à la connaissance, domaine jusque-là réservé à la religion catholique. Si ce n'est pas la franc-maçonnerie qui a fait les Lumières, elle a offert un cadre propice à la diffusion de ces idées de tolérance et de liberté. Mais il ne faudrait pas laisser croire que ce mouvement a été un plan élaboré ni qu'il y eut un consensus général sur ces principes. Plus qu'un programme, les Lumières sont, pour reprendre les mots du philosophe allemand Kant, une « audace de la pensée ».

Le pivot de cette audace est d'affirmer que la science peut remplacer la religion comme moyen d'accès à la connaissance. Cette idée arrive, là encore, d'Angleterre en la personne de Newton, connu pour sa loi sur la gravitation universelle. Ses idées sont, en particulier, défendues par une société savante, la fameuse *Royal Society*. Les premiers membres de la *Royal Society* étaient tous francs-maçons. La *Royal Society* fonctionnait alors comme une loge maçonnique. Elle offrait aux savants et philosophes anglais un lieu tranquille pour travailler et échanger des idées, c'est-à-dire un lieu à l'abri du pouvoir royal et du clergé.

Le XVIII^e siècle est le siècle de l'essor de la science et de la technique : physique, chimie, astronomie, sciences naturelles… Les expériences sont montrées dans les salons et font l'objet d'une grande curiosité de la part des intellectuels. Les sciences appliquées à des questions philosophiques conduisent à l'idée que la connaissance se déduit de l'expérience et n'est pas donnée ou révélée. Si le projet de Diderot et d'Alembert de faire une grande encyclopédie qui recense et décrit tous les savoirs nous semble banal aujourd'hui, ce fut surtout l'objet d'un grand scandale. La critique méthodique des textes sacrés attaquait les certitudes de la foi, le pouvoir du clergé et les dogmes religieux. Pis encore aux yeux du clergé, les philosophes admettaient l'existence d'un dieu sans Église. Malgré les attaques et les interdictions du pouvoir royal et du pape, le projet aboutira en 1770. Il aura fallu le travail de plus de mille ouvriers pendant une vingtaine d'années pour réussir cet exploit à l'époque où l'athéisme était, rappelons-le, condamné par la peine capitale.

De nombreux philosophes des Lumières furent francs-maçons. Voltaire, Newton, Rousseau, Locke, Kant, Goethe et Benjamin Franklin ont été initiés. Toutefois, le cas de Voltaire est un peu particulier. En effet, il fut initié en avril 1778, soit un mois avant sa mort. Cette initiation est donc plus le symbole de l'union des Lumières et de la franc-maçonnerie que celui de l'engagement personnel de Voltaire. La loge Les Neuf Sœurs dans laquelle Voltaire fut initié était l'une de celles qui défendaient le plus les idées des Lumières. Benjamin Franklin, Camille Desmoulins, Jacques Montgolfier, Joseph Ignace Guillotin (l'inventeur de la fameuse guillotine) et l'astronome Lalande ont également fait partie de cette loge. C'est d'ailleurs Lalande qui, à la demande de Diderot et d'Alembert, rédige l'article sur la franc-maçonnerie dans la célèbre *Encyclopédie.* Il définit la franc-maçonnerie comme la « réunion de personnes choisies qui se lient entre elles par une obligation de s'aimer comme frères, de s'aider dans le besoin, et de garder le silence inviolable sur tout ce qui caractérise leur ordre ».

Mais il faut mettre un bémol à cette vision idyllique d'une maçonnerie éclairée. Il faut la replacer dans le contexte de l'époque et rappeler que, si les idées des Lumières sont en avance sur leur temps, la majorité des loges sont assez conservatrices. Par exemple citons, en 1767, le règlement d'une loge marseillaise qui stipule que « tout profane qui aurait le malheur d'être juif, nègre, ou mahométan ne doit point être présenté à l'initiation maçonnique ».

Si la franc-maçonnerie n'accepte donc pas les juifs, les Noirs ni les musulmans, originalité française, certaines loges acceptent les femmes, ce que ne feront jamais les Anglais. La princesse de Lamballe, amie intime de Marie-Antoinette, sera même nommée Grande Maîtresse des loges écossaises féminines de France en 1781. Elle initiera Marie-Antoinette qui écrivit à propos de la franc-maçonnerie : « Tout le monde en est ; on sait ainsi tout se qui s'y passe ; où est le danger ? »

Le danger, il est à Paris où le bruit de la Révolution gronde. Le 14 juillet 1789, la prise de la Bastille va amorcer le changement qui conduira à la chute de la monarchie. La franc-maçonnerie, composée en partie d'aristocrates, fut aussi la victime de la Révolution. Pendant la Terreur, Robespierre poursuit son programme de dictature de la vertu. Dans les mois de juin et juillet 1794, plus de 1300 personnes vont passer à la guillotine, instrument terrible certes, mais moins que la hache. C'est en tout cas ce qu'avait imaginé le Dr Guillotin, membre de la loge Les Neuf Sœurs, pour rendre plus humains les derniers jours du condamné.

Guillotin qui regretta toute sa vie qu'on ait donné son nom au « rasoir national ».

### La nuit tombe sur la franc-maçonnerie

Une fois passés les élans de sympathie, la franc-maçonnerie apparaît aux révolutionnaires comme une société secrète peuplée d'aristocrates, et donc suspecte. Les loges cessent leurs activités car se réunir devient trop dangereux. En province, la situation est encore plus délicate pour les francs-maçons. Ces derniers ne sont pas des révolutionnaires. Pour certains la franc-maçonnerie était une activité sociale intellectuellement satisfaisante, pour d'autres elle fut un laboratoire d'idées audacieuses. Mais jamais elle ne fut, comme Augustin Barruel l'affirme dans son livre, le lieu d'une conspiration révolutionnaire.

S'il fut un temps prérévolutionnaire où la symbolique maçonnique a pu inspirer ce combat, cette époque est finie. Après 1789, on accuse la franc-maçonnerie d'être une sorte de conservatoire des valeurs culturelles de l'Ancien Régime. Parmi les francs-maçons, certains furent guillotinés ou prirent le chemin de l'exil. La Fayette partit porter l'idéal maçonnique en Amérique (voir chapitre 8), le duc d'Orléans (Philippe Égalité), ancien grand maître du Grand Orient de France, fut guillotiné. Enfin, on connaît la fin tragique de la princesse de Lamballe dont la tête finit au bout d'une pique lors des massacres de septembre 1792. À cette date, à Paris, des rumeurs de complot pour mater la révolution à l'aide de l'armée circulaient. On disait que les aristocrates et les prêtres alliés aux Autrichiens et aux Prussiens s'apprêtaient à massacrer les patriotes. En réponse, les massacres de septembre perpétrés par la foule parisienne furent terribles. D'autres rumeurs circulèrent alors, qui attribuèrent ces massacres aux hommes de main du duc d'Orléans. Rumeurs invérifiables tant la situation était confuse.

Lorsque les événements politiques ne lui sont pas favorables, la franc-maçonnerie suspend son activité en attendant des jours meilleurs. Il existe un terme pour cela. On dit qu'elle « se met en sommeil ». C'est ce qui se produit en 1792. La franc-maçonnerie fait profil bas et les loges se « mettent en sommeil » même si les francs-maçons ont très certainement continué à se rencontrer de manière informelle. La situation s'aggrave avec l'avènement du gouvernement révolutionnaire car, même s'il n'y eut jamais d'interdiction formelle de la franc-maçonnerie, les jacobins estimaient que la franc-maçonnerie échappait au contrôle populaire et donc ne pouvait exister.

Il faudra attendre mars 1794 et la chute de Robespierre pour que les loges se réveillent et reprennent progressivement leurs activités. La Révolution française a bien entendu changé le paysage politique mais la Terreur qui a suivi a causé de grands dégâts. Comme après chaque crise, il faut chercher les coupables et les boucs émissaires. Le livre de l'abbé Augustin Barruel arrive à point nommé.

## Le complot des francs-maçons

Augustin Barruel naît en 1741. Il fait ses études chez les jésuites puis devient prêtre. Lorsque le Parlement de Paris supprime la Compagnie de Jésus, il quitte la France en 1764. Il voyagera en Bohême, en Moravie, puis à Vienne et en Italie, avant de revenir en France en 1774. Prêtre, précepteur mais aussi écrivain, Augustin Barruel s'en prend très tôt aux idées des Lumières qu'il juge subversives et dangereuses. En 1781, il publie les *Helviennes ou lettres provinciales philosophiques*, roman en forme d'échange de lettres où il critique les idées « philosophiques » du temps. En 1788, il dirige le *Journal ecclésiastique* dont il assurera la rédaction quasi intégrale jusqu'en 1792. En 1789, il publie un *Discours* dans lequel il dénonce les deux causes de la Révolution française : la première est de nature divine puisque la Révolution est, selon lui, le châtiment des péchés de la France et l'autre est humaine puisqu'il s'agit du complot des philosophes contre l'Église et l'État. Après la Révolution, Augustin Barruel est obligé de fuir en Angleterre. À Londres, il sera accueilli par l'homme politique et avocat anglais Edmund Burke. Certainement inspiré par le livre de Burke *(Reflections on the Revolution in France*, paru à Londres en 1790), Barruel publiera en 1797 les *Mémoires pour servir à l'histoire du jacobinisme*.

Un extrait du livre de Barruel résume assez bien la thèse qu'il va défendre tout au long des mille pages que contient son ouvrage : « Dans cette Révolution française, tout jusqu'aux forfaits les plus épouvantables, tout a été prévu, médité, combiné, résolu, statué : tout a été l'effet de la plus profonde scélératesse, puisque tout a été préparé, amené par des hommes qui avaient seuls le fil des conspirations longtemps ourdies dans des sociétés secrètes, et qui ont su choisir et hâter les moments propices aux complots. »

L'abbé Barruel affirme que la franc-maçonnerie a été infiltrée par une autre société secrète, d'après lui encore plus dangereuse : les Illuminés de Bavière. Il précise que de cette fusion est née une maçonnerie encore plus secrète, réservée à l'élite de l'élite. Il révèle que c'est au sein de cette « super maçonnerie » que la Révolution française aurait été soigneusement préparée.

L'idée n'est pas nouvelle puisque déjà en 1791, l'abbé Lefranc publie *Le Voile levé pour les curieux ou le Secret des révolutions révélé à l'aide de la franc-maçonnerie.* Dans cet ouvrage, il cherche à prouver que le but de la franc-maçonnerie est de renverser le trône et l'autel. Il ne fournit que peu de preuves mais son livre témoigne de comment la franc-maçonnerie et la philosophie des Lumières ont « changé les mœurs de la France ». Ces idées seront amplifiées en 1796 par Charles-Louis Cadet de Gassicourt, un bâtard de Louis XV dans un autre livre au titre interminable : *Le Tombeau de Jacques de Molay ou Histoire secrète abrégée des initiés anciens et modernes, Templiers, Francs-Maçons, Illuminés.* Là, Cadet de Gassicourt va reprendre à son compte la rumeur selon laquelle les francs-maçons sont les héritiers des templiers et qu'ils sont revenus d'Écosse pour venger la mort injuste de leur dernier grand maître, Jacques de Molay (voir chapitre 1).

Mais le livre de Barruel est certainement le plus abouti. Il nomme les responsables de la Révolution française. Ce sont, dit-il, les philosophes, les francs-maçons et les Illuminés. Son livre est divisé en trois parties qui reprennent ces trois accusations.

Dans la première partie, Barruel accuse Voltaire, d'Alembert, Diderot et Rousseau de saper l'esprit religieux. Il dénonce l'*Encyclopédie* de Diderot comme une tentative d'enlever à la religion la prérogative de l'accès à la connaissance. La deuxième partie attaque la franc-maçonnerie. Barruel a été initié, comme il le décrit lui-même, à la fin d'un dîner et sans grande conviction. Mais il est assez bien renseigné sur la franc-maçonnerie. Il va décrire les rites, les usages et le fonctionnement des loges. Cependant, il affirme que seuls les hauts grades sont dépositaires d'un grand secret qui est à l'origine de la Révolution française et que ce grand secret se résume en trois mots : liberté, égalité et fraternité. Conscient certainement que ces trois valeurs ne suffisent pas pour renverser le roi ni le pape, Barruel ajoute que les francs-maçons sont les héritiers des Templiers (voir chapitre 1). Pour lui, la maçonnerie est une secte manichéenne car, dit-il, « les Templiers pratiquaient cette hérésie, fort répandue sous toutes ses formes et tous ses noms sur le pourtour de la Méditerranée ». D'ailleurs, pour appuyer son propos, Barruel affirme que si les francs-maçons s'appellent « les enfants de la veuve », c'est parce qu'ils se sentent proches de Manès, le fondateur du manichéisme, lui-même enfant d'une veuve. La démonstration se tient, mais... c'est faux ! Si les francs-maçons se désignent par cette formule, c'est qu'ils se reconnaissent dans la personne de l'architecte du temple du roi Salomon, Hiram, dont il est dit dans la Bible qu'il est fils d'une veuve de Tyr.

### Des poignards attendent les traîtres

Mais Barruel va encore plus loin dans sa dénonciation. Il nomme les comploteurs, parmi lesquels on retrouve Condorcet, Mirabeau, le duc de La Rochefoucauld et La Fayette. Barruel se veut encore plus précis. Le complot a débuté en 1787. Les francs-maçons ont fondé une association appelée « Les Amis des Noirs ». Ils se réunissent clandestinement à l'hôtel de Lussan, rue Croix-des-Petits-Champs. De là, affirme-t-il, des instructions secrètes partaient à destination de toutes les loges de Paris et de province. Ces instructions devaient être suivies à la lettre sous peine de sanctions car, toujours selon Barruel, « aussitôt que vous aurez reçu le paquet ci-joint, vous en accuserez la réception. Vous y joindrez le serment d'exécuter fidèlement et ponctuellement tous les ordres. Si vous refusez ce serment ou si vous y manquez, vous serez regardé comme ayant violé celui que vous avez fait à votre entrée dans l'ordre des Frères. [...] Souvenez-vous des poignards qui attendent les traîtres ».

Barruel désigne également le chef suprême de l'organisation. Il s'agit de Philippe, duc d'Orléans. Ce dernier était, en effet, le grand maître du Grand

Orient de France, obédience qui réunissait la majorité des loges françaises. Il prend parti pour la Révolution et change son nom pour devenir Philippe Égalité puisque l'usage de la particule avait été interdit par la Convention. Ce personnage curieux était cousin de Louis XVI, dont il vota d'ailleurs la mort. Cette lâcheté dégoûta jusqu'à Robespierre, à qui on attribue ces mots : « Il était le seul qui pouvait se permettre de ne pas voter la mort. » Philippe Égalité quittera la franc-maçonnerie peu avant son exécution. Dans sa lettre de démission, il abonde dans le sens de Barruel : « Comme je ne connais pas la manière dont le Grand Orient est composé, et que, d'ailleurs, je pense qu'il ne doit y avoir aucun mystère, ni aucune assemblée secrète dans une république, surtout au commencement de son établissement, je ne veux plus me mêler en rien du Grand Orient ni des assemblées de francs-maçons. » Ces propos sont étonnants sous la plume d'un ancien grand maître. Il confirmerait donc l'hypothèse d'un complot maçonnique ignoré des maçons eux-mêmes, y compris du grand maître de l'Ordre. Cette affirmation constitue la dernière cartouche de l'abbé Barruel : la franc-maçonnerie est infiltrée par une secte, les Illuminés de Bavière, et seuls quelques francs-maçons « haut placés » sont conscients de cette infiltration. La thèse de Barruel repose donc sur l'idée que la franc-maçonnerie est composée de loges honnêtes et visibles et d'arrière-loges, encore plus secrètes et réservées aux seuls vrais initiés. Cette idée que seuls les francs-maçons les plus hauts placés sont conscients et même acteurs de la machination est une affirmation que nous retrouverons ensuite dans toutes les théories du complot. Cela permet de distinguer les honnêtes maçons des vrais conspirateurs et d'échapper à toute tentative de réfutation.

## De dangereux conspirateurs prêts à renverser la monarchie

C'est peut-être sur ce point que nous devons rendre hommage à l'abbé Barruel. En effet, dans la troisième partie des *Mémoires pour servir à l'histoire du jacobinisme*, Barruel décrit de façon précise ce mouvement de pensée. Barruel aurait eu accès aux documents ultra-secrets saisis par la police de Bavière après l'interdiction de la secte des Illuminés.

C'est dans une Bavière très catholique qu'Adam Weishaupt, ancien élève des jésuites et adepte de la philosophie des Lumières, va, en 1776, créer ce mouvement qui au départ s'appelle l'Ordre secret des Illuminés germaniques. À 20 ans, il occupe la chaire de droit canon à l'université d'Ingolstadt, qui était depuis longtemps le bastion principal des jésuites en Bavière. En créant cet ordre au sein même de cette université, Adam Weishaupt entre en conflit direct avec les puissants jésuites. Adam Weishaupt va emprunter à la franc-maçonnerie son fonctionnement, ses rites et sa pratique. Ce mouvement se divise en quatre grades : novice, minerval, illuminé mineur, et illuminé majeur ou chevalier écossais. Il réunit des philosophes, des érudits, et des libres penseurs pour la plupart acquis à la philosophie des Lumières.

Jusqu'en 1780, le mouvement ne décolle pas et se cantonne à la Bavière. Mais l'initiation de Adam Weishaupt au rite de la Stricte observance (ordre créé par le baron de Hund pour rétablir l'ordre des Templiers – voir chapitre 1) lui permet d'infiltrer la franc-maçonnerie. Il écrit même ses intentions à l'un de ses disciples : « Que cela ne vous effraie pas. À cette démarche nous apprenons à connaître un lien ou un secret nouveau. » Pour Barruel, l'initiation de Weishaupt est le début de la fin de la franc-maçonnerie qu'il considérait jusque-là comme respectueuse de l'autorité royale et de l'Église. Pour lui, une sorte d'alliance entre la franc-maçonnerie, les Illuminés et la Stricte observance est née dont l'objectif consiste à échafauder le complot qui renversera la monarchie française.

Ce qui est certain, c'est que Adam Weishaupt cherchera à tirer parti de la crise qui agitait alors la franc-maçonnerie allemande pour la fédérer sous son autorité. Mais l'anticléricalisme d'Adam Weishaupt et de son mouvement n'attire pas les francs-maçons, peu disposés à entrer en conflit avec les autorités religieuses.

La Bavière souhaite en finir avec les Illuminés. Ils sont alors présentés comme de dangereux conspirateurs prêts à renverser la monarchie. Ils sont interdits en 1784 et Adam Weishaupt est contraint à l'exil. Ils seront traqués et disparaîtront d'Allemagne en 1786.

La thèse de la franc-maçonnerie française infiltrée par les Illuminés allemands n'est pas née dans l'esprit de Barruel. En 1789 déjà, le marquis de Luchet expose cette idée dans son *Essai sur la secte des Illuminés*. Il est évident que Barruel s'est inspiré de ce livre pour écrire le sien mais il ira encore plus loin puisqu'il fera des Illuminés les instigateurs de la Révolution française. Il décrit même le complot avec précision. En 1785, toujours selon Barruel, un mystérieux émissaire part de Bavière en direction de Paris. Il porte sur lui les détails du plan secret destiné à soutenir les mouvements révolutionnaires. Mais ce coursier est frappé par la foudre en traversant la ville autrichienne de Ratisbonne et meurt sur-le-champ. Les documents secrets qu'il transporte sont saisis par la police et remis au gouvernement bavarois. On ne sait comment Barruel aurait eu entre ses mains ces documents. Toujours est-il que, selon lui, cette missive secrète comportait un discours destiné à toutes les loges françaises. Ce texte qui devait être lu à tous les frères était le mot d'ordre qui allait déclencher l'insurrection populaire et la prise de la Bastille. Barruel cite même les mots de ce discours : « L'aurore d'un beau jour s'avance, le secret de la maçonnerie, jusqu'alors inconnu, [va] devenir la propriété de tous les hommes libres [...]. Les cris de liberté et d'égalité se [feront] entendre hors des loges. »

### Un réseau international œuvrant dans l'ombre

Pour mener à bien la destruction du trône et de l'autel, les loges parisiennes sont réunies « dans un temple du Dieu de l'Évangile, dans l'église de ces religieux appelés Jacobins ». Barruel donne ici l'origine exacte du nom du mouvement porté par Robespierre : les jacobins. Car en 1789, la Société des Amis de la Constitution loua pour se réunir une salle de l'ancien couvent des dominicains, salle dite « des Jacobins ». Ce qui est amusant, c'est que Barruel se contredit puisque, dans son premier chapitre, il attribuait l'origine du terme de « jacobins » à Jacques de Molay. En effet, les inquisiteurs qui ont torturé les Templiers étaient des frères dominicains appelés aussi jacobins en référence à saint Jacques (*jacobus* en latin)… Par cette référence erronée, Barruel ajoutait à la croyance déjà ancrée que la mission secrète des francs-maçons était de venger la mort de Jacques de Molay en renversant le trône et l'autel.

Barruel, comme tout colporteur de rumeurs, utilise la peur pour mieux convaincre. Il termine son volumineux ouvrage par la description d'un réseau international œuvrant dans l'ombre. Il liste tous les pays minés par la franc-maçonnerie : la Belgique, la Hollande, l'Espagne, le Portugal, l'Italie, Malte, les Indes, l'Afrique et les Amériques, la Suisse, la Suède, la Russie, la Pologne et, enfin, l'Autriche. Bien au-delà d'une simple préoccupation nationale, c'est une internationale du complot que Barruel dénonce dans son ouvrage. Il n'est donc pas étonnant que son livre ait eu la diffusion que l'on connaît auprès des partisans des monarchies européennes. Il fut traduit dans neuf langues dont le russe et servit de base pour construire, comme nous allons le voir au chapitre 5, d'autres thèses de complots associant les francs-maçons et les juifs.

Joseph Mounier, préfet d'Ille-et-Vilaine, publiera en 1801 une réfutation intitulée *De l'influence attribuée aux philosophes, aux francs-maçons et aux Illuminés sur la Révolution en France.* Dans son livre, Mounier conteste point par point les arguments du livre de Barruel. Pourtant, le mythe survivra et prospérera. Par la suite, les historiens montreront qu'il est peu probable que les loges maçonniques aient comploté pour préparer la Révolution française. Les loges maçonniques étaient tout d'abord peu organisées, révolutionnaires dans les idées mais peu dans les faits, et surtout très diverses dans leurs conceptions philosophiques. Au final, une fois passé le crible des vérifications historiques, il ne reste que peu de chose des thèses de l'abbé Barruel. Deux mots, liberté et égalité, qu'il agite comme étant le secret du complot. Mais il est vrai que ces termes qui nous semblent aujourd'hui tellement familiers étaient en 1789 véritablement révolutionnaires.

**On nous cache tout, on nous dit rien !**

Les conclusions souvent fantaisistes de Barruel prêteraient à sourire si elles n'avaient servi de base à des successeurs dangereux comme Léo Taxil (voir chapitre 6) ou pour désigner les responsables à la défaite de 1940 (voir chapitre 5). Il n'y a évidemment jamais eu la moindre preuve de l'existence d'un complot maçonnique contre l'Église et l'État. Cependant, les conclusions hâtives de Barruel ont constitué pendant tout le XIX$^{e}$ siècle l'interprétation catholique quasi officielle des causes de la Révolution française. Aujourd'hui encore, la thèse de Barruel est encore souvent citée sans aucune vérification, en particulier sur les sites internet de catholiques intégristes. Pourquoi ce succès ? Parce que la thèse de Barruel réunit tous les ingrédients de ce qu'on nomme les « théories du complot ».

De quoi s'agit-il ? Simplement d'affirmer qu'« on nous cache tout, on nous dit rien ! ». Ou encore qu'un petit groupe d'initiés dirige le monde selon ses propres opinions et pour son propre intérêt. Les théories du complot ont la vie dure. Il est quasi impossible de les réfuter. Elles se propagent comme les rumeurs, et internet est un excellent lieu de résonance.

La sociologue Véronique Campion-Vincent analyse ce phénomène de la façon suivante : « Le succès des théories du complot repose sur le fait que le monde est devenu complexe, difficile à comprendre et qu'il est difficile d'en suivre la logique. Il est alors plus facile d'imaginer que le monde n'est qu'une illusion de liberté et de démocratie et que, dans l'ombre, des sociétés secrètes tirent les ficelles. » Il n'y a donc ni hasard ni improvisation. Tout a été prévu. Les théories du complot reposent toujours, comme des rumeurs, sur des faits isolés ou difficilement vérifiables. Comme selon l'adage populaire, il n'y a pas de fumée sans feu, tout est possible puisque rien n'est vérifiable !

Mais le monde n'est ni simple ni cohérent, et la vérité est souvent bien plus complexe que les théories du complot veulent bien le montrer. Les historiens ont prouvé que la Révolution française fut le résultat d'une suite d'événements certes en relations les uns avec les autres, d'une conjonction de forces, mais jamais comme le résultat d'un gigantesque complot comme l'affirme l'abbé Barruel. Et pourtant, sa thèse est si simple qu'elle sera reprise longtemps après sa mort.

De plus, la théorie du complot va très souvent de pair avec celle du bouc émissaire. Si quelque chose ne va pas, la théorie du bouc émissaire indique que les sociétés humaines ont naturellement tendance à désigner un responsable de ces maux. Ce responsable est souvent un individu ou un groupe d'individus vivant en marge de cette société : étrangers, juifs, francs-maçons, hérétiques ou Templiers…

Enfin, les théories du complot excitent notre curiosité naturelle pour l'insolite, le caché, le mystère. Et puis, inutile de chercher à prouver qu'un complot n'existe pas. Si vous le faites, c'est peut-être parce que vous-même faites partie du complot et que vous cherchez, en réalité, à faire diversion…

Tout cela pourrait nous faire rire. Mais le plus grave, c'est que les théories du complot traversent les âges, s'enracinent dans les mémoires, laissent des traces dans l'inconscient collectif et sont inlassablement reprises de génération en génération. Ces traces peuvent un jour se réveiller et s'amplifier. Il suffit pour cela d'un détonateur : une révolution, une guerre, une crise économique…

Comme l'écrit Frédéric Charpier dans *L'Obsession du complot*, « les théories du complot ne surgissent jamais inopinément. Destinées aux "esprits superficiels et paresseux", elles bourgeonnent lors de séquences historiques troublées ayant suscité une “grande anxiété” et prolifèrent sur la peur et l’incompréhension ».

## Liberté, égalité, fraternité

La Révolution n’a pas eu lieu parce que les francs-maçons le voulaient, mais parce que l’Ancien Régime ne pouvait plus survivre sans de grands changements et que Louis XVI se montra incapable d’entreprendre ces réformes.

À l’aube du XIX^e^ siècle, qui sera l’âge d’or de la franc-maçonnerie française, la maçonnerie se réveille doucement. Soixante-quinze loges seulement auront repris leurs travaux en 1800. On en comptera plus de mille deux cents sous l’Empire.

Après la signature du Concordat, Barruel rentrera en France. En 1815, il retourne dans la Compagnie de Jésus reconstituée. Il s’attelle à un ouvrage destiné à réfuter la philosophie de Kant, mais ne pourra le terminer puisqu’il meurt le 5 octobre 1820.

Près de trente ans après, le 10 mars 1848, trois cents frères portant le drapeau tricolore sur lequel les Parisiens pouvaient lire « francs-maçons » se rendent à l’Hôtel de Ville de Paris. Ils viennent affirmer leur soutien à la république qui vient de naître. Certains ont, pour l’occasion, revêtu leur tablier de maçon, symbole du travail. Là, sur l’esplanade de l’Hôtel de Ville, Lamartine résume à lui seul l’esprit de la franc-maçonnerie française et son attachement à la république : « Je n’ai pas l’honneur de savoir la langue particulière que vous parlez, je n'ai jamais eu dans ma vie l'occasion d'être affilié à aucune loge. [...] Les sentiments de fraternité, de liberté et d'égalité qui sont l'Évangile de la raison humaine, ont été laborieusement, quelques fois courageusement scrutés, propagés, professés par vous dans les enceintes particulières où vous renfermiez jusqu'ici votre philosophie sublime. »

Liberté, égalité, fraternité, ces trois mots porteurs de lumière et qui faisaient si peur à l'abbé Barruel devinrent le principe officiel de la République française.

### À lire

CHARPIER, Frédéric, *L'Obsession du complot*, Bourin, 2005.

CAMPION-VINCENT, Véronique, *La Société parano*, Payot, 2005.

TAGUIEFF, Pierre-André, *La Foire aux illuminés : ésotérisme, théorie du complot, extrémisme*, Mille et Une Nuits, 2005.

LIGOU, Daniel, *La Franc-Maçonnerie et la Révolution française*, Chiron-Detrad, 1989.

HUTIN, Serge, *Gouvernants invisibles et Sociétés secrètes*, J'ai lu, « L'Aventure mystérieuse », 1971.

MORNET, Daniel, *Les Origines intellectuelles de la Révolution française*, Armand Colin, 1933.

# CHAPITRE 4

## Les messages secrets de *La Flûte enchantée*

La salle est comble, ce soir du 30 septembre 1791. Bourgeois, commerçants, ouvriers, valets et servantes, tous se pressent au guichet du Theater auf der Wieden car Mozart va diriger la première de *La Flûte enchantée.* Depuis plusieurs mois, Emanuel Schikaneder, l'ami de Mozart, comédien, chanteur et surtout directeur du théâtre, tente de garder le secret sur l'histoire de cette *Flûte enchantée* qu'il a montée avec sa troupe. Mais les rumeurs ont déjà circulé. Il paraît que cette fois, il y aura encore plus de surprises : costumes et décors insolites, machineries de théâtre toujours plus extravagantes. Une histoire pleine de rebondissements avec des farces comme le public les aime, mais aussi de l'amour, du tragique et du mystère. Côté décor justement, les spectateurs ne vont pas être déçus puisque Schikaneder a mis en scène un serpent géant, des temples égyptiens, des palmiers, des animaux sauvages et même, paraît-il, un volcan et des cascades !

Mozart est arrivé tôt. Il est passé au théâtre pour apporter aux musiciens la partition de l'ouverture qu'il a terminée dans la nuit. Puis il a rejoint la troupe dans l'auberge qui jouxte le théâtre. Ensemble, ils ont déjà arrosé cette première.

Tout est en place. Emanuel Schikaneder a endossé son costume de scène fait de plumes multicolores qui le fait ressembler à un perroquet. Josepha Hofer, la sœur de Constance, la femme de Mozart, ajuste la robe bleu nuit et argenté de la Reine de la nuit. On lui a dit en plaisantant qu'elle ressemblait à la grande Marie-Thérèse, l'archiduchesse d'Autriche, celle qu'on appelait « l'Impératrice », celle qui a profondément marqué de sa main de fer la vie de la capitale autrichienne. La jeune Anna Gottlieb se chauffe la voix. Elle ne sait pas, bien sûr, que le rôle de Pamina qu'elle s'apprête à chanter va être le plus important de sa carrière ; pourtant, elle n'a que 18 ans !

Mais le temps presse, il est 19 heures et, du pupitre, Mozart fait retentir les premiers accords de l'ouverture. Tout d'abord un accord franc et violent, suivi de deux accords, puis de deux autres accords. Une cadence donc fondée sur le nombre cinq. Puis vient une fugue franche et rythmée qui se termine par une triple batterie de trois accords. Une cadence en cinq coups, trois accords en *mi* bémol, tonalité comportant trois bémols à la clef. Les amis francs-maçons de Schikaneder et Mozart, assis dans le public, sourient et s'échangent des clins d'œil complices. Cinq le nombre du compagnon, trois celui de l'apprenti, trois fois trois celui du maître… On leur avait dit que cette *Flûte enchantée* leur serait familière. Ça commence bien !

## Frère Mozart, compositeur franc-maçon

On connaît bien sûr le Mozart compositeur, et l'on sait que Mozart a été franc-maçon, mais on oublie souvent qu'il a été plus que cela. Il a été profondément marqué par la franc-maçonnerie et son œuvre, en particulier *La Flûte enchantée*, est empreinte des valeurs que la franc-maçonnerie du XVIII^e siècle partageait avec la philosophie des Lumières.

Le destin de la franc-maçonnerie était, à cette époque, lié à l'attitude du souverain régnant à son égard. En Autriche, l'impératrice Marie-Thérèse protégeait la franc-maçonnerie. Elle la protégeait tellement qu'en 1738 la condamnation du pape Clément XII ne fut même pas publiée en Autriche. Avec cette protection, Vienne était devenue la capitale maçonnique de l'Europe de l'Est et le refuge de nombreux proscrits persécutés pour leurs idées par l'Église. Mais cette protection ne dure qu'un temps et Marie-Thérèse d'Autriche commence à soupçonner l'unique loge viennoise de conspirer contre son pouvoir. Elle leur envoie la police, les frères sont arrêtés, puis rapidement relâchés faute de preuves. Il semble surtout que Marie-Thérèse d'Autriche était lassée des frasques de son époux. Elle le soupçonnait de se servir de la franc-maçonnerie comme alibi pour vivre tranquillement une vie extra-conjugale débridée, lui qui, par ailleurs, lui avait fait seize enfants ! Mais l'attitude de Marie-Thérèse d'Autriche jeta le discrédit sur la franc-maçonnerie, qui traversa alors une longue période de disgrâce.

La franc-maçonnerie fut réinstallée et protégée par son fils, l'empereur Joseph II, à partir de 1780. Ce fut alors l'âge d'or de la maçonnerie autrichienne. Phénomène de mode, attrait pour la nouvelle philosophie des Lumières, toute l'élite culturelle de Vienne est membre d'une loge. Les francs-maçons ne se cachent plus et organisent même régulièrement de grandes réunions publiques et des concerts de charité.

Le 14 décembre 1784, Mozart est initié dans la loge La Bienfaisance dirigée par Ignas von Born, qui fut certainement pour lui une sorte de père spirituel. Mozart va gravir très rapidement les degrés puisqu'il deviendra compagnon en mars 1785 et sera initié au grade de maître à peine un mois plus tard.

Emmanuel Schikaneder était, lui aussi, franc-maçon. Il fut initié en 1788 dans une loge de Ratisbonne. Mais, au contraire de Mozart, Schikaneder ne semble pas avoir été un très bon franc-maçon. Il est exclu de sa loge moins d'un an après son initiation. On ignore la raison exacte de ce renvoi. Une sombre histoire de malversation financière ? C'est probable, mais peut-être que son métier de comédien ne lui permettait pas de se libérer, ou qu'il était trop libertin pour fréquenter la fraternité. Toujours est-il qu'il n'a pas dépassé le grade de compagnon et qu'il ne possède pas toutes les connaissances maçonniques de Mozart.

Aujourd'hui, les réunions maçonniques s'organisent suivant un rituel souvent rythmé par la musique. Un membre de la loge est en général chargé de composer une sorte de programme musical et de lancer les disques au bon moment. Au temps de Mozart, une petite formation musicale était chargée de jouer les airs dédiés à chaque événement de la loge. Mozart composa de nombreux morceaux de musique pour les cérémonies de loges. Il a ainsi fait cadeau à ses frères des cantates de *La Joie des maçons*, exécutée lors d'un banquet de loge à Vienne, de *L'Ode funèbre*, composée pour deux francs-maçons disparus, du *Voyage du compagnon*, écrit pour l'initiation au grade de compagnon de son propre père Léopold, et surtout de la cantate *L'Éloge de l'amitié*, qu'il composera juste avant sa mort.

C'est en mars 1791 qu'Emmanuel Schikaneder propose à Mozart de monter ensemble un opéra fondé sur *Lulu ou la Flûte enchantée*, une histoire féerique tirée des contes orientaux de Wieland. On rapporte que Mozart lui aurait répondu : « Mais je n'ai jamais écrit d'opéra féerique. » C'est vrai que les précédents opéras du compositeur, *Les Noces de Figaro*, *Don Juan* et *Cosi Fan Tutte*, racontent des histoires réelles avec des personnages réels. Mais une lecture plus fine de ces trois œuvres a permis d'y déceler déjà des allusions au parcours de l'initiation maçonnique, éléments qui seront encore plus explicites dans *La Flûte enchantée*.

C'est certainement l'attrait de Mozart pour l'Égypte qui l'a poussé à accepter l'offre de Schikaneder. En effet, le livret de *La Flûte enchantée* va puiser également dans *Sethos, roi d'Égypte*, ancien conte égyptien de l'abbé Jean Terrasson qui met en scène un prêtre égyptien, ainsi que dans la pièce *Thamos, roi d'Égypte* du baron Gebler, que Mozart avait d'ailleurs mise en musique à la demande de l'auteur en 1773. Les titres montrent l'intérêt de l'époque pour l'Égypte, alors considérée comme le berceau de toutes les connaissances et le lieu privilégié de tous les secrets. Mozart pensait, comme beaucoup de francs-maçons de son époque, que la source de l'initiation est à chercher dans la tradition égyptienne. C'est à cette époque qu'un certain Joseph Balsamo, plus connu sous le nom de Cagliostro, fonde, à Lyon, un rite égyptien en mélangeant magie, alchimie, spiritisme et même sorcellerie. Ces pratiques étaient très à la mode et fascinaient les intellectuels du XVIIIe siècle. Mais plus encore, Cagliostro va briser les tabous en fondant un ordre maçonnique acceptant les hommes et les femmes. Comme nous le verrons par la suite, Mozart était très sensible à un certain idéal concernant l'égalité entre les hommes et les femmes. Quant à Schikaneder, en habile directeur de théâtre qu'il était, il sait que le mystère peut rapporter gros. Il connaît son public et sait qu'il lui faut des histoires merveilleuses, du tragique et de la comédie, des effets spectaculaires et une musique enlevée et rapide, comme celle qui retentit à l'ouverture de *La Flûte enchantée.*

## Le rideau se lève sur le mystère

À peine les derniers accords de l'ouverture sont-ils lancés que le rideau se lève sur un décor rocheux, parsemé d'arbres et entouré de collines infranchissables. Sur le côté, on aperçoit un temple circulaire. Sur la scène, Tamino, jeune prince en costume de chasse oriental, est poursuivi par un serpent géant. Le décor est en place, le conte de fées peut commencer.

L'histoire se passe dans une lointaine contrée non précisée dans le livret. Aujourd'hui, on aurait dit, comme dans *La Guerre des étoiles, « Long ago, in a galaxy far far away »*... Mais au XVIIIe siècle, ce n'était pas la peine d'aller si loin. Le costume oriental de Tamino suffit à situer l'action dans le monde mystérieux qu'était l'Égypte aux yeux des femmes et des hommes de l'époque. En plus d'être à la mode, situer une histoire dans un Orient encore inconnu et mystérieux permettait aux auteurs de se livrer à toutes les fantaisies.

Sur la scène, Tamino désarmé implore les dieux puis s'évanouit devant la menace. Au moment où le serpent s'apprête à le dévorer, les portes du temple s'ouvrent comme par enchantement et trois dames voilées et armées apparaissent.

Trois dames sortant d'un temple ? Voilà encore une allusion qui fait sourire les amis francs-maçons de Mozart car le nombre trois est important dans la culture maçonnique. L'âge rituel de l'apprenti franc-maçon est de 3 ans. Le Grand Architecte de l'univers en qui les francs-maçons voient le principe créateur du monde est représenté par un delta lumineux (c'est-à-dire un triangle équilatéral). La marche de l'apprenti (c'est-à-dire la gestuelle rituelle) est composée de trois pas. La batterie (c'est-à-dire le battement rituel des mains) est composée de trois coups. Le nombre trois est donc un véritable signe de reconnaissance pour les francs-maçons et

Schikaneder et Mozart le savent bien. Mais il ne constitue pas, en soi, un message secret, un dévoilement ni une formule magique ou sacrée. La répétition de la référence au trois agit plutôt ici comme un indice qui semble dire au spectateur : « Même si ce qui va se passer par la suite va vous paraître incompréhensible, soyez attentif car nous, Mozart et Schikaneder, y avons dissimulé un message dont vous devrez trouver le sens caché. » C'est en tout cas ce que montre habilement Jacques Chailley dans son livre *La Flûte enchantée, opéra maçonnique.*

Mais revenons sur scène : les trois Dames, servantes de la Reine de la nuit, tuent le serpent et disparaissent. Tamino se réveille et voit le serpent mort et un drôle d'individu habillé de plumes multicolores. C'est Papageno, joué par Schikaneder. Papageno est un homme simple, un peu menteur, qui se contente de ce que la vie lui apporte. Lorsqu'il fait croire à Tamino que c'est lui qui a tué le serpent, les trois servantes réapparaissent et, pour le punir de ses mensonges, lui clouent le bec avec un cadenas. Mais elles offrent surtout à Tamino le portrait de Pamina, la fille de la Reine de la nuit. Bien sûr, comme dans tous les contes de fées, Tamino tombe immédiatement amoureux de Pamina. La Reine de la nuit lui apprend alors que sa fille a été enlevée par Sarastro, grand prêtre d'Isis et d'Osiris. Tamino lui promet de partir avec Papageno pour délivrer Pamina. Les trois dames offrent une flûte enchantée à Tamino et un petit carillon à Papageno à qui elles rendent la parole. Trois jeunes garçons, beaux, doux et sages, sont chargés de les guider jusqu'au palais de Sarastro.

Le premier acte se poursuit dans une salle richement décorée dans le style égyptien. Là, un Maure nommé Monostatos tient Pamina prisonnière. Monostatos fait sortir les esclaves afin de rester seul avec Pamina. Inutile d'aller plus loin, les spectateurs ont bien compris les intentions de Monostatos. Mais Papageno arrive à ce moment et fait fuir Monostatos. Papageno révèle alors à Pamina qu'un beau prince va venir la délivrer et tous les deux entonnent un hymne à l'amour qui donne du sel à chaque jour de la vie et qui fait tourner la roue de la nature. De son côté, Tamino, toujours guidé par les trois jeunes garçons, arrive devant trois temples dédiés respectivement à la Sagesse, à la Raison et à la Nature. Tamino est refoulé des temples de la Raison et de la Nature mais, à la porte du temple de la Sagesse, un prêtre lui dévoile que Sarastro n'est pas celui que lui a décrit la Reine de la nuit mais un être de bonté et de lumière.

**Coup de théâtre**

La vérité éclate : la Reine de la nuit a trompé Tamino ; Sarastro est un grand sage qui règne sur le monde de l'esprit et non le monstre qu'elle lui a décrit. Les rôles sont inversés : les gentils deviennent les méchants et les méchants les gentils ! Sarastro n'a pas enlevé Pamina mais l'a plutôt protégée de l'influence néfaste de sa mère. La dernière réplique du premier acte revient à Sarastro : « Conduisez ces deux étrangers dans le temple des épreuves, couvrez-leur la tête car ils doivent d'abord être purifiés. » Le rideau tombe. *La Flûte enchantée* pourrait s'arrêter là, mais l'histoire n'est pas terminée, c'est l'entracte.

Dans le théâtre, les commentaires vont bon train. Les francs-maçons discutent avec empressement de ce premier acte. Ils ont reconnu, dans le personnage de Sarastro, Ignas von Born, l'ancien vénérable de la loge de Mozart, décédé deux mois plutôt. Mozart admirait von Born et il est certain qu'ensemble ils avaient imaginé fonder un nouvel ordre maçonnique fondé sur la tradition égyptienne et dans lequel les hommes et les femmes seraient à égalité devant l'initiation. Chacun y va de son interprétation sur une allusion, une évocation, un détail qui devient, pour les francs-maçons, évocateur, comme le temple dédié à la Raison, le soleil de Sarastro et la lune de la Reine de la nuit que Schikaneder a placée dans le décor.

Pour le public profane, *La Flûte enchantée* est avant tout un *singspiel*, c'est-à-dire un divertissement musical, une opérette, une comédie musicale plutôt qu'un opéra. Les airs alternent avec les parties parlées et les ballets. Mais dans ce *singspiel* plutôt léger et destiné à distraire, Schikaneder et Mozart ont introduit des thèmes profonds qu'ils ont médités en loge, avec leurs frères. Ces thèmes sont relatifs à la fraternité, à l'amour et à la bienveillance. Mozart est très sensible au message universel diffusé par la franc-maçonnerie du siècle des Lumières : l'amour est aux hommes ce que la gravitation est à la matière, une grande loi universelle qui assure la cohésion. Pour le public franc-maçon habitué à jouer avec les symboles, il est clair que

*La Flûte enchantée* se présente comme un combat entre deux mondes dans lequel on peut voir une représentation symbolique de la lutte entre le bien et le mal, le jour et la nuit, la connaissance et la superstition. Mais pour les intellectuels du XVIIIe siècle, l'issue de ce combat est certaine, c'est la victoire annoncée de l'esprit des Lumières.

Ces idées qui ne pouvaient que bousculer l'Europe du XVIIIe siècle nous sont bien connues car toujours au cœur des combats de société : l'égalité des hommes et des femmes, l'émancipation et la responsabilité des personnes, l'accès à la connaissance, l'amour et la fraternité humaine. Ils préparent l'avènement d'une spiritualité simple et naturelle, détachée des dogmes religieux et accessible à tous. Bien entendu, l'Église ne voit pas d'un très bon œil cette tentative d'émancipation, cette « audace de la pensée », pour reprendre les termes d'Emmanuel Kant pour qualifier l'esprit des Lumières. Le combat sera rude et les événements d'aujourd'hui nous montrent encore qu'il n'est pas terminé.

L'entracte se termine, les spectateurs regagnent leur place. Avant que le silence complet ne revienne, Mozart donne le coup d'envoi du second et dernier acte qui va intriguer les spectateurs par son côté mystérieux et énigmatique.

## Un second acte réservé aux initiés

Le rideau se lève sur un décor bien différent de celui du début du premier acte. Ici, point de rochers ni de montagnes infranchissables. Les spectateurs découvrent sur scène une large palmeraie composée d'arbres d'or et d'argent qui rappellent le soleil et la lune, symboles présents dans les loges maçonniques. Au paysage désordonné du premier acte répond un paysage domestiqué où l'on reconnaît l'action de l'homme. La nature n'est plus un piège qui enferme Tamino, mais un lieu ouvert propice au recueillement. Schikaneder et Mozart ont fait placer des pyramides dans ce décor. Elles rappellent au profane que la scène se déroule bien sûr en Égypte, mais elles incitent les initiés à se plonger dans les fameux mystères égyptiens si chers à Mozart. Dix-huit sièges sont disposés d'une façon ordonnée. Ils attendent les prêtres qui vont apparaître en procession encadrant Sarastro. Dix-huit ! Encore un clin d'œil aux amis francs-maçons de Mozart : 18, soit 2 fois 3 fois 3, qui correspond à la batterie du grade de maître. La musique est moins légère qu'au premier acte. Les thèmes sont plus solennels. Il n'est plus question de douter, nous sommes bien à la porte du temple.

Dans l'association que l'on peut faire entre ce second acte et la cérémonie d'initiation, cette entrée solennelle des prêtres correspond au rituel particulier appelé « rituel d'ouverture » qui permet de placer la loge dans les conditions propices au débat. Dans *La Flûte enchantée*, les prêtres arrivent par la porte du nord qui est la moins exposée aux rayons du soleil et donc symboliquement qui marque le point de départ de la marche vers la lumière.

Aujourd'hui, comme au temps de Mozart, les nouveaux francs-maçons sont initiés lors d'une cérémonie au cours de laquelle les candidats vont subir des épreuves symboliques. Chaque épreuve est associée à un voyage et à un élément : la terre, l'air, l'eau et le feu. Au début du second acte de *La Flûte enchantée*, les prêtres avertissent les candidats des épreuves qui les attendent : « Celui qui emprunte cette voie pleine d'embûches,/Sera purifié par le Feu, l'Eau, l'Air et la Terre./S'il sait surmonter la crainte de la mort,/Il s'élèvera de la terre vers le ciel ! »

La première épreuve, associée à la Terre, est aussi appelée le « cabinet de réflexion », puisqu'elle ne se déroule pas en loge mais dans un lieu sombre, censé être sous terre. Dans la pratique, point de cave ou de tombeau mais de petites alcôves peintes en noir. En ce lieu, le candidat est appelé à méditer sur lui-même et sur ses motivations. Cette première épreuve est également associée à la mort puisque toute initiation, c'est-à-dire toute renaissance à une vie nouvelle, commence par une mort, symbolique bien sûr ! Un crâne rappelle au candidat sa nature mortelle, les vanités de la vie et la brièveté de l'existence humaine. Dans *La Flûte enchantée*, Tamino va également subir l'épreuve de la terre qu'il comparera à une « abominable nuit ».

L'épreuve de l'air qui suit celle de la terre est annoncée dans *La Flûte enchantée* par la venue des trois enfants sur un char volant. La musique se fait légère, sans basse, comme suspendue dans les airs. C'est aussi lors de ce passage que Tamino joue de la flûte, instrument à vent, alors que Papageno, lui, joue d'un instrument à percussion.

Comme Tamino et Papageno, le profane qui se présente aujourd'hui à la porte du temple maçonnique pour y être initié a les yeux bandés. Les impressions qu'il ressent sont d'autant plus fortes qu'il ne voit rien. De plus, lors des premières années, qui correspondent au degré d'apprenti, le candidat est soumis au silence. De la même façon, les prêtres demandent à Tamino et Papageno de se taire. Ce n'est plus le cadenas placé sur la bouche de Papageno pour le punir d'avoir menti, mais un silence accepté dans un serment que les deux hommes prêtent devant Sarastro.

**Un poignard pour tuer le grand prêtre**

Mais même si l'initiation de Tamino semble parfaitement se dérouler, le récit n'est pas pour autant terminé. En effet, la Reine de la nuit donne un poignard à sa fille Pamina et lui demande de tuer Sarastro. C'est le fameux air de la Reine de la nuit, connu pour ses vocalises aiguës, véritable prouesse technique. La Reine de la nuit expose les griefs qu'elle a envers Sarastro : le conte a commencé bien avant l'action de *La Flûte enchantée.* Son époux, et père de Pamina, ne lui a laissé en mourant que le pouvoir temporel et a fait don à Sarastro du pouvoir spirituel symbolisé par le cercle solaire. Pour la Reine de la nuit, seule la mort de Sarastro fera reprendre le cours normal de l'histoire.

Puisque Tamino, ayant fait vœu de silence, ne répond pas à Pamina, celle-ci pense qu'il ne l'aime plus et s'enfuit désespérée. Mais elle est alors rassurée sur l'amour de Tamino par trois génies. Ensemble, Pamina et Tamino seront conduits par les prêtres vers leurs deux épreuves, celle du feu et celle de l'eau. Mozart gardera le mystère sur ces deux épreuves puisqu'il choisit de ne pas les mettre en scène. Seuls deux motifs du décor rappellent ces deux éléments, une cascade qui coule d'une montagne pour l'eau et un volcan pour le feu. Les initiés sont comblés car les quatre éléments sont rassemblés sur scène et les profanes sont émerveillés devant une telle audace dans les décors.

Pamina et Tamino reviennent victorieux et sont enfin accueillis par Sarastro et les prêtres comme des initiés. Papageno, lui, n'entrera pas dans le temple. Amateur de plaisirs simples, il trouvera sa Papagena qui lui assurera plein de petits Papageno et de petites Papagena. Cependant, la Reine de la nuit et Monostatos cherchent à entrer dans le temple, la Reine de la nuit ayant promis sa fille Pamina à Monostatos. Mais leurs pouvoirs sont morts et ils disparaissent dans un éclair. La scène est éclairée par le soleil. Tamino et Pamina sont revêtus des habits des prêtres et c'est le chœur des prêtres qui conclut l'opéra par ces mots : « Gloire à vous qui êtes initiés !/Vous avez traversé la nuit !/ À toi, Osiris, et à toi, Isis ! Nous rendons grâce !/La force a triomphé et elle récompense la beauté et la sagesse d'une couronne éternelle. »

## Des plaisirs simples et des trésors secrets

Si *La Flûte enchantée* commence comme un conte de fées, elle se poursuit comme un récit initiatique fortement inspiré des rituels maçonniques. Tout nouveau franc-maçon est initié à la franc-maçonnerie au cours d'une cérémonie dite d'initiation. Quel que soit le rite pratiqué, cette cérémonie met en scène des épreuves que devront subir le candidat. Ces épreuves se retrouvent dans le parcours que Tamino, puis Pamina, vont suivre à partir de cette scène. Car il semble de plus en plus évident que Schikaneder et Mozart ont mis en scène une cérémonie d'initiation maçonnique. Pourquoi ? Plusieurs réponses sont envisageables. Il est possible qu'ils aient voulu s'amuser à écrire une œuvre qui, comme disait Goethe à propos de *La Flûte enchantée*, « se prête à des lectures multiples, procurant un plaisir simple à la foule et livrant des trésors secrets aux initiés ». Pour les francs-maçons, *La Flûte enchantée* est donc une cérémonie d'initiation mise en musique, une sorte de puzzle familier où chacun retrouve ce qu'il a vécu quand il est entré dans le temple de la franc-maçonnerie pour la première fois. Il est également possible que Schikaneder et Mozart aient voulu inscrire le rituel maçonnique dans une œuvre musicale pour l'offrir en cadeau aux générations futures. Il se peut aussi qu'ils aient eu envie de défier la censure et de montrer ainsi leur entière liberté. Ou alors il est également possible que Schikaneder, à court d'idées, ait décidé de s'inspirer de ce qu'il connaissait le mieux, le monde maçonnique et ses mystères, et de l'utiliser comme sources de revenus.

Les deux actes de *La Flûte enchantée* semblent donc presque appartenir à deux histoires distinctes. Au départ, Schikaneder avait imaginé la Reine de la nuit comme héroïne principale de l'histoire. Sa fille, Pamina, est enlevée par Sarastro, chef d'une fraternité mystérieuse. Mais alors qu'il termine la moitié du livret, Schikaneder se rend compte qu'un théâtre concurrent fait salle comble avec une histoire analogue. Il fallait donc changer l'histoire. Après révision, les rôles sont inversés et Sarastro devient une figure noble ayant enlevé Pamina pour son bien, et la Reine une représentante des forces du mal. Est-ce que Schikaneder et Mozart, pris par le temps, ont puisé dans ce qu'ils connaissaient le mieux, c'est-à-dire les rituels maçonniques, pour terminer leur histoire ? Est-ce qu'ils ont profité de cette réécriture pour faire passer un message ? Nul ne le saura jamais et cette thèse du remaniement tardif de *La Flûte enchantée* est elle-même contestée par les biographes de Mozart. Ce qui est sûr, c'est que c'est le génie de Mozart qui au final transforma ce livret qui n'aurait dû rester qu'un opéra populaire à succès en œuvre à la gloire du progrès de l'humanité, de l'amour et de la fraternité.

## La transmission des connaissances sacrées

Le caractère maçonnique de l'œuvre de Schikaneder et de Mozart n'a pas été révélé tout de suite. C'est en 1857 qu'apparaissent les premières explications maçonniques de *La Flûte enchantée* et en particulier du second acte. Avant cette date, les historiens ont reconstruit l'histoire de Mozart et de ses œuvres, quitte à inventer des faits de sa vie, pour en faire un musicien génial mais maudit, mort pauvre et abandonné. Les historiens modernes ont dû revenir aux faits historiques et ne pas se contenter des écrits précédents. De ce fait, le vrai Mozart apparaît certes toujours aussi génial, mais aisé et entouré de sa famille et de ses frères francs-maçons.

Le cœur de l'intrigue, qui n'apparaît à aucun moment sur scène, se passe donc bien avant le début de *La Flûte enchantée*. La fureur de la Reine de la nuit ne s'explique que si l'on comprend que c'est elle qui aurait dû hériter, après la mort de son époux, de la puissance spirituelle. Elle aurait pu alors transmettre cet héritage à Pamina qui aurait pu le transmettre à sa fille. Mais le lien est rompu par Sarastro et l'initiation de Tamino et de Pamina. Ce n'est donc plus un lien mère-fille qui devra assurer la transmission des connaissances sacrées comme dans les cultes anciens mais un lien sexué, un lien homme-femme, où chacun occupe une place symétrique.

Papageno renonce à l'une des épreuves, celle du feu. À défaut d'entrer dans le temple de la Sagesse, il rencontrera son double féminin, sa Papagena, et se contentera des plaisirs terrestres.

Le nom de Papageno vient du mot perroquet (*papagayo* signifie « perroquet » en espagnol). Papageno est incapable de se taire et il répète plus qu'il n'invente. Comme il répète sans se poser de questions, il ne vise qu'à reproduire les actes de la vie naturelle : manger, boire et aimer. Il ne sait pas tenir sa langue et n'hésite pas à mentir. Pourtant, bien sûr, le personnage est sympathique. Il peut représenter à la fois l'homme pour qui l'initiation n'est pas accessible parce qu'il n'en exprime pas la volonté, l'homme initié aux mystères de la vie et qui n'a pas besoin d'une initiation intellectuelle, ou encore notre part d'animalité (Papageno est revêtu de plumes, il n'a pas apparence humaine). La gravure du costume original de Papageno le montre en oiseleur et porteur d'une cage. Par cet élément, Schikaneder et Mozart ont peut-être voulu nous indiquer que tout homme porte en lui sa propre cage et qu'il devra combattre son animalité pour accéder à une vie spirituelle.

### À la recherche de l'homme nouveau

Mozart respectait profondément les gens du peuple car il était proche d'eux. Mais il aspirait à autre chose et pressentait qu'un grand changement dans la société n'était possible que par une modification de l'homme. Il pensait, comme les francs-maçons éclairés de l'époque, qu'un homme nouveau était possible. Cet homme nouveau n'est pas à rechercher du côté de Papageno qui, avec sa Papagena, va engendrer une descendance qui leur ressemblera : « D'abord un petit Papageno !/Puis une petite Papagena !/Puis un autre Papageno !/Puis une autre Papagena ! » comme ils le chantent dans leur duo. Cet homme nouveau n'est pas à rechercher non plus du côté de Monostatos dont le nom semble être la contraction de « mono » (un) et de « statos » (statique, celui qui n'évolue pas). Avec Monostatos, rien ne change et l'attirance qu'il éprouve pour Pamina n'est pas l'amour noble mis en valeur dans les idéaux maçonniques mais l'instinct bestial. Avec

Monostatos, l'homme est et reste un animal. L'avenir n'est pas non plus à rechercher du côté de la Reine de la nuit victime de ses passions incontrôlables.

L'homme nouveau serait-il alors Tamino ? Certainement, mais le message secret de Schikaneder et Mozart va plus loin car Tamino n'est pas uniquement le héros d'un conte de fées qui surmonte les épreuves et rejoint sa belle princesse. C'est Tamino et Pamina, ensemble, qui triomphent des épreuves et entrent dans le temple de la Sagesse. L'homme nouveau est ainsi celui qui intègre sa part masculine et sa part féminine dans son être, qui réussit à réconcilier les forces opposées en les rendant complémentaires. L'homme nouveau est celui qui dépasse les antagonismes mis en scène dans *La Flûte enchantée* comme le combat terrible entre la Reine de la nuit et Sarastro. Il fait plus que les dépasser puisqu'il arrive à les unir.

Dans les loges maçonniques, cette union est symbolisée par un triangle que les francs-maçons appellent le « delta lumineux » (voir chapitre 10). Ce delta est placé entre le soleil et la lune qui représentent respectivement le masculin et le féminin, ou encore un principe actif et un principe passif. Il ne s'agit pas du bien ni du mal mais simplement de montrer que la dynamique du monde est dans la juxtaposition de ces deux principes.

## L'initiation égyptienne perdue

C'est ce secret que Mozart a senti dans les mystères de la tradition égyptienne et c'est ce secret qu'il met en scène dans *La Flûte enchantée.* Le delta rayonnant invite les francs-maçons à se rendre vers la conciliation de ces contraires. Plus encore, il représente un principe supérieur qui n'est ni la victoire de l'un sur l'autre ni la suppression des antagonismes mais le fruit de leurs noces. Pour Tamino et Pamina, ce fruit s'appelle Sagesse.

Mais *La Flûte enchantée* nous réserve d'autres surprises ; elle nous délivre un autre message incroyablement moderne. Mozart rêve d'aller au-delà de l'initiation maçonnique, il souhaite ressusciter l'initiation égyptienne perdue et si importante à ses yeux pour assurer la paix. Dans sa vision, les femmes et les hommes sont égaux sur tous les plans, y compris sur le plan initiatique. Certes, le livret de *La Flûte enchantée* regorge d'allusions peu flatteuses envers les femmes. On nous dit qu'il faut se méfier des femmes parce qu'elles sont fières, bavardes, menteuses, rusées et hypocrites. Rien que ça ! Mais il ne faudrait pas accuser Mozart ni Schikaneder de misogynie. *La Flûte enchantée* est aussi une farce et présenter les hommes comme soumis à la tyrannie des femmes a toujours été une bonne recette pour faire rire. Au-delà de cet effet comique, les auteurs posent clairement la question suivante : les hommes et les femmes sont-ils égaux du point de vue de l'initiation ?

Dans le petit milieu de la franc-maçonnerie viennoise, l'initiation des femmes donnait lieu à de vifs débats. Les Français avaient, à leur façon, résolu la question en créant une maçonnerie, dite d'adoption, accessible aux femmes. Mozart avait certainement lu ou en tout cas ne devait pas ignorer

*La Vraie Maçonnerie d'adoption*, cet ouvrage de Louis Guillemain de Saint-Victor, paru en 1779, qui fixe les règles de cette maçonnerie féminine. Alors que le nombre trois est associé à la maçonnerie masculine, le nombre cinq devient celui des femmes maçonnes. Ainsi, on peut lire dès le début du livre : « Tout commandement se fait par cinq coups de maillet : ouverture, clôture de la loge… » Dans cette maçonnerie, les degrés et les symboles sont adaptés à la sensibilité féminine. Ainsi les valeurs liées à la maternité, à la fidélité et à la charité sont-elles mises en avant. La maçonnerie d'adoption est très orientée sur l'organisation d'œuvres caritatives. Cette maçonnerie féminine organisée par les hommes pour les femmes permettait donc aux femmes d'être initiées presque comme les hommes. Mais ce « presque » gênait Mozart, partisan de l'égalité des sexes sur le plan initiatique. Certains auteurs se sont risqués à avancer que Ignas von Born et Mozart projetaient de fonder un nouvel ordre maçonnique inspiré des Illuminés de Bavière et des loges d'adoption française qui initiaient les femmes. D'autres sont même allés jusqu'à imaginer que Mozart était mort empoisonné parce qu'il projetait de créer cet ordre jugé subversif. Hypothèse ou réalité ? Les faits historiques ne permettent pas de conclure. Mais Mozart était un visionnaire. Il fallut, en effet, attendre presque un siècle pour qu'en France, une femme, Maria Deraisme, soit initiée dans une loge maçonnique masculine et fonde l'obédience mixte Le Droit humain, encore aujourd'hui principale obédience mixte internationale.

**Voici qu'entre Sarastro…**

Lorsque *La Flûte enchantée* est présentée à Vienne, l'annonce de la Révolution française a déjà bouleversé les cours européennes. Les philosophes des Lumières, les francs-maçons et tous ceux qui combattent les pouvoirs en place sont suspectés de vouloir renverser les monarchies. En Autriche, après des années de protection, l'empereur dissout plusieurs loges à Vienne. Mozart avait compris très tôt que les Lumières qui l'avaient tant éclairé ne brilleraient peut-être pas toujours avec autant d'éclat. A-t-il voulu alors par *La Flûte enchantée* nous transmettre ce message de tolérance, d'amour et d'espérance ? Sans aucun doute. Tamino et Pamina entrent dans le temple, la main dans la main, non pas pour se marier et avoir beaucoup d'enfants comme dans tous les bons contes de fées mais pour cheminer ensemble sur le chemin de la sagesse. L'opéra se termine sur un chœur qui chante la victoire des lumières sur les ténèbres. Les trois accords de la fin répondent aux trois accords de l'ouverture. Ils sont suivis par une dernière note qui jaillit comme un élan, comme un cri d'espérance. Un court silence suit, comme le temps de reprendre sa respiration, puis les applaudissements crépitent qui dureront longtemps, très longtemps.

Les spectateurs du 30 septembre 1791 ne savent pas qu'ils viennent de vivre un moment historique. *La Flûte enchantée* fut un triomphe immédiat et, aujourd'hui encore, c'est l'un des opéras les plus joués au monde. Les spectateurs de la première de *La Flûte enchantée* ne savent pas non plus que

Mozart, malade et trop fatigué pour quitter son lit, ne dirigera que les deux premières représentations. Il reviendra cependant plusieurs fois au Theater auf der Wieden et se mêlera au public populaire qu'il aimait tant. Huit jours après cette première représentation, Mozart écrit cette étrange phrase à sa femme Constance : « *La Flûte enchantée* a été un grand succès mais ce qui me fait le plus de plaisir, c'est le succès par le silence. » Il mourra quelques mois plus tard pendant la soixante-septième représentation de *La Flûte enchantée* à l'âge de 35 ans. Mais ce que ne savent pas les spectateurs des représentations qui ont suivi la première, c'est que jusqu'au bout Mozart, de son lit, suivait en pensée toutes les représentations, disant : « C'est l'heure de l'air de la Reine de la nuit… Voici qu'entre Sarastro… »

**À lire**

BURGONDE, Julien, *Icare et* La Flûte enchantée, Actes Sud, « Babel », 1991.

CHAILLEY, Jacques, La Flûte enchantée, *opéra maçonnique*, Robert Laffont, 1983.

HENRY, Jacques, *Mozart, frère maçon*, Le Rocher, 1991.

JACQ, Christian, *Mozart*, XO, 2006.

## CHAPITRE 5

# Les *Protocoles des Sages de Sion* et le complot judéo-maçonnique

L'article est terminé. Il lui faut un titre, un titre choc à la hauteur de ce qu'il dévoile. « Le complot juif », non, mieux : « Le péril juif », c'est encore plus inquiétant ! Voilà un bon titre : « Le péril juif ! » L'article est à la une, le 8 mai 1920, du très sérieux journal *The Times* de Londres. Il décrit un vaste complot organisé par les juifs afin de détruire les sociétés existantes, prendre le pouvoir économique, abattre la chrétienté et imposer la religion juive. Le rédacteur en chef du *Times* est fier de son travail. Il a déniché un livre russe publié au début du siècle au titre énigmatique : *Protocoles des Sages de Sion.* Ce livre n'est pas encore connu du public anglais. Ça va être le scoop du siècle !

L'article du *Times* se termine par ces phrases terribles : « Que signifient les *Protocoles* ? Sont-ils authentiques ? Une bande de criminels ont-ils réellement élaboré pareils projets et se réjouissent-ils en ce moment même de leur accomplissement ? S'agit-il d'un faux ? Mais comment expliquer alors le terrible don prophétique qui prédit tout ceci à l'avance ? N'aurions-nous lutté au cours des années passées contre la domination mondiale de l'Allemagne que pour affronter à présent un ennemi bien plus dangereux ? N'aurions-nous échappé, aux prix d'énormes efforts, à la *Pax Germanica* que pour succomber à la *Pax Judaica* ? Si les *Protocoles* ont été écrits par les Sages de Sion, alors tout ce qui a été entrepris et fait contre les juifs est justifié, nécessaire et urgent. »

Les conséquences de l'article du *Times* vont dépasser toutes les espérances du journal puisqu'il va contribuer à faire connaître au monde entier une thèse montée de toutes pièces par les services secrets russes pour désigner les juifs comme responsables des malheurs de leur pays.

Un an après, très exactement le 17 août 1921, le même journal publie un démenti formel de son article de mai 1920. Entre ces deux dates, Philip Graves, correspondant du *Times* à Constantinople, est contacté par un mystérieux émigré russe qui lui vend les preuves que les *Protocoles des Sages de Sion* ne sont qu'un faux grossièrement copié. Après avoir mené une enquête rigoureuse, le *Times* publie donc un long article intitulé : « La fin des Protocoles », dans lequel l'auteur va montrer la preuve de la falsification. Toute l'histoire aurait dû s'arrêter là mais pourtant rien n'y fera...

Les *Protocoles des Sages de Sion* continueront et continuent encore à être publiés, traduits et commentés. Un siècle après la dénonciation de l'hypothétique complot maçonnique par l'abbé Barruel surgit la thèse du complot judéo-maçonnique. Ce terme est même passé dans le langage courant, comme un réflexe, pour désigner tout pouvoir occulte, tout mécanisme secret qui dirige le monde.

## Les juifs ne sont pas admis à nos mystères

L'association juifs et francs-maçons est pourtant une énigme puisqu'ils n'ont pas toujours fait bon ménage. Loin de là. Comment l'opinion publique a-t-elle été alors amenée à associer juifs et francs-maçons ? Comment le terme même de complot judéo-maçonnique, inventé par un prêtre de l'Église catholique vers 1920, va-t-il imprégner nos mémoires collectives au point de devenir l'expression courante pour expliquer tout ce que l'on ne comprend pas et que l'on soupçonne être décidé dans d'obscures sociétés secrètes ? Pour comprendre, il faut revenir en arrière explorer les sources de cet incroyable mensonge.

Il faudrait certainement plus d'un chapitre pour expliquer l'antisémitisme. Depuis le Moyen Âge, les juifs sont rejetés par les chrétiens pour ne pas avoir adopté la religion chrétienne. Ils sont mis à l'écart de la société. Ils vivent dans des quartiers distincts et la plupart des professions leur sont interdites. Ils ne peuvent participer à la vie sociale de leur cité ni entrer dans les corporations de métiers d'inspiration chrétienne. Posséder des terres leur est interdit, les juifs se concentrent donc dans les villes où ils pratiquent le commerce et le prêt, activité interdite aux chrétiens. Dès lors qu'ils sont isolés dans leur communauté, il a été facile de les désigner comme différents, puis rapidement comme hostiles et enfin comme nuisibles. Les juifs, dans toute l'Europe et depuis le Moyen Âge, ont souvent joué le triste rôle de bouc émissaire, devenant responsables des catastrophes qui affectent les sociétés. On les rend ainsi tour à tour responsables de la conquête de l'Espagne par les musulmans en 711, de la grande peste de 1348, de la Première Guerre mondiale et de la crise boursière de 1929.

Comme les juifs sont exclus de la plupart des métiers hormis le commerce et la banque, ils ne sont pas admis dans les corporations de métiers qui, nous l'avons vu, sont à l'origine de la franc-maçonnerie (voir chapitre 2). Il n'est donc pas étonnant que les portes des temples maçonniques leur soient demeurées fermées jusqu'au milieu du XIX^e^ siècle dans la majorité des pays européens, hormis l'Angleterre où des juifs sont admis en loge dès 1730.

On aurait pu s'attendre à ce que le XVIII^e^ siècle, moment de la Déclaration des droits de l'homme, soit plus favorable à l'égard des juifs. Il n'en fut rien. Le siècle des Lumières fut aussi celui de l'antisémitisme. Pour les maçons du XVIII^e^, la franc-maçonnerie était essentiellement chrétienne. Même les philosophes les plus éclairés ne dérogeaient pas à la règle qui consistait à exclure les juifs. Voltaire, le grand Voltaire, l'homme de la tolérance, initié maçon à la fin de sa vie, écrivit à propos des juifs qu'ils étaient le « plus abominable peuple de la Terre [...], qui joint depuis longtemps la plus sordide avarice à la plus détestable superstition et à la plus invincible haine pour les peuples qui les tolèrent et qui les enrichissent ». La fameuse tolérance religieuse de Voltaire comme celle des loges maçonniques du XVIIIe siècle s'adressait plutôt aux protestants qu'aux juifs. Les loges maçonniques, qui prônaient la philosophie des Lumières, ont tout fait pour refuser l'entrée des juifs. Ainsi, le règlement intérieur d'une loge bordelaise précise que « les juifs ne sont pas admis à nos mystères ». Une autre loge, de Marseille, stipule dans son règlement que « tous les profanes qui auraient le malheur d'être juifs, nègres ou mahométans ne doivent pas être proposés ».

La franc-maçonnerie, toute progressiste qu'elle se voulait, était dans les faits aussi conservatrice que la société des hommes qui la composaient. Ce n'est qu'à partir de 1870 que les juifs font leur entrée dans les loges maçonniques françaises. Avant cette date, les partisans de la thèse du complot maçonnique vont chercher d'autres complices à la franc-maçonnerie. Ainsi, Barruel pensait que les francs-maçons étaient alliés avec les philosophes et avec les Illuminés de Bavière (voir chapitre 3).

Ce qui est surprenant, c'est qu'en un peu moins d'un siècle, les francs-maçons et les juifs qui n'avaient finalement pas cessé de s'ignorer vont se retrouver associés, malgré eux, dans un complot imaginaire. Si le terme de « complot judéo-maçonnique » date de 1920, l'idée en a été préparée longtemps avant. Pourquoi donc l'idée d'associer juifs et francs-maçons unis pour la domination du monde ? À cette question, plusieurs réponses. La première, c'est qu'au début du XXe siècle, l'idée que les francs-maçons aient comploté pour organiser la Révolution française commence à s'essouffler. Il faut trouver d'autres responsables : les juifs ! Vingt ans après ses fameux *Mémoires pour servir à l'histoire du jacobinisme*, Barruel récrivit sa thèse, en accusant cette fois les juifs. En 1819, dans la dernière édition de son ouvrage, il écrit que « le tyran d'Israël [...] donne au peuple ses veaux d'or, pour l'empêcher d'adorer le vrai Dieu ». Mais il ne va pas jusqu'à associer juifs et francs-maçons dans un même complot. Barruel reste fidèle jusqu'au bout à sa thèse initiale, à savoir que la Révolution française est le fruit du complot des francs-maçons.

**Reconstruire le temple du roi Salomon**

Une deuxième réponse vient certainement d'un amalgame qui est fait entre la symbolique maçonnique et la symbolique juive. En effet, les rituels maçonniques s'inspirent, en partie, des récits bibliques tirés de l'Ancien Testament. Il n'est donc pas étonnant de trouver dans les rituels maçonniques anciens comme dans ceux d'aujourd'hui des mots, symboles et pratiques empruntés à la tradition juive. La confusion était donc facile. Imaginez donc la réaction des chrétiens du XVIII$^{e}$ siècle lorsqu'ils découvrent dans les rituels maçonniques des références aussi directes à la culture juive. Imaginez leur surprise et leur crainte lorsqu'ils découvrent des temples maçonniques ressemblant plus à des synagogues qu'à des églises... Ainsi, pour un profane, le franc-maçon parle l'hébreu, utilise les symboles de la tradition juive, il est donc proche du judaïsme. En 1815, dans un ouvrage anonyme intitulé : *Le Nouveau Judaïsme ou la Franc-Maçonnerie dévoilée*, l'auteur écrit : « Ne nous étonnons donc plus si les francs-maçons sont si hardis persécuteurs des Enfants de l'Église : ils sont juifs, ils en font l'aveu. » Et dans *La Franc-Maçonnerie, synagogue de Satan*, ouvrage paru en 1893, on peut lire sous la plume de M^gr Léon Meurin : « Tout ce qui se trouve dans la franc-maçonnerie est foncièrement juif, exclusivement juif, passionnément juif, depuis le commencement jusqu'à la fin. »

S'il est une chose sur laquelle les prêtres de la fin du XIX^e siècle avaient raison, c'était d'affirmer que les rituels maçonniques contenaient de nombreuses références à la tradition et à la culture juives.

La symbolique maçonnique provient de sources très diverses. Elle s'est construite au cours des siècles en puisant dans les modes, les références, les connaissances ésotériques, les textes sacrés, religieux… Ainsi, les premiers rituels maçonniques sont inspirés de ce que les maçons connaissaient le mieux à l'époque du Moyen Âge, c'est-à-dire l'Ancien et le Nouveau Testament.

Les corporations de métiers ont besoin de se façonner une histoire symbolique et légendaire. Pour enseigner les connaissances et les secrets de l'art de bâtir mais aussi les vertus morales nécessaires pour être un bon ouvrier, rien ne vaut un personnage de héros : un architecte vertueux qui servirait d'exemple aux compagnons. L'Ancien Testament en propose un : Hiram, architecte du temple du roi Salomon. Dans le Livre des rois, cité par les anciens devoirs, ces textes fondateurs de la maçonnerie opérative, on retrouve de nombreuses références à la construction du temple de Salomon : on y parle d'un chantier de quatre-vingt mille maçons dirigé par le maître architecte Hiram, fils du roi de Tyr. Pour les maçons du XVe siècle, les cathédrales sont construites sur le plan de la croix latine se référant au temple de Salomon, vu comme le modèle du temple parfait. D'autres textes fondateurs de la tradition maçonnique font remonter l'origine des chantiers à celui de la construction de la tour de Babel. Cette tour que les hommes souhaitent construire la plus haute possible pour aller jusqu'à Dieu apparaît dans la Genèse. Toujours selon cette tradition, la tour de Babel est détruite par Dieu, qui rappelle ainsi à l'homme sa nature terrestre. La tour de Babel apparaît très souvent dans l'iconographie maçonnique pour illustrer à la fois le génie humain exprimé dans l'art de bâtir et l'orgueil humain dans sa prétention à dépasser la création divine.

## L'étoile de David, emblème maçonnique

Le rite écossais ancien et accepté, rite maçonnique le plus pratiqué au monde, est né au XVIIIe siècle. Ce rite en trente-trois degrés emprunte de nombreux termes hébraïques à la Bible et à la cabale. Pour la plupart des maçons du XIXe siècle, tout cela était de l'hébreu, au sens propre comme au sens figuré. Ce qui importait finalement était le sens caché de ces termes étranges et non leur caractère hébraïque. Dans une certaine mesure, les francs-maçons se les sont appropriés et les ont transformés pour les rendre plus compréhensibles.

Il reste de cette multitude de références à l'Ancien Testament une iconographie et un symbolisme que les francs-maçons ont empruntés aux juifs. Les temples maçonniques sont construits selon les plans du temple de Salomon et les francs-maçons utilisent beaucoup de termes hébreux pour décrire les éléments architecturaux de leur édifice : les deux colonnes que l'on trouve à l'entrée de tout temple maçonnique sont appelées « Boaz » et « Jakin », du nom des colonnes qui ornaient l'entrée du temple de Salamon. Le temple est divisé en deux parties, le « Debir » ou « Saint des saints » et le « Hékal » ou « Saint ».

Un autre exemple a fait couler beaucoup d'encre : le sceau de Salomon, appelé encore « étoile de David ». Cette étoile à six branches composée de deux triangles équilatéraux, l'un pointe en haut et l'autre pointe en bas, se retrouve très souvent dans l'iconographie maçonnique. Aucun franc-maçon sérieux ne trouverait dans cette figure géométrique une quelconque puissance magique. L'équerre et le compas entrelacés, symbole universel de la franc-maçonnerie (voir chapitre 10), peuvent être également vus comme dessinant le sceau de Salomon.

Autre exemple pour finir sur ce point : dans la loge maçonnique, les officiers, c'est-à-dire les maîtres maçons qui occupent une fonction particulière en loge, comme le secrétaire ou l'orateur, sont disposés suivant un plan précis dans le temple. Ce plan est calqué sur ce que les cabalistes appellent l'« arbre séfirotique » ou « arbre des Sephiroth ». Selon la cabale, tradition ésotérique juive, l'arbre des Sephiroth est une représentation de la structure physique et psychique de l'homme et de l'univers.

Pour la plupart des francs-maçons, les religions ne portent pas de messages révélés mais sont des constructions humaines, des systèmes d'interprétation du monde. Les francs-maçons ne se veulent pas les défenseurs d'une religion particulière. Ils ont coutume de dire qu'ils ne s'imposent aucune limite dans la recherche de la vérité. Ainsi, les messages religieux pris non dans leur aspect dogmatique mais dans leur sens profond ont été et sont encore utilisés par la franc-maçonnerie comme support de réflexion. Il n'est donc pas étonnant de retrouver dans les rituels et pratiques maçonniques de nombreuses références, en particulier à l'Ancien Testament. Et tout naturellement, pour les profanes adorateurs de complot, il s'agit sans aucun doute de la preuve de la collusion des francs-maçons avec les juifs. Mais alors, si les juifs et les francs-maçons se retrouvent dans des loges, à l'abri des regards, pour pratiquer des rituels bizarres, c'est qu'ils ont certainement des choses à cacher et ces choses ne sont pas très « catholiques ».

Trouver ici ou là des liens entre la franc-maçonnerie et la religion juive était facile mais cela ne suffisait pas. Il fallait aux amateurs de complots des choses plus solides, par exemple des preuves qu'un complot de grande ampleur était en train d'être fomenté dans les synagogues de Satan. Cette preuve va arriver et elle fera grand bruit.

## Golovinski ou l'art d'accommoder les restes

Tout commence vraisemblablement à Paris dans les années 1890. Un exilé russe du nom de Mathieu Golovinski doit, à la demande de la ligue franco-russe (en fait des services secrets russes), rédiger un texte censé apporter la preuve que les juifs ont monté un immense complot pour dominer le monde. Golovinski est un piètre journaliste mais un adroit faussaire. Son talent, d'un certain point de vue, force le respect puisqu'au lieu d'écrire des articles censés dénoncer un complot juif imaginaire, il va tout simplement fabriquer le compte-rendu d'un hypothétique Conseil de Sages juifs. Oui mais voilà, si Golovinski a du talent, il n'en a pas suffisamment pour créer à partir de rien. Il est avant tout un faussaire et un faussaire ne sait faire qu'une seule chose : copier. Il commence alors par s'inspirer des textes antisémites ou antimaçonniques qui foisonnent dans le Paris de la fin du XIXe siècle. Au hasard de ses recherches, il tombe, chez un bouquiniste belge, sur un livre d'un certain Maurice Joly. Ce livre paru en 1864 s'intitule : *Dialogue aux enfers entre Machiavel et Montesquieu.* Maurice Joly était un avocat bonapartiste qui voulait à tout prix montrer que Napoléon III et son entourage étaient en train de monter un complot pour s'emparer de tous les pouvoirs. Dans son *Dialogue*, Maurice Joly compare Napoléon III à Machiavel et l'imagine discourant avec le philosophe éclairé Montesquieu. Obligé de publier son livre depuis la Belgique, il fut néanmoins arrêté et condamné à quinze mois de prison pour diffamation, à trois cents francs d'amende et à la confiscation des exemplaires de son livre. Mais cette peine ne décourage pas Maurice Joly qui continue cependant sa carrière d'avocat et d'écrivain politique. Il prend part à la Commune de Paris, mais il lui fut impossible d'être reconnu ni comme écrivain ni encore moins comme député ou ministre. Le 1er juillet 1918, sa concierge le trouve mort. La police conclura à un suicide. Mais ne s'agit-il pas d'un assassinat politique camouflé en suicide ?

Revenons à Golovinski. À court d'idées, il va tout simplement reprendre les arguments du livre de Maurice Joly et en modifier quelques termes. Tout d'abord, Golovinski transforme Napoléon III en Israël, puis élimine les références de Joly sur la France de 1860. Ensuite, il accentue la dimension judaïque du texte. Il transforme le style narratif en discours. Ainsi, il transforme le « Vous êtes économistes, Montesquieu, pesez la valeur de cette combinaison » en « Messieurs les économistes, ici présents, considérez l'importance de cette combinaison ». Après tout, son texte est censé être le compte-rendu d'un congrès. Il truffe son texte d'expressions plus modernes que le langage littéraire de Joly. Lorsque l'on examine en parallèle le texte de Joly et celui de Golovinski, le plagiat est évident et les historiens se sont attachés à évaluer le travail du faussaire et aussi à relever ses erreurs. Car Golovinski, dans sa hâte, commet des erreurs. Le texte de Maurice Joly décrit le monde de 1864 et Golovinski va reprendre sans les modifier les références à la France de 1860. Ainsi, Golovinski omet de réactualiser le taux d'intérêt de l'emprunt. Lorsque Maurice Joly place dans la bouche de

Montesquieu les propos suivants : « Je comprends maintenant l'apologue du dieu Vishnou ; vous avez cent bras comme l'idole indienne, et chacun de vos doigts touche un ressort », Golovinski traduit en « Notre régime sera l'apologie du règne de Vishnou, qui en est le symbole, nos cent mains tiendront chacune un ressort de la machine sociale. »

Lorsque Golovinski termine son texte, il lui faut un titre. Là, Golovinski fait preuve de génie : *Protocoles des Sages de Sion.* En trois mots, le faussaire désigne un complot organisé par un petit groupe d'initiés (les Sages) qui œuvrent pour la domination du monde par les juifs (le royaume de Sion). Golovinski présente son texte comme étant le compte-rendu du premier congrès sioniste qui s'est tenu à Bâle, en Suisse, en 1897. C'était un congrès public dont le but était inscrit dans le programme par ces mots : « Le sionisme recherche pour le peuple juif un foyer juif sûr et reconnu en Palestine. » Dans la grande salle du casino de Bâle, plus de deux cents participants juifs d'Europe, d'Afrique du Nord, d'Amérique et d'ailleurs signent l'acte de naissance du futur État juif. Cette réunion s'est tenue en présence de nombreux journalistes du monde entier. Ainsi, il est difficile de faire passer les *Protocoles des Sages de Sion* pour le compte-rendu du congrès. Mais Golovinski ne s'arrête pas à ce genre de détail et présente les *Protocoles des Sages de Sion* comme le compte-rendu d'une réunion d'une société secrète en marge du congrès de Bâle. Cette société serait composée de douze juifs. Ces douze membres formeraient une sorte de gouvernement secret ou invisible. Leur but ? Prendre le contrôle du monde. Leurs moyens ? Le capitalisme et la déstabilisation.

## Signé par les représentants de Sion du 33e degré

Golovinski et ses complices inventent ensuite une histoire qui expliquerait comment la police secrète russe aurait pu parvenir à se procurer ce document confidentiel. Paradoxalement, plus l'histoire est incroyable et plus le public y croit : la maîtresse d'un haut dignitaire de la maçonnerie allemande aurait découvert le document dans le tiroir du secrétaire de son amant et, devant le curieux contenu de ce texte, elle l'aurait remis aux mains de la police secrète du tsar… D'autres histoires dignes du *Da Vinci Code* apparaissent dans les éditions successives du texte de Golovinski : les *Protocoles des Sages de Sion* auraient été adressés à une loge juive de Francfort, mais le courrier aurait été intercepté par un agent de la police secrète du tsar. Ou bien ils auraient été volés dans une maison juive de Bâle ; ou encore le secrétaire d'État du pape Léon XIII, en vacances à l'abbaye d'Ensiedelh, aurait découvert une loge secrète de juifs et de francs-maçons et aurait réussi à voler le précieux document. Toujours plus fort : le gouvernement russe aurait envoyé un espion au congrès de Bâle. Cet espion aurait acheté la confiance du coursier chargé de transporter les précieux *Protocoles* à la loge maçonnique juive de Francfort. Lors d'une étape nocturne, une équipe de copistes secrètement recrutés pour l'occasion par l'espion russe aurait tout juste eu le temps de recopier le précieux document secret. Certaines éditions affirment que les *Protocoles des Sages de Sion* étaient rédigés en français, d'autres en russe, d'autres encore, certainement pour faire plus authentique, en hébreu ! À chaque édition des *Protocoles des Sages de Sion*, des histoires plus invraisemblables les unes que les autres seront inventées pour leur assurer un fond de vraisemblance. Ce qui est sûr, en revanche, c'est que l'original, rédigé par Golovinski, a bel et bien disparu. Plus étrange encore, il faudra attendre 1992 pour qu'un historien russe découvre, en la personne de Golovinski, le vrai auteur de ce texte.

Mais n'allons pas trop vite et revenons en 1898. Pour finir, Golovinski va signer, ou plutôt faire terminer son texte par cette étrange mention : « Signé par les représentants de Sion du 33e degré. » Bien entendu, pour un lecteur averti, cette signature n'est pas neutre puisque le terme « 33e degré » ne peut que le renvoyer à la franc-maçonnerie écossaise qui pratique un rite en trente-trois degrés déjà bien connu à cette époque. Par cet artifice, Golovinski rattache son texte au complot maçonnique lancé par l'abbé Barruel un siècle plus tôt. La boucle est bouclée : après les francs-maçons, ce sont les juifs qui cherchent à renverser l'ordre du monde et à en imposer un autre, le leur !

### Les juifs à la conquête du monde

L'invention de Joly/Golovinski correspond aux schémas classiques des théories du complot (voir chapitre 3) et que l'on peut résumer simplement : il existe un groupe d'hommes triés sur le volet, qui dirigent le monde pour asseoir leur pouvoir économique et idéologique. Hier, Barruel accusait les francs-maçons de comploter pour préparer la révolution. Joly accuse Napoléon III, Golovinski, les juifs. L'ennemi change mais le procédé est toujours le même.

Selon les *Protocoles*, les juifs ont élaboré un plan de conquête du monde, avec l'aide des francs-maçons : « Les juifs et les maçons contrôlent la presse et les tribunaux ; les révolutionnaires juifs utilisent le libéralisme pour affaiblir la chrétienté et l'État ; les intellectuels juifs sèment la confusion chez les gens du peuple, et remplacent les programmes éducatifs traditionnels pour décourager la pensée indépendante et encourager l'immoralité chez les enfants chrétiens ; les juifs utilisent leurs monopoles bancaires internationaux et le crédit pour détruire l'économie, en favorisant des monnaies fiduciaires non liées à l'étalon or ; les juifs et les maçons contrôlent les gouvernements en coulisse en soumettant les politiques à un chantage ; et dans les période de grandes difficultés, les juifs suspendront les libertés civiles puis rendront secrètement ces mesures permanentes. »

La Russie de 1905 est au bord de la révolution. Les *Protocoles* arrivent à point pour expliquer la révolution bolchevique de 1917, la Première Guerre mondiale et la débâcle économique qui suivra. Le tsar Nicolas II fut très impressionné par la lecture des *Protocoles des Sages de Sion.* Néanmoins, pris d'un doute quant à leur légitimité, il demanda une enquête. Cette dernière lui révéla qu'il s'agissait d'un faux. Le tsar prit ses distances par rapport à ce texte mais le mal était fait et les *Protocoles des Sages de Sion* donnaient corps à une rumeur qui circulait déjà, alimentée par des siècles d'antisémitisme. Le livre de Golovinski est publié par Sergius Nilus, un mystique qui se partage avec Raspoutine les faveurs de la tsarine Alexandra. Nilus a le sens de la formule puisqu'une des publications des *Protocoles des Sages de Sion* sera accompagnée de la phrase suivante : « Il est près de la porte… l'Antéchrist, et le règne du Diable sur Terre est proche. »

Dans leurs bagages, les aristocrates russes en exil vont emmener des livres, beaucoup de livres et, parmi eux, les *Protocoles des Sages de Sion.* Ils vont ainsi contribuer à propager cette littérature à travers l'Europe. La traduction des *Protocoles* d'abord en Allemagne, puis en France et en Angleterre va accélérer sa diffusion. L'article du *Times* va légitimer ce texte et sa réfutation de 1921 ne changera rien à son grand succès. Les *Protocoles des Sages de Sion* vont, en quelque sorte, donner un semblant de réalisme à un sentiment antisémite déjà bien enraciné dans les esprits du début du XX^e^ siècle.

### Tué par les juifs

Les *Protocoles des Sages de Sion* vont être publiés, d'abord en Russie, puis rapidement dans tous les pays d'Europe. Le *Times,* nous l'avons vu, va les rendre publics dès 1920. Aux États-Unis, c'est l'industriel Henry Ford qui les rendra populaires en éditant à lui seul plus de cent mille exemplaires.

En Italie et en France, les principaux propagateurs étaient des prêtres. D'ailleurs, le terme de « complot judéo-maçonnique » aurait été inventé par M^gr Ernest Jouin. En 1912, ce prêtre fonde la *Revue internationale des sociétés secrètes* et c'est dans ce journal que Jouin va publier une traduction française des *Protocoles* et toucher ainsi toute la société catholique et bourgeoise française. Lorsqu'en 1921 le *Times* publie la preuve que les *Protocoles des Sages de Sion* ne sont que la copie du livre de Maurice Joly, Ernest Jouin persistera et ira même jusqu'à dévoiler que Joly était juif, qu'il connaissait déjà le complot judéo-maçonnique et que c'est lui qui a plagié ce qui allait devenir les *Protocoles des Sages de Sion.* Le raisonnement est tordu mais il en est de même avec les théories du complot qui arrivent toujours à tout expliquer. Et pourtant, il aurait suffi à Ernest Jouin de consulter le registre paroissial de Lons-le-Saunier pour vérifier que Maurice Joly, qu'il disait juif, y avait été baptisé le 17 décembre 1829 !

Mais Ernest Jouin se souciait peu des preuves tant il était convaincu de l'authenticité des *Protocoles des Sages de Sion.* En fait, il ne faisait que reprendre la longue tradition antisémite incarnée par le clergé catholique. Les titres des ouvrages publiés au XIX^e siècle sur les juifs par des ecclésiastiques parlent d'eux-mêmes : *Le Juif, le judaïsme et la judaïsation des peuples chrétiens* (1869), *Francs-Maçons et juifs* (1880), *Les Juifs nos maîtres* (1882), *Tué par les juifs* (1891), *La Franc-Maçonnerie, secte juive* (1905). Les juifs et les francs-maçons sont accusés de meurtres rituels d'enfants, de pratiquer le culte de Satan (voir chapitre 6) et surtout d'être une secte secrète cherchant à dominer le monde et à détruire le christianisme. En 1873, le pape Pie IX dénonce la franc-maçonnerie dans sa lettre encyclique et la désigne comme étant la « synagogue de Satan ». Le terme est fort, très fort, et servira de référence dans l'entreprise d'intoxication idéologique.

Mais n'oublions pas que la majorité des francs-maçons sont de bons chrétiens et l'Église a du mal à accuser tous les francs-maçons de comploter avec les juifs contre la chrétienté. Aussi, comme souvent dans les théories du complot, est-il utile d'inventer l'idée que la franc-maçonnerie que l'on connaît n'est qu'une façade et que c'est dans les arrière-loges que se passent les choses sérieuses. Ainsi, les défenseurs du complot judéo-maçonnique vont-ils affirmer que la majorité des francs-maçons ne connaissent pas les vrais objectifs de la franc-maçonnerie car ceux-ci ne sont révélés qu'aux grands initiés, les fameux « représentants de Sion du 33e degré », signataires des *Protocoles des Sages de Sion.* Et c'est ainsi que de nombreux ouvrages vont paraître à la fin du XIXe siècle pour dévoiler la vraie franc-maçonnerie. Là encore, les titres suffisent : *Les Francs-Maçons, ce qu'ils sont, ce qu'ils disent, ce qu'ils veulent* (1867), *Révélations complètes sur la franc-maçonnerie* (1886), *Le Secret de la franc-maçonnerie* (1887), ou encore *Le Temple maçon voulant s'élever sur les ruines de l'Église catholique* (1910). Les revues se multiplient et, là aussi, les titres sont explicites : *La Revue antimaçonnique, La Revue internationale des sociétés secrètes, La Franc-Maçonnerie démasquée* (1884). Beaucoup de ces livres ou revues sont dirigés par des ecclésiastiques. Il faut dire, pour être juste, que le gouvernement français, dont la majorité des députés étaient membres du Grand Orient de France, préparait les lois qui viendraient affaiblir le pouvoir des religieux sur la société civile. Mais nous y reviendrons au chapitre 7.

**Le massacre de la famille impériale**

Dans la Russie bouleversée de l'après-guerre, un événement tragique va renforcer la thèse du complot judéo-maçonnique. En 1918, la famille impériale russe est emprisonnée à Ekaterinbourg et assassinée par les bolcheviks dans la nuit du 16 au 17 juillet 1918. Toute la famille impériale est massacrée et ce meurtre marquera la fin du régime des tsars. Lors de l'inventaire de la maison, on découvrit un exemplaire des *Protocoles des Sages de Sion* ainsi qu'une croix gammée accrochée au cou de l'impératrice Alexandra. Cette dernière était une femme très pieuse et qui attirait autour d'elle des personnages étranges comme le célèbre Raspoutine. Il est certain que cette croix gammée était, aux yeux de l'impératrice, un talisman porte-bonheur. Mais, déjà à cette époque, cette croix symbolisait la pureté de la race aryenne. En effet, la croix gammée est l'emblème de la Société de Thulé (ou encore ordre de Thulé), société secrète dont Hitler devint membre en 1920. Il n'en fallait pas plus aux Russes blancs pour voir une preuve supplémentaire de l'existence du complot judéo-maçonnique. Le livre des *Protocoles* et la croix gammée étaient donc la signature des assassins de la famille impériale et les assassins étaient les sociétés secrètes pilotées par les juifs !

En 1935, des organisations juives demandent à un tribunal suisse de condamner les *Protocoles des Sages de Sion.* C'est au cours de ce procès que l'histoire va être mise au grand jour. Après délibération, les *Protocoles* furent décrétés littérature immorale et encore aujourd'hui il est interdit de publier les *Protocoles des Sages de Sion* dans la majorité des pays. Mais ce qui est le plus surprenant, c'est que si la grande proximité entre les deux textes avait été démasquée rapidement puisque le *Times* l'expose un an après sa parution, l'auteur des *Protocoles des Sages de Sion* restait encore inconnu. L'original avait disparu et personne n'en revendiquait la paternité. Mais la chute du régime communiste et l'ouverture des archives secrètes en 1992 vont provoquer un véritable coup de théâtre. L'historien russe Mikhail Lépekhine va découvrir la vérité sur les origines des *Protocoles des Sages de Sion* et surtout faire le lien entre le texte et un certain Mathieu Golovinski. Si ce dernier n'a pas revendiqué la paternité des *Protocoles,* c'est qu'il avait tout intérêt à rester dans l'ombre. En effet, après la révolution russe, il rejoint les bolcheviks. En 1917, il devient député d'un soviet de Petrograd et se fait appeler « Dr Golovinski » bien qu'il n'ait jamais terminé ses études de médecine. Il meurt en 1920, directeur de l'Institut de culture physique qu'il vient de créer à la demande de Trotski. Il meurt donc la même année où le *Time* publie à Londres son habile montage, article qui fera connaître le texte, mais donc pas son auteur, au monde entier.

Le second article du *Times* ne va pas affaiblir les thèses du complot juif. Les juifs deviennent rapidement responsables de tous les maux de la Terre : la révolution russe (eh oui, Marx est juif), la révolution hongroise, la création de la Société des nations (qui deviendra l'Onu en 1945), le Front populaire (eh oui, Blum est juif).

Ainsi, dans la croyance populaire, les juifs ont souvent été associés aux sectes ou aux sociétés secrètes. Comme les Templiers hier et les francs-maçons aujourd'hui, on les accuse de meurtres rituels, de comploter contre le pouvoir et de détenir toutes les richesses. On les imagine organisés en réseaux souterrains et on les représentera, comme les francs-maçons d'ailleurs, sous la forme d'un serpent, d'une araignée ou d'une pieuvre.

## Les franc-maçons instrumentalisés

Mais pour les partisans du complot judéo-maçonnique, comme ceux de l'abbé Barruel, les francs-maçons ne sont que des victimes de sociétés secrètes encore plus diaboliques qu'eux. Dans les *Protocoles des Sages de Sion*, la franc-maçonnerie est l'instrument utilisé par les juifs pour prendre le contrôle du monde. Comme pour Barruel, les Illuminés de Bavière avaient en quelque sort noyauté la franc-maçonnerie pour en prendre le contrôle et utiliser son réseau, pour Golovinski, ce sont les juifs qui maintenant jouent ce rôle.

Ainsi, dans les *Protocoles des Sages de Sion*, censés, je le rappelle, être le compte-rendu du congrès sioniste de 1897, la judéo-maçonnerie est présentée comme invincible : « Nous créerons dans tous les pays de la Terre des loges maçonniques, nous les multiplierons, et y attirerons des personnalités qui sortent du rang. La loge maçonnique joue, inconsciemment, dans le monde entier, le rôle d'un masque qui cache notre but. Mais l'usage que nous allons faire de ce pouvoir dans notre plan d'action, et jusque dans nos quartiers généraux, reste à jamais ignoré du monde en général. »

Toujours selon Golovinski, les juifs utilisent mais méprisent les francs-maçons qui ne sont que leur instrument : « Nous centraliserons toutes ces loges sous une direction unique, connue de nous seuls et constituée par nos Sages. Ces loges auront également leurs propres représentants, afin de masquer les véritables dirigeants. Et ces dirigeants auront seuls le droit de désigner les orateurs et de tracer l'ordre du jour. Dans ces loges, nous resserrerons les liens de toutes les classes socialistes et révolutionnaires de la société. Les plans politiques les plus secrets nous seront connus, et, dès qu'ils seront formés, nous en dirigerons l'exécution. »

Les francs-maçons sont facilement manipulables : « Les Gentils fréquentent les loges maçonniques par pure curiosité, ou dans l'espoir de recevoir leur part des avantages qu'elles procurent ; et quelques-uns d'entre eux, afin de pouvoir discuter leurs idées idiotes devant un auditoire. Les

Gentils sont à l'affût des émotions que donnent le succès et les applaudissements ; nous les leur distribuons sans compter. C'est pourquoi nous les laissons remporter leurs succès et tournons à notre avantage les hommes possédés par la vanité et qui assimilent inconsciemment nos idées, convaincus de leur propre infaillibilité et persuadés qu'eux seuls ont des idées et ne sont pas soumis à l'influence d'autrui. »

Mais une fois que le complot juif aura abouti, les francs-maçons, ne servant à rien, seront exilés : « C'est de cette manière que nous agirons avec les Gentils qui pourraient en savoir plus long qu'il ne nous convient. Nous tiendrons dans une perpétuelle crainte de l'exil tels francs-maçons auxquels, pour une raison quelconque, nous ferions miséricorde. Nous ferons passer une loi qui condamnera tous les anciens membres des sociétés secrètes. L'institution d'une nouvelle société secrète quelconque tombera aussi sous le coup de la peine de mort ; quant aux sociétés secrètes qui existent actuellement et qui nous sont connues, celles qui servent et ont servi notre cause, nous les dissoudrons et enverrons leurs membres en exil au bout du monde. [...] Tout homme doit inévitablement finir par la mort. Il vaut mieux hâter cette fin pour ceux qui entravent le progrès de notre cause, plutôt que pour ceux qui la font avancer. Nous mettons à mort les francs-maçons de telle manière que nul, en dehors de la Fraternité, n'en peut avoir le moindre soupçon. Les victimes elles-mêmes ne peuvent s'en douter à l'avance. Toutes meurent, quand il est nécessaire, d'une mort apparemment naturelle. Connaissant ces faits, la Fraternité n'ose protester contre ces exécutions. »

### J'en ai parlé au Führer, il les croit absolument authentiques !

Tout cela aurait pu rester au simple niveau d'un combat idéologique ou politique entre les partis d'extrême droite et les autres. Mais l'Allemagne des années 1930 est en proie à une très grave crise économique. Lorsque Hitler est emprisonné pour avoir conduit le putsch de la brasserie en 1923, il emporte avec lui les *Protocoles des Sages de Sion.* C'est pendant ces trois années d'emprisonnement qu'il va écrire *Mein Kampf.* Dans ce livre, il développe l'idéologie nazie. Les *Protocoles des Sages de Sion* sont largement utilisés et Hitler écrit : « Les *Protocoles des Sages de Sion* montrent à merveille à quel point toute l'existence de ce peuple juif repose sur un mensonge permanent. » Ou encore à propos des *Protocoles des Sages de Sion* : « Si les juifs prennent tant de peine à prouver qu'il s'agit d'un faux, c'est bien la preuve que les *Protocoles* sont véridiques. » Hitler savait-il que les *Protocoles des Sages de Sion* étaient un faux ou bien était-il persuadé qu'il s'agissait d'un document authentique ? Joseph Goebbels nous donne sa réponse puisque, dans le volume 13 de ses carnets intimes, il note : « J'ai consacré une étude exhaustive aux *Protocoles des Sages de Sion.* Dans le passé, on a toujours objecté qu'ils ne convenaient pas à la propagande actuelle. En les lisant aujourd'hui, j'estime que nous pouvons très bien les utiliser. Les *Protocoles* sont aussi modernes qu'ils étaient quand ils ont été publiés pour la première fois. J'en ai parlé au Führer. Il les croit absolument authentiques ! » Pour ajouter un peu plus loin : « Quand j'ai lu, il y a longtemps, les *Protocoles des Sages de Sion*, j'en ai été bouleversé. Cette dissimulation dangereuse de l'ennemi, cette ubiquité ! J'ai compris tout de suite qu'il fallait faire comme eux, à notre façon bien entendu. [...] Ils m'ont guidé jusqu'au moindre détail. J'ai toujours appris beaucoup de mes adversaires. »

On connaît la suite de cette histoire, les camps d'extermination et les six millions de victimes de la Shoah.

## Corrompre les consciences et annihiler l'islam

On pourrait croire que les *Protocoles des Sages de Sion* avait fait son œuvre de destruction et que la fausseté maintenant révélée suffirait à en arrêter sa diffusion. Eh bien non, au contraire, et aujourd'hui encore ce texte est publié, en particulier dans les milieux islamistes ou catholiques intégristes. Dernièrement, des chaînes de télévision arabes ont diffusé un feuilleton intitulé *Chevalier sans cheval*. Dans cette série, inspirée des *Protocoles des Sages de Sion*, le héros lutte contre le complot juif international destiné à détruire la Palestine.

Les *Protocoles* ont circulé partout pendant plus de cent ans, et on peut les trouver aujourd'hui sur internet, postés par toute une gamme de groupes croyant à des conspirations. Les *Protocoles* (appelés aussi « Constitution secrète ») restent très populaires dans les pays islamiques, notamment en Égypte et en Arabie Saoudite. En 2003, la dixième édition des *Protocoles des Sages de Sion* est sortie en Égypte sous le titre *Le Péril juif, les* Protocoles des Sages de Sion.

L'article 28 de la charte du plus important mouvement islamiste palestinien actuel, le Hamas, reprend mot pour mot les *Protocoles des Sages de Sion* : « L'invasion sioniste est vicieuse. Elle ne recule devant aucun moyen et méthode, utilisant tous les moyens vicieux et méprisables pour réaliser son objectif. Elle s'appuie sur les organisations qu'elle a créées, à savoir les francs-maçons, les clubs Lions, le Rotary, pour les opérations d'infiltration et d'espionnage. Toutes ces organisations, secrètes ou non, œuvrent dans l'intérêt du sionisme et agissent selon ses instructions. Leur objectif est de saper notre société, de détruire les valeurs, de corrompre les consciences, et d'annihiler l'islam. Ces sociétés secrètes ou non sont derrière la vente de drogue et l'alcoolisme, afin de faciliter leur expansion. »

En 2004, un manuel scolaire édité par l'Autorité palestinienne raconte dans son histoire du monde moderne qu'en 1897 le premier congrès sioniste a adopté un « ensemble de résolutions secrètes, connues sous le nom de *Protocoles des Sages de Sion*, visant à la domination du monde par les juifs ».

**À lire**

TAGUIEFF, Pierre-André, *Les* Protocoles des Sages *de* Sion, Berg international, 1992.

Saint-Gall, Michel, *Dictionnaire du rite écossais ancien et accepté : hébraïsmes et autres termes d'origine française, étrangère ou inconnue*, Télètes, 2004.

Eisner, Will, *Le Complot : l'histoire secrète des* Protocoles des Sages de Sion, Grasset, 2005.

Goldschläger, Alain et Lemaire, Jacques-Charles, *Le Complot judéo-maçonnique*, Labor, « Liberté, j'écris ton nom », 2005.

Bayard, Jean-Pierre, *Credo maçonnique*, Dangles, 2006.

# Chapitre 6

## Le diable s'habille en franc-maçon

« Le père Jandel, prêtre à Lyon, venait juste de terminer son prêche sur la vertu du signe de la croix lorsqu'il fut rejoint par un homme qui lui dit : "Monsieur, croyez-vous à ce que vous venez d'enseigner ?
— Si je n'y croyais pas, je ne l'enseignerais pas, répondit-il ; la vertu du signe de croix est reconnue par l'Église, je la tiens pour certaine. — Vraiment, reprend l'interlocuteur étonné, vous croyez ? Eh bien moi franc-maçon, je ne crois pas et je viens vous proposer de mettre à l'épreuve le signe de croix. Tous les soirs, nous nous réunissons à telle adresse et Satan vient lui-même présider la séance. Venez avec moi, nous nous tiendrons à la porte de la salle ; vous ferez le signe de croix sur l'assemblée, et je verrai si ce que vous avez dit est vrai."

« Le jour dit, le prêtre frappa à la porte du franc-maçon qui l'attendait. Le religieux avait caché une grande croix sous un habit laïc. Ils partirent en direction du temple maçonnique. Ils arrivèrent bientôt dans une vaste salle meublée avec beaucoup de luxe et s'arrêtèrent à la porte. Peu à peu, la salle se remplissait. Soudain, dans un grand tremblement de fumée, le démon apparut sous une forme humaine. Aussitôt, tirant de sa poitrine le crucifix qu'il y tenait caché, le père Jandel l'éleva à deux mains, en formant sur l'assistance le signe de la croix.

« Un coup de foudre n'aurait pas eu un résultat plus inattendu, plus subit, plus éclatant ! Les bougies s'éteignirent, les sièges se renversèrent les uns sur les autres, tous les assistants s'enfuirent. Le franc-maçon entraîna le père Jandel et, quand ils se trouvèrent loin, sans pouvoir se rendre compte de la manière dont ils avaient échappé aux ténèbres et à la confusion, l'adepte de Satan se précipita aux genoux du prêtre et le supplia : "Je crois, je crois ! Priez pour moi !... Convertissez-moi !... Entendez-moi !..." »

Cette histoire incroyable fut publiée en 1895 dans le quotidien *L'Univers*, organe du Parti catholique. Elle souleva bien entendu quelques interrogations mais finalement assez peu au regard de l'énormité de ce qu'elle raconte. Mais en ces temps de préparation de la loi de séparation des Églises et de l'État, tous les coups étaient, semble-t-il, permis et, pour les catholiques de la fin du XIXe siècle, la franc-maçonnerie était tout simplement la religion du diable.

Qu'en est-il aujourd'hui ? Bien sûr, personne n'irait raconter de telles histoires et, si tel était le cas, personne n'y croirait. Mais dans certains milieux chrétiens traditionnels, la franc-maçonnerie est encore associée au diable et imaginer les francs-maçons pratiquant des rites sataniques fait encore recette. Pourquoi ? Qui a intérêt à imaginer cette diabolique alliance et d'où vient cette légende ?

Comment les fantasmes les plus fous de quelques illuminés ont-ils été récupérés pour servir d'arguments dans un combat idéologique et politique ? C'est ce que nous allons tenter d'élucider en suivant au plus près la relation d'amour et de haine qui s'est forgée au fil des siècles entre l'Église catholique et la franc-maçonnerie.

## Des frères pas toujours très catholiques

La franc-maçonnerie voit le jour dans les confréries des bâtisseurs du Moyen Âge. À cette époque, les tailleurs de pierre, mais également les autres corps de métiers, se regroupent en confréries pour défendre leurs privilèges, assurer la formation des apprentis, conserver les secrets de leurs métiers et enfin organiser ce que l'on appellerait aujourd'hui le secours, l'assurance maladie et l'assurance vieillesse. Ces hommes étaient avant tout de bons chrétiens, très actifs dans l'organisation des cérémonies, surtout lorsqu'il s'agissait d'organiser la procession de leur saint patron. Mais l'attitude de l'Église et de ses représentants face à ces sociétés était très réservée. Les confréries ne travaillaient finalement que pour leur autonomie et leur indépendance par rapport à un pouvoir jugé souvent excessif. Elles étaient composées d'hommes libres bénéficiant de franchises fiscales et exemptés de corvées. Ces hommes ont-ils pris goût à cette liberté au point de vouloir s'affranchir de l'Église ? Cela est presque certain.

Au XIII$^{e}$ siècle, l'Église n'avait pas encore une position très claire vis-à-vis des confréries et des corporations de métiers. Deux attitudes coexistaient : certains ecclésiastiques se méfiaient de ces sociétés qui se disaient initiatiques. Bien que chrétiennes, les corporations n'hésitaient pas à utiliser une symbolique et un ésotérisme qui ne paraissaient pas sortir des Saintes Écritures et qui semblaient reposer autant, sinon plus, sur l'Ancien que sur le Nouveau Testament. Le concile de Rouen de 1189 avait d'ailleurs condamné les confréries maçonniques pour le caractère secret de leurs réunions, leur rite jugé païen et leur serment de fidélité jugé lui aussi incompatible avec l'engagement d'un chrétien. D'autres ecclésiastiques, au contraire, se montraient plus tolérants envers les francs-maçons. Certains iront même jusqu'à les encourager. Ainsi, en 1277, puis en 1334, les papes Nicolas III et Benoît XIII accordent des libertés aux francs-maçons et leur offrent protection et reconnaissance. Il faut dire que sans les maçons, les grands chantiers religieux se seraient arrêtés. Est-ce que les confréries bénéficiaient d'un rapport de forces favorable qui obligeait l'Église à tolérer leurs pratiques pas toujours très catholiques ? Difficile à dire mais, en tout cas, tous avaient intérêt à se respecter, dans une relation qu'on appellerait aujourd'hui, dans notre vocabulaire moderne, « gagnant-gagnant » ! À cette époque, le diable n'apparaît pas encore en loge. Et c'est tant mieux pour les francs-maçons puisque l'adoration de Satan était assimilée à la sorcellerie et se terminait sur le bûcher.

C'est d'ailleurs sur un bûcher que l'histoire tourmentée des liens entre la franc-maçonnerie et l'Église va débuter. En mars 1314, Jacques de Molay, grand maître de l'ordre des Templiers, est brûlé (voir chapitre 1). Avec lui, c'est l'Ordre tout entier qui va disparaître. Mais le roi Philippe le Bel jugeait d'un mauvais œil les liens que les Templiers et les confréries de métiers avaient tissés au cours du temps. Il va donc supprimer la représentation officielle des confréries de métiers au sein du Parlement de Paris. Cet acte va semer le doute sur l'ordre maçonnique tout entier et ouvrir la voie aux condamnations qui vont suivre.

Le premier coup porté par l'Église aux confréries de métiers est une condamnation du concile d'Avignon de 1334. Ce texte affirme que la fraternité initiatique n'est pas compatible avec la chrétienté. Là encore, point de Satan, mais plutôt une sorte de concurrence déloyale. Les festivités des hommes du métier font-elles de l'ombre aux fêtes religieuses ? L'Église voit-elle poindre une forme d'hérésie parmi ceux qu'elle rétribue justement pour construire ses bâtiments religieux ? Ce qui est sûr, c'est que la société médiévale est en train de changer et l'Église tente par tous les moyens de conserver son pouvoir. De son côté, la franc-maçonnerie tente elle aussi non pas de contrecarrer l'Église, mais de présenter une image de société honorable, responsable et surtout fondée sur des mythes et des symboles bibliques. Ainsi, les textes fondateurs de la franc-maçonnerie de métier du XVe siècle font référence au roi Salomon, au temple de Jérusalem, à la tour de Babel et aux Quatre

Couronnées (martyrs chrétiens présentés comme de bons maçons). Dans ces textes fondateurs aucune trace de Satan mais, au contraire, l'affirmation de l'attachement à la religion chrétienne. Mais les confréries de métiers restent des lieux de mystères et l'Église n'est pas rassurée pour autant. Pour les chrétiens, les mythes et les symboles chrétiens n'ont pas besoin d'être gardés au secret. Ils sont d'ailleurs exposés aux fidèles dans les livres de pierre que constituent les églises. Plus encore, la franc-maçonnerie commence à développer l'idée que les textes sacrés peuvent être lus différemment et ouvrent la voie d'une interprétation ésotérique des Évangiles. Et cela, l'Église n'est pas prête à l'accepter, même si la première condamnation officielle de la franc-maçonnerie par l'Église surviendra beaucoup plus tard.

### Des francs-maçons condamnés à mort par l'Église

C'est en 1738 que le pape Clément XII, dans la constitution *In eminenti*, célèbre dans l'histoire de la franc-maçonnerie, menace d'excommunication tous les francs-maçons. Il les accuse d'être populaires, de tenir leurs membres au secret et de les menacer de sanction s'ils ne tenaient pas leur serment de fidélité. Hormis en Espagne et au Portugal, la colère du pape ne fut pas vraiment prise au sérieux par les francs-maçons et elle ne changea en rien la diffusion des idées des Lumières. Car le vrai combat contre l'obscurantisme est déjà bien engagé. Le XVIII^e^ siècle voit déferler en France puis en Europe une philosophie nouvelle, la philosophie des Lumières, qui entre en conflit direct avec l'Église catholique et son pouvoir sur les esprits.

D'un certain point de vue, la réaction de Clément XII vient trop tard et l'Église se montrera incapable d'arrêter la marche triomphale de cette philosophie qui défend l'émancipation des esprits. D'un point de vue théologique et philosophique, le seul grief, mais il est de taille, de l'Église contre la franc-maçonnerie est que cette dernière propage le relativisme en matière religieuse. Pour la franc-maçonnerie, toutes les religions se valent et aucune n'est supérieure aux autres. La franc-maçonnerie combat les dogmes et non les religions.

En 1739, un autre édit papal interdit de devenir membre de la franc-maçonnerie dans n'importe quel État pontifical, sous peine de mort. Là encore, malgré la gravité de la sentence, peu d'impact sur la franc-maçonnerie. D'ailleurs, cette sentence ne sera jamais appliquée car l'exécuteur de la justice papale ne trouva pas de coupable. Il se contenta alors de brûler sur une place publique quelques livres du maçon écossais le chevalier de Ramsay.

Après la Révolution française, c'est un ecclésiastique, l'abbé Barruel qui enfonce le clou (voir chapitre 3) en accusant les francs-maçons d'avoir préparé dans leurs loges la prise de la Bastille qui va entraîner la chute de l'Ancien Régime. Cette thèse du complot, reprise aujourd'hui encore par de nombreux ecclésiastiques mais aussi par le grand public, va contribuer à faire passer la franc-maçonnerie pour une organisation politique dont le but secret est la destruction des pouvoirs politiques et religieux. Même si l'abbé Barruel ne présente pas la franc-maçonnerie comme une organisation pratiquant des rites sataniques, le but qu'il lui attribue la présente comme une société antireligieuse. Ses propos n'étaient pas fondés mais, comme disait Chateaubriand : « Calomniez, calomniez, il en restera toujours quelque chose. » Le mal est fait et se propagera, surtout dans les milieux religieux et conservateurs.

Au cours des cent cinquante ans qui suivirent le livre de l'abbé Barruel, les papes successifs ont émis une série de bulles ou d'encycliques de plus en plus hostiles aux maçons. Pie IX, champion du conservatisme absolu (il condamne Darwin, Ernest Renan et le rationalisme) les accuse d'être une « synagogue de Satan ». Un prêtre, Mgr Meurin, choisira d'ailleurs ce terme comme titre d'un de ses ouvrages (*La Franc-Maçonnerie, synagogue de Satan*, paru en 1893). Ce livre connaîtra une grande diffusion et contribuera à inscrire dans la mémoire collective l'association juif franc-maçon et Satan, préparant ainsi la voie à l'idée du complot judéo-maçonnique (voir chapitre 5).

Serment sanglant, sectes, complots, caractère blasphématoire des rites maçonniques, des sacrilèges des cérémonies… : c'est par ces termes que Pie VII en 1821 décrit la franc-maçonnerie. Pie VII craignait surtout l'ambition de Napoléon, qu'il avait d'ailleurs excommunié en 1809. Ce même Napoléon qui avait su très habilement fédérer la franc-maçonnerie française et la protéger pour mieux la contrôler.

Léon XIII, en 1882, lança une encyclique de vingt-cinq pages intitulée *Humanum Genus* dans laquelle il divisait le monde entre le royaume de Dieu et le royaume de Satan, et la franc-maçonnerie figurait au beau milieu du domaine de Satan. Si l'on peut ne pas être d'accord avec la conclusion de Léon XIII, on ne peut lui reprocher de méconnaître son sujet. En effet, il résume assez bien dans son encyclique les principales thèses défendues par les francs-maçons de la fin du XIXe siècle : « Les hommes sont égaux en droit ; tous, à tous les points de vue, sont d'égale condition. Étant tous libres par nature, aucun d'eux n'a le droit de commander à un de ses semblables et c'est faire violence aux hommes que de prétendre les soumettre à une autorité quelconque, à moins que cette autorité ne procède d'eux-mêmes. Tout pouvoir est dans le peuple libre ; ceux qui exercent le commandement n'en sont les détenteurs que par le mandat ou par la concession du peuple, de telle sorte que si la volonté populaire change, il faut dépouiller de leur autorité les chefs de l'État, même malgré eux. La source de tous les droits et de toutes les fonctions civiles réside soit dans la multitude, soit dans le pouvoir qui régit l'État, mais quand il a été constitué d'après les nouveaux principes. En outre, l'État doit être athée. Il ne trouve, en effet, dans les diverses formes religieuses, aucune raison de préférer l'une à l'autre ; donc, toutes doivent être mises sur un pied d'égalité. »

Il conclut un peu plus loin : « Leurs principaux dogmes sont si grandement et si manifestement contraires à la raison que rien ne peut être plus pervers. »

« L'État doit être athée » : la formule est lâchée et Léon XIII va donc lancer les catholiques dans une guerre contre les francs-maçons et les hommes politiques de la IIIe République qui défendent la laïcité. Il ne s'agit pas seulement d'un combat d'idées mais d'un véritable appel à la croisade. En effet, Léon XIII en appelle à toutes les bonnes volontés pour « arracher à la franc-maçonnerie le masque dont elle se couvre et la faire voir telle qu'elle est ».

## Les adorateurs de Satan

La fin du XIXe siècle voit le triomphe de la franc-maçonnerie politique. On a dit qu'à cette époque la franc-maçonnerie ne faisait pas de politique, elle faisait *la* politique. La loge est un passage obligé pour s'asseoir à l'Assemblée nationale et la plupart des lois sont d'abord discutées en loge avant d'être débattues puis votées par les députés.

Félix Faure, Alexandre Millerand, Gaston Doumergue et Paul Doumer, quatre présidents de la IIIe République, sont francs-maçons et membres du Grand Orient de France. Émile Combes, l'instigateur de la loi de séparation des Églises et de l'État de 1905, et Jules Ferry, à l'origine des lois rendant l'enseignement public, laïque et obligatoire, sont également francs-maçons.

La IIIe République va véritablement sortir la société française des dernières emprises de l'Ancien Régime : avec les lois sur l'éducation, sur la séparation des Églises et de l'État, sur le droit du travail, c'est toute la société française qui est réformée. Un seul mot d'ordre : laïcité ! Et comme cette laïcité ne peut se faire dans la concorde, elle se fera dans le combat. D'un côté, les ecclésiastiques soutenus par Rome, et de l'autre, les anticléricaux soutenus par une partie de la classe politique et par les francs-maçons.

Mais les ecclésiastiques, premiers visés par les lois qui vont défaire leurs privilèges, ne tardent pas à réagir. La presse catholique va attaquer les francs-maçons, les juifs, les étrangers, les socialistes et les radicaux, bref tous ceux qui, à ses yeux, complotent pour détruire l'ordre établi. Le Saint-Siège ne peut expliquer la force et l'acharnement des anticléricaux que comme l'expression d'une volonté démoniaque. La presse catholique reprend alors à son compte le terme de « synagogue de Satan » imaginé par le pape Pie IX dans son encyclique. Cette même presse tentera de faire passer les francs-maçons pour des adorateurs de Satan. Mais un problème se pose alors. Les francs-maçons sont des personnalités connues, et respectables. Personne ne pourrait alors imaginer Émile Combes se prosternant devant Satan, ni Félix Faure rendant hommage au Malin. Le message est donc le suivant : puisqu'ils ne sont pas responsables, ils sont manipulés. Par qui ? Par une instance très secrète de la franc-maçonnerie !

Les antimaçons vont donc propager l'idée qu'il existe deux maçonneries : la première, pratiquée jusqu'au trois premiers degrés, est une maçonnerie d'inspiration chrétienne et finalement peu dangereuse pour l'Église, et la seconde, la franc-maçonnerie des hauts grades, plus secrète encore est réservée à l'élite. La première n'est là que pour préparer les candidats et sélectionner les meilleurs. Ces derniers et seulement ceux-là iront s'asseoir dans ces arrière-loges où se déroulent les cultes sataniques. Les ecclésiastiques et la presse catholique sont tellement persuadés de l'existence de cette conspiration démoniaque qu'ils sont prêts à croire ceux qui marchent dans leur sens et leur fournissent des arguments. Et pour cela, rien ne vaut les témoignages des anciens francs-maçons, des repentis, des convertis qui, après avoir fréquenté les loges de Satan, reviennent dans le droit chemin. De plus, comme le public est friand de ce genre de révélations, ce marché devient rentable, très rentable même. C'est ce marché dont va chercher à s'emparer Léo Taxil, le plus habile manipulateur de l'histoire, celui qui a véritablement inventé le canular politico-religieux en écrivant l'histoire de la franc-maçonnerie satanique. Mais le plus cocasse dans le récit de Taxil que nous allons raconter est qu'avant de devenir le plus virulent adversaire de la franc-maçonnerie, il fut anticlérical et franc-maçon.

### À bas la calotte !

Léo Taxil n'est pas son vrai nom. Il s'appelle en réalité Gabriel Jogand-Pagès. Il est né en 1854 dans une famille catholique et monarchiste. Éditeur, écrivain mais surtout grand affabulateur, Taxil cherche surtout à gagner de l'argent. Expulsé vers la Suisse à la suite d'un délit de presse, il gagne sa vie en vendant des pilules aphrodisiaques qu'il appelle « bonbons du sérail ». Expulsé de Suisse, il revient à Paris en 1878 et, profitant de la vague anticléricale qui déferle sur la France de la fin du XIXe, il commence à écrire des ouvrages contre l'Église catholique. Il fonde puis anime la ligue anticléricale qui lui permet d'étendre son réseau, de recruter des adeptes et surtout de vendre ses livres, dont certains sont jugés à la limite de la pornographie. La Ligue anticléricale se dote même d'un journal, *L'Anti-clérical*, dont Léo Taxil se proclame directeur politique. Si le sous-titre du journal est « Tuons-les par le rire », les titres des livres de Taxil montrent bien l'état d'esprit de combat qui anime les courants anticléricaux de la fin du XIXe siècle : *À bas la calotte*, *Les Soutanes grotesques*, *La Chasse aux corbeaux*, *Calottes et Calotins*, *La Bible amusante*, *Un pape femelle*, *Les Amours de Pie IX* (qui lui vaudra d'être condamné à 600 000 francs d'amende), ou encore *Les Maîtresses du pape*.

On doit reconnaître à Léo Taxil un certain talent dans l'art de la propagande. En plus des journaux et des livres, il va vendre des caricatures, des enveloppes illustrées de dessins comiques anticléricaux, des affiches, des photographies satyriques, des cartes postales et même les statuettes de l'abbé Corbeau et de la sœur Chouette pour remplacer la statue de Marie qui orne traditionnellement la cheminée.

En février 1881, Léo Taxil fait un passage éclair dans la franc-maçonnerie. Il est initié dans la loge parisienne Le Temple des Amis de l'Honneur français mais il est rapidement interdit de conférence, pour être finalement exclu de la franc-maçonnerie en 1882, officiellement à la suite d'une condamnation dans une affaire de plagiat. Mais les frères du Grand Orient de France avaient très certainement vu en Taxil un personnage dangereux pour l'ordre maçonnique. Ils ne savaient pas qu'en l'expulsant il allait devenir encore plus dangereux. En effet, à peine sorti, Léo Taxil change de camp et repart en guerre contre… les francs-maçons !

Après avoir été anticlérical, le voilà antimaçon ! Est-ce cette radiation ou est-ce parce que sa librairie anticléricale ne marche pas très bien que Taxil cherche un autre filon ? Certainement les deux à la fois. Il annonce sa conversion dans le journal *La Croix* en 1885 dans un style très ampoulé. Il affirme que c'est en contemplant la figure de Jeanne d'Arc qu'il aurait été touché par la grâce et qu'il se serait rendu compte que ses « mauvais écrits l'ont trompé ou détourné de la religion ! ».

À dater de sa conversion, Léo Taxil peut commencer sa vraie carrière. De 1889 à 1897, il publie de prétendues révélations extraordinaires concernant la franc-maçonnerie. Et comme il se présente comme un ancien franc-maçon, le public est prêt à croire ce qu'il écrit sans savoir qu'il invente tout ou presque tout. Là encore, les titres suffisent à eux-mêmes : *Les Frères trois points, Le Culte du Grand Architecte, Les Assassinats maçonniques, Les Mystères de la franc-maçonnerie, Le Vatican et les francs-*

*maçons, La Franc-Maçonnerie dévoilée, Confession d'un ex-libre penseur, Histoire anecdotique de la III^e République, La France maçonnique, La Ménagerie républicaine, La Corruption fin de siècle* et enfin *Le Diable au* XIX^e *siècle*. Il ira même jusqu'à publier des listes entières de francs-maçons dans les colonnes d'un journal.

Chose impensable, Taxil va encore plus loin puisqu'il fonde en 1895, sous le nom de « Ligue du Labarum antimaçonnique », une sorte d'ordre chevaleresque en trois grades : légionnaire, soldat et chevalier.

## Des seins de femme et des sabots fourchus

Derrière ses petits lorgnons et sa grande moustache noire, Léo Taxil offre un visage plutôt sympathique de bon vivant. Mais derrière cette façade se cache un habile manipulateur.

Tantôt Taxil publie sous son nom, sans doute pour paraître plus crédible, tantôt sous un pseudonyme. Ainsi, *Le Diable au* XIX^e *siècle* est attribué à un certain Dr Bataille qui n'est autre que Taxil lui-même. Dans les ouvrages qui suivront, Taxil va inventer le personnage de Miss Diana Vaughan à la tête d'une secte satanique dont le but est la destruction du christianisme.

Taxil ne connaissait de la franc-maçonnerie que le premier degré auquel il avait été initié. Mais peu importe, ce grand affabulateur reprend à son compte l'idée d'une franc-maçonnerie secrète réservée aux élites et invente de toutes pièces l'ordre du Palladium (ou encore le palladisme).

Cette société secrète complexe et totalement fictive était, toujours d'après Taxil, censée admettre les femmes, se livrer à des orgies sexuelles, perpétrer des meurtres rituels, commanditer des assassinats politiques et adorer un démon appelé Baphomet. Taxil n'a pas inventé cette idole. Il a repris le terme du procès des Templiers (voir chapitre 1) et en a même trouvé une illustration dans un livre intitulé *Dogme et Rituel de la haute magie* publié en 1855. Dans cet ouvrage, Baphomet est représenté sous la forme d'une créature avec la tête barbue et cornue d'une chèvre, des seins de femme, des sabots fourchus, des ailes et un pentagramme dressé sur le front. Cette illustration est tellement terrifiante que Taxil la placera même sur la couverture des *Mystères de la franc-maçonnerie*, qu'il fait paraître en 1886.

Comme il a été franc-maçon, même si on peut douter qu'il y ait vu grand-chose en six mois, Taxil va mêler à ce qu'il a vu des fictions plus incroyables les unes que les autres. Ainsi, il écrit que lors de l'initiation, « les surveillants s'emparent du candidat et le renversent contre terre, de façon qu'il soit sur ses mains et sur ses genoux, le visage sur l'étoile flamboyante étalée sur le sol, et la bouche collée sur la lettre G ». Plus loin, il ajoute que « les vrais symboles de cette maçonnerie satanique ne sont pas l'équerre ni le compas mais la tête de bouc, le doigt pointant le ciel, le poignard et la croix inversée ». Et le tout superbement illustré de gravures explicites.

Taxil, comme tout bon colporteur de faux complots, a tout prévu et il répond à ses détracteurs que « certaines gens qui n'ont pas étudié la franc-maçonnerie dans ses doctrines et dans ses pratiques [...] diront nous connaissons M. Untel et M. Tel autre qui sont francs-maçons. Ils n'ont pas les mêmes opinions que nous, c'est vrai ; mais ils sont pourtant fort honnêtes gens. Ils n'ont jamais assassiné personne et nous jurerions sur notre tête qu'ils n'auront jamais la plus petite idée de tuer qui que ce soit ». D'accord, mais c'est alors que les francs-maçons dont vous parlez ne sont pas arrivés au 30e degré de la hiérarchie maçonnique, c'est qu'ils n'ont pas reçu le grade de chevalier Kadoch ».

Le grade de chevalier Kadoch est effectivement le 30e degré du principal rite maçonnique pratiqué à cette époque. Kadoch vient de l'hébreu et signifie « élu ». En désignant les maçons sataniques par le terme de chevalier Kadoch, Taxil utilise habilement la rumeur communément admise que la franc-maçonnerie est l'héritière des chevaliers de l'ordre du Temple (voir chapitre 1) et est alliée aux juifs (voir chapitre 5) pour la réalisation d'un vaste complot.

## Le diable, habillé en crocodile, se met au piano

Léo Taxil n'a pas inventé le diable franc-maçon mais il a donné corps aux fantasmes. Il faut lui reconnaître l'art de la formule lorsqu'il écrit : « Viens, Lucifer, viens ! Ô calomnié des prêtres et des rois ! Viens que nous t'embrassions, que nous te serrions sur notre poitrine ! » Puis, plus loin : « Et toi Adonaï, dieu maudit, retire-toi, nous te renions ! Le premier devoir de l'homme intelligent est de te chasser de son esprit et de sa conscience car tu es essentiellement hostile à notre nature, et nous ne relevons aucunement de ton autorité. Nous arrivons à la science malgré toi, au bien-être malgré toi, à la société malgré toi, chacun de nos progrès est une victoire dans laquelle nous écrasons ta divinité. »

Il en produit pour tous les goûts : aux amateurs d'incroyable, Taxil décrit le concert historique où le diable, déguisé en crocodile, aurait interprété une pièce pour piano ! Bien entendu, les affabulations de Taxil nous semblent aujourd'hui complètement puériles. Mais si le XIX$^{e}$ siècle était celui du triomphe de la raison sur l'obscurantisme, c'était aussi celui de l'engouement du public pour le mystère. Dans ce domaine, l'Église catholique ne sera pas en reste puisque c'est au XIX$^{e}$ siècle et particulièrement en France que la Vierge Marie choisit d'apparaître en personne à Lourdes, à La Salette, en Isère, rue du Bac à Paris, à Pellevoisin dans l'Indre et à Pontmain, en Mayenne. C'est également à cette époque que le pape Pie IX déclare le dogme de l'Immaculée Conception (la Vierge Marie a été conçue hors du péché) et surtout l'infaillibilité papale.

Le public était donc assez crédule et Taxil va exploiter son engouement pour le mysticisme. Il construit des histoires fabuleuses, décrit avec précision les cérémonies sataniques en mélangeant dans sa recette un peu de diable, beaucoup de sexe, du mystère et de la mort. Difficile d'imaginer des scènes de sexe dans une maçonnerie essentiellement masculine ? Cela n'arrêtera pas Taxil qui va imaginer des loges féminines, véritables harems des loges masculines, les rites sexuels les plus fous et surtout une grande prêtresse, Miss Diana Vaughan.

En 1894, Léo Taxil se présente devant le pape Léon XIII pour une audience privée. Mais tous ceux qui le suivent à Rome remarquent plutôt la ravissante jeune femme qui l'accompagne. Il la présente comme étant la fameuse Diana Vaughan, ancienne Grande Maîtresse du rite palladique rectifié dont le temple luciférien était installé à Charleston aux États-Unis. Pour rendre Diana Vaughan encore plus douce aux yeux du Saint-Père, Taxil décrit le détail de sa conversion et surtout le miracle : Diana, empoisonnée par une rivale, aurait été sauvée de la mort par Jeanne d'Arc.

On sait peu de choses sur la femme que Taxil présenta à Léon XIII. Certains affirment qu'il s'agissait de sa secrétaire attirée par un voyage à Rome. D'autres historiens ont prétendu qu'elle était représentante d'une marque de machines à écrire américaine, mais surtout la maîtresse de Léo Taxil. A-t-elle eu peur des conséquences de la supercherie ou s'est-elle rendu compte que l'histoire commençait à prendre une tournure qui dépassait le simple canular ? Était-elle devenue fatiguée des élucubrations de son amant ? Là encore, pas de réponse définitive. Toujours est-il qu'elle n'apparut plus du tout en public après sa visite à Rome. L'histoire de Diana Vaughan revint rapidement en France, où elle fût racontée lors de nombreuses réunions antimaçonniques. Seuls quelques témoignages, d'ailleurs invérifiables, diront l'avoir rencontrée, témoignages relayés par des journaux amateurs de sensationnel et peu soucieux de vérification.

Reconnaissons à Taxil un certain talent de manipulateur. D'une part, il invente une secte mystérieuse avec à sa tête une ravissante blonde et, d'autre part, il affirme que la source de cet ordre se trouve aux États-Unis, ce qui bien entendu était plus difficile à vérifier. Pourtant l'évêque catholique de Charleston se rendit auprès de Léon XIII pour démentir l'information de Léo Taxil et garantir l'honorabilité des francs-maçons américains de Charleston. Mais rien n'y fit.

## Lucifer devant moi, assis sur un trône de diamant

En 1885, Léo Taxil publie, sous le nom de Diana Vaughan, une nouvelle revue mensuelle intitulée *Mémoires d'une ex-palladiste, Parfaite Initiée, indépendante.* Dans cette revue, Taxil, alias Diana Vaughan, dévoilait tout : son initiation, le culte de Satan, les symboles du palladisme et surtout sa conversion !

« J'avais vingt-cinq ans, un mois et huit jours, écrit-il, lorsque je fus l'objet d'une présentation à Lucifer, c'est-à-dire lorsque je vis pour la première fois celui qui se dit le rival du dieu des chrétiens et son éternel supérieur. Les membres du Sérénissime Grand Collège m'invitèrent à venir à Charleston. Le samedi et le dimanche, je ne pris qu'un seul repas, le soir, après le coucher du soleil ; ce repas était uniquement composé de pain noir, d'un plat de sang frit fortement épicé et d'une salade d'herbes laiteuses. »

Diana Vaughan décrit ensuite la loge et la statuette qui trône en son centre et qu'elle appelle le « Palladium ». Elle en donne même l'origine puisqu'elle ajoute que cette idole est celle « dont Jacques de Molay fut le dernier conservateur ».

Puis, après plusieurs heures de méditation : « Soudain la foudre tonna : trois coups éclatèrent, se succédant avec rapidité ; puis un coup seul ; ensuite, deux coups consécutifs d'une violence extraordinaire. Alors je sentis cinq souffles brûlants sur mon visage, et je vis cinq esprits, cinq génies d'une radieuse beauté, planant dans l'espace, au-dessus de l'endroit où le Baphomet était érigé ; mais le Baphomet avait disparu. Les cinq esprits vêtus de longues tuniques blanches flottantes avaient des ailes ; ils étaient en cercle, étendant leurs mains vers la place du Palladium devenue vide. Enfin, un septième coup de tonnerre éclate, plus formidable que les précédents. À l'instant, je vis Lucifer devant moi, assis sur un trône de diamant, sans qu'aucun mouvement de venue ait eu lieu. » Puis Lucifer la désigne comme grande prêtresse.

Ensuite vient le récit de sa conversion. Diana Vaughan « contemple quelques instants la statuette de Jeanne d'Arc ». Devant les démons qui l'attaquent, la jeune femme s'écrie : « Jeanne, Jeanne, défends-moi ! », puis dans une « épouvantable clameur, les diables disparaissent », et Diana Vaughan revient dans le giron de l'Église.

Maintenant qu'elle est repentie, elle va faire des révélations sur la secte palladienne. Numéro après numéro, Diana Vaughan va distiller ses confidences à des lecteurs avides de sensationnel. Ainsi, elle décrit par le menu, mois après mois, les symboles et les rites du palladisme. L'une des gravures fait référence encore une fois à 1312, date de l'exécution de Jacques de Molay, et à la suite 179348526 censée indiquer, de façon secrète, les dates de la vengeance des templiers. Les quatre premiers chiffres donnent la date de l'exécution de Louis XVI (Taxil reprend donc à son compte l'une des thèses de l'abbé Barruel – voir chapitre 3). Par un calcul complexe, pour ne pas dire incompréhensible, à partir des cinq chiffres qui suivent, Diana Vaughan annonce la date et le lieu de l'abolition définitive de la papauté. Elle est prévue le 29 septembre 1996 sur l'île de Malte. « Le matin ou l'après-midi ? » est la question qu'on aurait aimé pouvoir lui poser !

Toujours dans les *Mémoires d'une ex-palladiste*, on peut lire que « le démon se manifeste assez fréquemment dans les ateliers maçonniques de France, aussi bien que dans ceux des autres pays. Le démon se montre d'une grande familiarité avec ses adeptes, sous une forme ou sous une autre ».

### Vous êtes une immonde fripouille !

Léon XIII est profondément marqué par les histoires de Taxil. Il donne alors son autorisation pour l'organisation d'un congrès international antimaçonnique. Ce dernier se réunit à Trente, en Italie, en mars 1896. Mais personne n'avait encore vu la fameuse Diana Vaughan, et des doutes sur son existence commençaient à circuler. Lors de la clôture de ce congrès, l'assemblée vota une motion particulière qui déclarait : « Le congrès n'a découvert aucune preuve péremptoire soit pour, soit contre l'existence, la conversion et l'authenticité des écrits de Diana Vaughan. » Si une partie du clergé était prête à gober les récits fantastiques de Taxil, une autre partie commençait à douter. On ne se contentait plus de livres et de récits, il fallait des preuves et le public voulait surtout voir en chair et en os la fameuse Diana. Poussé par ses détracteurs à fournir des preuves, Taxil convoque tout le gratin ecclésiastique parisien, des journalistes et un public avide de sensationnel dans la salle de conférences de la Société de géographie. Il l'a annoncé et c'est écrit dans le programme : il va enfin montrer Diana Vaughan, l'ancienne grande prêtresse du palladisme.

Ce soir du lundi de Pâques 1897, la salle est comble. Le public attend Diana Vaughan mais déception, c'est Taxil seul qui apparaît à la tribune. En une formule dont il a le secret, il résume sa supercherie en lançant à l'assemblée médusée : « Diana Vaughan, c'est moi ! » Il poursuit aussitôt par un discours dans lequel il avoue avoir tout inventé, le palladisme, Diana Vaughan et que tout ce qu'il a écrit sur la franc-maçonnerie n'est que le fruit de son imagination. La conférence se termine par les mots ironiques de Taxil : « Mes révérends pères, je remercie bien sincèrement mes confrères de la presse catholique et nos seigneurs les évêques de m'avoir si bien aidé à organiser ma plus belle mystification, celle qui couronnera ma carrière. »

Imaginez la consternation de l'assemblée ! Indignation, révolte. Les insultes jaillissent de toute part. On lui lance un : « Vous êtes une immonde fripouille ! » On le traite d'abominable crapule, de gredin, de menteur, de traître... On le poursuit jusque dans la rue. Les ecclésiastiques sont ridiculisés, les détracteurs de Taxil applaudissent et les journalistes se précipitent dans leur rédaction.

Plus tard, Taxil décrira sa mystification en ces termes : « Mes premiers livres sur la franc-maçonnerie furent donc un méli-mélo de rituels, avec des petits ajoutés qui n'avaient l'air de rien, avec des interprétations en apparence anodines ; chaque fois qu'un passage était obscur, je l'éclairais dans le sens agréable aux catholiques qui voient en messire Lucifer le suprême grand maître des francs-maçons. Mais cela était à peine indiqué. J'aplanissais d'abord et tout doucement le terrain, sauf à labourer ensuite et à jeter la semence mystificatrice qui devait si bien germer. »

Après sa conférence mouvementée, Léo Taxil s'en retourne à ses premières amours : les écrits anticatholiques, puis termine sa carrière dans les livres de cuisine. Son dernier ouvrage ? *La Cuisine des familles. Recueil hebdomadaire de recettes d'actualité très clairement expliquées, très faciles à exécuter* qu'il édite sous le pseudonyme de Jeanne Savarin, deux ans avant sa mort en 1907.

En quelques années seulement, Léo Taxil a produit à lui seul plus de dix mille pages de textes antimaçonniques. Un vrai record. Certains iront même utiliser cet argument pour dire que Taxil n'a pas pu inventer toutes ces histoires, que le palladisme a réellement existé et que la conférence de 1897 n'est qu'un coup monté par les membres de la secte pour arrêter les révélations de Taxil. Mais la réalité est plus simple que cela. Taxil a plagié des ouvrages existants qu'il a remis au goût du jour en y ajoutant une grande part d'affabulations issues de son imagination fertile. Il a eu soin d'y ajouter des éléments véridiques et faciles à prouver. Ainsi, à ceux qui doutent de sa thèse, il suffisait à Taxil et à ses défenseurs d'exhiber ce qui était vrai !

La plus grande source d'inspiration de Taxil est l'œuvre d'un certain Albert Pike, franc-maçon américain, à qui Taxil donna le titre de « Souverain Pontife de la franc-maçonnerie universelle ». Toujours d'après Taxil, Albert Pike était censé diriger vingt-trois Suprêmes Conseils Confédérés du monde en leur passant des instructions par le truchement de Diana Vaughan. Selon Taxil, cette femme avait réussi à dénoncer Pike et sa bande éhontée d'adorateurs de Satan en échappant aux griffes d'une loge palladienne. Si Albert Pike a réellement existé et joué un grand rôle dans la franc-maçonnerie américaine, ce n'est pas tout à fait le personnage que Léo Taxil nous présente dans *Les Mystères de la franc-maçonnerie dévoilée*, paru en 1886.

### Albert Pike, premier pape luciférien

Né en 1809, Albert Pike représente une immense figure de la franc-maçonnerie américaine. Tour à tour auteur, poète, érudit, soldat, juriste, philanthrope et philosophe, il est initié en 1850 à Little

Rock, capitale de l'État de l'Arkansas. Neuf ans plus tard, il accède à la plus grande distinction maçonnique : Grand Commandeur du Suprême Conseil. Conscient de sa mission de défenseur du rite écossais ancien et accepté, il va réécrire les lois, les rituels et les exposés des trente-trois degrés du rite écossais ancien et accepté. Plus encore, il va ajouter ses propres commentaires sur les degrés et publier le tout dans un livre de huit cent soixante pages appelé *Morals and Dogma.* La plupart des érudits maçonniques s'accordent à reconnaître aujourd'hui que cet ouvrage est volumineux, impressionnant, obscur et… faux dans une bonne partie de ses conclusions. Autant dire qu'Albert Pike était un maçon célèbre et influent aux États-Unis d'Amérique. Mais il est allé très loin dans ses conclusions, peut-être un peu trop loin. Ainsi, Pike affirmait que la franc-maçonnerie venait des anciens mystères païens, de l'alchimie, du mysticisme égyptien, de la cabale, du gnosticisme, du zoroastrianisme, du brahmanisme et de nombreux autres – « ismes ». Les propos de Pike n'étaient certainement pas à prendre au pied de la lettre. Et c'est pourtant ce que fit Léo Taxil. Il s'empara de *Morals and Dogma* et en déduisit toutes sortes d'élucubrations.

En 1896, grâce à Léo Taxil, la France apprend que la franc-maçonnerie est une organisation mondiale dirigée des États-Unis par un certain Albert Pike. Taxil, toujours prêt à en rajouter, ira même jusqu'à dire de lui qu'il était « Lucifer devant moi, assis sur un trône de diamant, chef suprême de tous les francs-maçons et conférant régulièrement chaque vendredi à trois heures de l'après-midi avec messire

Lucifer en personne ». Effrayant certes, mais pas un mot de tout cela n'est vrai. Pike n'a jamais été Souverain Pontife de la franc-maçonnerie universelle. De plus, Pike était déjà mort en 1896 et Taxil ne risquait pas grand-chose à calomnier un mort outre-Atlantique.

### Tous satanistes et adeptes de magie sexuelle

Aujourd'hui, les sites internet et les blogs ont remplacé les livres et les journaux. Mais le contenu, en ce qui concerne l'argumentaire antimaçonnique, est toujours celui qu'utilisait Taxil il y a cent ans. Sur certains sites, on peut lire des phrases comme : « N'oubliez pas que derrière le rideau maçonnique, les hauts grades renferment d'autres sectes : Rose-croix, Templiers, Théosophes, Gnostiques… tous satanistes et adeptes de magie sexuelle… » Ces sites sont, comme à l'époque de Taxil, éditeurs de livres et dans leur catalogue se trouvent ceux de Taxil et de ces amis. Il suffit d'aller jeter un œil aux dates de publications et aux titres ampoulés des livres pour en avoir la certitude.

D'autres sites proposent de comparer les symboles maçonniques et les symboles sataniques. Ils remarquent tout d'abord que les symboles maçonniques sont souvent morbides : crânes et ossements, larmes, sang… Certes, tout cela est exact, sauf la conclusion qui affirme que la franc-maçonnerie est une secte satanique. La franc-maçonnerie s'est construite en tirant parti de toutes les traditions anciennes. Elle en a extrait des symboles qui sont autant de sources de réflexion pour ceux qui désirent travailler à leur perfectionnement. Toute démarche initiatique est indissociable de l'idée de faire mourir en soi les habitudes du passé, les passions et tout ce qui empêche d'avancer. Il n'est donc pas étonnant de trouver dans la tradition et l'iconographie maçonniques des éléments et symboles qui rappellent la mort. Mais il n'y a pas plus de Satan en franc-maçonnerie qu'il n'y a de dieu, et aucun maçon ne se prosterne devant un symbole ou une idole maçonnique.

Mais qui sont donc les nouveaux antimaçons qui colportent ainsi leur vision d'une franc-maçonnerie satanique ? Pour la plupart, il s'agit des fondamentalistes religieux. Qu'ils soient chrétiens ou pas, leurs sites regorgent de supposées preuves que le monde entier, et tout particulièrement les États-Unis, est la proie d'une gigantesque machination élaborée par les francs-maçons et les banques internationales pour que le rêve maçonnique de domination universelle devienne le nouvel ordre mondial.

Les sources des fondamentalismes sont encore et toujours les élucubrations de Léo Taxil. Le fait que ce dernier ait avoué ses mensonges ne les perturbe pas. D'ailleurs, après le dévoilement de la supercherie, quelques polémistes chercheront désespérément les preuves que les propos de Taxil étaient vrais, que Diana Vaughan avait bien existé et que les arrière-loges maçonniques avaient menacé Taxil de mort. Ils affirmaient, en outre, que sa prétendue révélation n'avait pour autre but que de détourner l'attention du public et de laisser le palladisme vivre en paix. Mais la plupart des historiens ont démonté la mécanique et l'histoire des mensonges de Taxil est maintenant bien connue.

Bien entendu, les histoires antimaçonniques sont bien différentes de l'aventure du prêtre lyonnais qui fait fuir Satan d'une loge maçonnique. Les temps ont changé, les gens sont moins crédules et personne ne croirait à de telles histoires aujourd'hui. Mais en est-on si sûr ? Eh bien, écoutez ce qui suit : sur un site américain évangéliste, une bande dessinée raconte l'histoire suivante : « Un couple d'Américains est en état de choc. Leur fils vient de faire une tentative de suicide et lutte contre la mort à l'hôpital. Un de leurs amis vient les aider à surmonter cette épreuve. Le père ne comprend pas pourquoi son fils a tenté de mettre fin à ses jours. "Je suis un bon chrétien, dit-il, je suis également un bon maçon." La femme lui apprend également qu'elle est membre de l'Eastern Star (groupe paramaçonnique féminin). Leur ami s'étonne de leur appartenance maçonnique et les met en garde : un maçon ne peut être un bon chrétien et le vrai dieu de la franc-maçonnerie est Lucifer personnifié par Baphomet, sorte de personnage terrifiant mi-homme, mi-démon. Le couple est terrifié. Leur ami leur affirme de plus que si leur fils s'est suicidé, c'est qu'il était sous l'emprise du démon et qu'il leur faut très vite renoncer à leur pratique s'ils veulent revoir leur fils vivant. Horrifié, le couple d'Américains brûle leurs objets et livres maçonniques et… miracle ! Le téléphone sonne. C'est le médecin de l'hôpital qui leur apprend que leur fils est sauvé, qu'il va bien, qu'il désire les voir et qu'il est affamé comme un ours ! »

### À lire

INTROVIGNE, Massimo, *Enquête sur le satanisme*, Dervy, 1997.

MURACCIOLE, Bernard, *Léo Taxil : vrai fumiste et faux frère*, Édimaf, 2006.

# Chapitre 7

## À moi les enfants de la veuve !

« En ce mois de juin 1899, le député radical Henri Brisson se bat à la tribune de la Chambre des députés pour sauver le gouvernement Waldeck-Rousseau. Mais tout semble perdu. Son discours paraît vain et le vote de censure va renverser le gouvernement. Tout d'un coup, Brisson s'arrête de parler et, tout en regardant l'assemblée des députés, entrecroise les doigts, retourne les mains ainsi liées les paumes en l'air et les bras tendus au-dessus de la tête, il penche le haut de son corps en arrière et lance ce cri énigmatique : "À moi les enfants de la veuve !" Stupeur à l'assemblée. Les francs-maçons ont reconnu le signal de détresse d'un des leurs. Ils ont compris qu'ils devaient mettre de côté leurs différences politiques et soutenir leur frère en difficulté. La censure n'aboutira pas et le gouvernement restera en place. Les francs-maçons, les enfants de la veuve, se sont serré les coudes. Le coup a marché. Indignation des députés non maçons ; colère de l'extrême droite. Cet événement va exciter les journalistes qui vont faire paraître à grand renfort de gravures le récit de ce coup de théâtre maçonnique en pleine Chambre des députés. »

L'histoire ne s'est peut-être pas passée exactement de cette façon. Il se peut qu'elle ait été inventée par des journalistes en recherche de scoop puis reprise par des historiens peu regardants sur les sources. Mais le fait même qu'elle ait pu être inventée par des journalistes montre bien combien, en cette fin de XIX^e siècle, la franc-maçonnerie et la politique faisaient bon ménage.

Aujourd'hui, pourrait-on imaginer que lors de la retransmission des débats publics de l'Assemblée nationale sur la Chaîne parlementaire, un député en appelle à ses frères en utilisant des signes aussi spectaculaires ? Non, impensable. De plus, même si des francs-maçons siègent à l'Assemblée nationale ou au Sénat, leur appartenance maçonnique relève de leur vie privée et n'est que très rarement affichée. Ce secret sur leur engagement vient en grande partie de l'après-guerre où les maçons qui avaient vécu la répression de Vichy ont appris à se cacher des autorités. Mais ce secret provoque de la suspicion. Ainsi, une grande majorité de gens pensent que les francs-maçons n'ont pas besoin de se montrer pour influencer la vie politique et économique. Plus encore, toujours selon l'opinion publique, le réseau maçonnique est plus puissant que tous les autres.

Certes, ce réseau existe mais est-il si puissant qu'on l'imagine ou est-ce que les francs-maçons eux-mêmes, par orgueil, aiment à le laisser croire ? Quel est leur vrai pouvoir ? Les francs-maçons œuvrent-ils toujours pour le bien collectif ou seulement pour leur propre carrière ? Pourquoi les affaires politiques impliquant des francs-maçons font-elles régulièrement la une des journaux ? Autant de questions qui se posent et qui souvent entraînent un débat sur le secret de l'appartenance maçonnique, en particulier des fonctionnaires, des magistrats et des hommes politiques.

L'idée que les lois de la république sont d'abord débattues en loge avant d'être votées à l'Assemblée nationale est ancrée dans les esprits. Certes, les loges se présentent souvent comme des laboratoires d'idées, mais de là à extrapoler sur leur influence réelle, il y a un monde. Et c'est ce monde que nous allons explorer.

## La moitié des députés sont francs-maçons

On affirme souvent que la IIIe République qui s'étend de 1870 à 1914 fut l'âge d'or de la franc-maçonnerie. C'est vrai, mais il faudrait préciser qu'il s'agit surtout de l'âge d'or de la franc-maçonnerie dite politique. En effet, durant cette période, la moitié des députés et sénateurs sont francs-maçons et la politique s'identifie complètement avec la franc-maçonnerie. À la question : la franc-maçonnerie faisait-elle de la politique ? Il faudrait plutôt répondre : non, elle faisait *la* politique !

Dès le milieu du XIXe siècle, la franc-maçonnerie devient une sorte de société philosophico-politique dont l'action est guidée par un positivisme issu de la philosophie des Lumières. La franc-maçonnerie politique mène une guerre impitoyable contre le clergé (voir chapitre 7) et les conservatismes de tout bord. À l'époque, point d'associations (la loi sur les associations ne sera votée qu'en 1901), donc point de syndicats, ni de parti politique reconnu officiellement. La franc-maçonnerie était alors l'un des seuls lieux permettant de débattre des projets de société et dans ce domaine tout était à construire, à commencer par la république.

En 1870, Gambetta proclame la république après la chute de l'Empire à la suite de la défaite face à la Prusse. Mais ceux qui gouvernent sont plutôt des républicains modérés et les réformes radicales nécessaires pour consolider cette république naissante prendront du temps. Le radicalisme, porté par les idéaux sociaux issus des Lumières, fait peur car il est souvent jugé trop progressiste, en particulier dans les zones rurales qui se contenteraient d'une monarchie constitutionnelle, plus rassurante en termes de stabilité.

La France est majoritairement monarchiste ou bonapartiste et l'influence de l'Église est encore très forte. La république est certes construite pierre après pierre par les gouvernements qui se succèdent mais cela ne suffit pas. La république ne se décrète pas, elle doit s'installer dans les esprits. Or les esprits, et en particulier les jeunes esprits, sont sous la coupe de l'Église par le biais de l'enseignement religieux. Le premier travail à réaliser est donc une réforme de l'enseignement et en particulier la suppression du quasi-monopole de l'enseignement par les instances religieuses. Tel sera le premier combat. Les francs-maçons vont y travailler, d'abord dans les loges puis à la Chambre des députés puisque le frère Jules Ferry, membre du Grand Orient de France, fera voter les lois pour rendre l'enseignement public et gratuit en 1881, puis obligatoire et laïc en 1882.

Mais, parallèlement, c'est la France tout entière qu'il faut modeler à l'esprit républicain. Le chantier est immense et les francs-maçons vont proposer en peu de temps un nombre incroyable de réformes : système de retraite, participation des salariés aux bénéfices des entreprises, Code du travail, travail des femmes et des enfants, chômage et, plus tard, désarmement, paix et sécurité. Seuls les problèmes liés à l'écologie ne furent pas abordés. Si ce n'était ce point, on retrouverait presque à l'identique les sujets de débat de l'Assemblée nationale d'aujourd'hui.

### Les loges inventent les congés payés

Sauf que si, aujourd'hui, de nombreux partis politiques existent, avant la loi de 1901 sur les associations, point de partis politiques, point de syndicats, peu de lieux où se rassembler pour élaborer des projets politiques. La franc-maçonnerie jouait donc ce rôle qui va se structurer dès 1902. En effet, c'est à cette date que le premier parti politique, créé par des francs-maçons, voit le jour : c'est le Parti radical. Mais à cette époque, rien de secret ni d'inavouable puisque les maçons ne dissimulent pas leur participation à la création de ce mouvement. Dans les statuts, il est en effet écrit que « le Parti radical est formé entre les comités, ligues, unions, fédérations, sociétés de propagande, groupes de libre pensée et loges ». Cependant, il n'était pas obligatoire d'être franc-maçon pour être membre du Parti radical. D'ailleurs, Clemenceau, grande figure du radicalisme, ne fut jamais franc-maçon.

On peut voir les loges maçonniques de cette époque comme des laboratoires d'idées. Toute suggestion qui va dans le sens du progrès social est analysée, critiquée avant d'être, si l'idée est valable, élaborée en projet de loi qui sera ensuite débattu à la Chambre des députés. Pourquoi une préparation préalable dans ce lieu clos que constitue la loge maçonnique ? Parce que la loge et le rituel pratiqué permettaient des débats contradictoires sereins et parce que le secret des échanges permettait de pouvoir échafauder les idées les plus audacieuses sans pour autant perdre sa crédibilité. Bref, ce qu'on appellerait aujourd'hui des *think tanks,* ces groupes d'experts chargés d'imaginer l'avenir de la société et de conseiller les dirigeants politiques.

Si les lois de la république ont donc été imaginées dans les loges du Grand Orient de France, son influence sur les politiques et son pouvoir d'action étaient limités. Ainsi, lorsqu'on analyse les sujets sur lesquels les loges de la fin du XIX$^{e}$ siècle travaillaient, on constate que de nombreuses idées très innovantes devront attendre plusieurs années pour devenir des lois de la république. Ainsi, l'idée de l'impôt sur le revenu, élaborée en loge vers 1870, ne deviendra réalité que juste avant la Première Guerre mondiale. La loi de séparation des Églises et de l'État de 1905 du franc-maçon Émile Combes aurait été préparée dans les loges maçonniques plus de quinze ans auparavant. Enfin, symbole du Front populaire, les congés payés avaient été inventés dans les loges dès 1876 ! Les francs-maçons semblent donc toujours avoir une longueur d'avance… sur le papier, mais sont moins rapides sur le terrain. Il faut dire que l'opposition est solide.

La droite et les mouvements conservateurs voient d'un mauvais œil cette assemblée de maçons qui agit en secret pour construire une république dont ils ne veulent pas. Si l'influence de la franc-maçonnerie sur le monde politique est connue et en partie acceptée par la population, les choses vont rapidement se gâter. Les adversaires de la franc-maçonnerie attendent donc le premier faux pas pour agir et l'erreur viendra d'un des hommes les plus importants du gouvernement : le ministre de la Guerre.

Le 27 octobre 1904, le journal *Le Figaro* dévoile en pleine page que les francs-maçons français ont participé au fichage des officiers militaires à la demande du ministre de la Guerre. L'affaire qui deviendra « l'affaire des fiches » montrera les liens pas toujours très clairs qui unissent les francs-maçons et le gouvernement. Elle se conclura par la chute du gouvernement d'Émile Combes.

### L'armée française fichée par des francs-maçons

L'affaire Dreyfus, qui a débuté dix ans plus tôt, a mis au jour un fort courant antirépublicain et très conservateur au sein de l'armée. Les officiers antirépublicains avaient suffisamment de force pour mettre à bas la république et le gouvernement ne pouvait se permettre d'être menacé par sa propre armée. Le ministre de la Guerre Nicolas André souhaite donc mettre fin à ce courant et transformer l'armée française pour la rendre plus républicaine. Pour cela, il va favoriser la carrière des officiers républicains et bloquer celle des autres. Pour agir, il a donc besoin d'avoir une vue complète des opinions politiques, philosophiques et religieuses des officiers. Nicolas André fait ainsi réaliser le fichage systématique des officiers français. Les renseignements ainsi obtenus sont classés dans deux registres : Corinthe pour les officiers républicains à promouvoir et Carthage pour les autres, qui verront leur carrière militaire freinée. Mais l'administration française n'est pas très efficace dans le fichage et seulement 800 fiches arrivent au ministère de la Guerre alors que l'armée française compte plus de 25 000 officiers. Il faut donc trouver un autre procédé.

Quelle est alors l'idée de Nicolas André ? Activer un réseau national fidèle et discret, bien implanté, y compris dans l'armée et acquis à la cause républicaine. Quel est ce réseau ? Vous avez trouvé : les francs-maçons ! Ainsi, le ministre de la Guerre, lui-même franc-maçon, va demander au Grand Orient de France d'enquêter sur les convictions religieuses, philosophiques et politiques des officiers de l'armée française. Les frères seront obéissants et même très obéissants puisque les renseignements seront rapidement collectés. Pour l'occasion, le Grand Orient de France va jusqu'à recruter de nouveaux frères au profil adéquat et créer une fraternelle militaire regroupant les francs-maçons militaires qui seront chargés de rédiger les fiches. Les frères doivent répondre à des questions précises concernant leurs collègues militaires : pratiques religieuses, cercles fréquentés, écoles des enfants, relations mondaines, chasses auxquelles ils sont invités. Le questionnaire se terminait ainsi : « Est-il antisémite ? »

Le résultat est surprenant puisqu'en deux ans, ce sont plus de 20 000 fiches au bas mot qui sont d'abord rassemblées rue Cadet, au siège du Grand Orient de France, puis envoyées au ministère de la Guerre. Sur certaines on peut lire, concernant tel ou tel officier, qu'il « assistait à la messe régulièrement, qu'il avait suivi l'office un livre à la main, qu'il recevait le journal *La Croix* à son domicile ou que ses enfants étaient chez les jésuites ». Mais les défenseurs de la république s'en donnent à cœur joie et les fiches sont aussi prétextes à dénoncer tel ou tel officier ou à calomnier. Ainsi, sur l'une d'entre elles, on peut lire : « Proclame bruyamment que les républicains actuels sont des peigne-culs et les francs-maçons des cochons » ou, sur une autre, que « sa femme paraît avoir une conduite légère et couche surtout avec les cléricaux ». Ces termes montrent bien l'état d'esprit de la guerre psychologique qui se déroulait entre les cléricaux et les anticléricaux.

Le ministre de la Guerre va utiliser ces fiches pour promouvoir la carrière des officiers fidèles aux idées républicaines et éloigner les officiers jugés « trop catholiques » des hauts postes militaires. Parmi ces derniers, le directeur de l'école de

Saint-Cyr. Pourquoi le citer ? Parce qu'il s'agissait d'un certain colonel Pétain qui estimera, alors qu'il finira maréchal de France, que les francs-maçons avaient entravé sa carrière militaire. Il en conservera de ce fait une haine profonde envers les francs-maçons. Il affirmera d'ailleurs plus tard à propos de la franc-maçonnerie qu'elle « est le principal responsable de nos malheurs ; c'est elle qui a menti aux Français et qui leur a donné l'habitude du mensonge. Or c'est le mensonge et l'habitude du mensonge qui nous ont amenés où nous sommes ».

**Délation dans l'armée, une nouvelle mafia !**

Cette affaire aurait dû rester secrète. Les francs-maçons ont prêté un serment d'obéissance et savent rester discrets. Mais un membre du Grand Orient de France, un certain Jean-Baptiste Bidegain, à court d'argent, vend la mèche au journal *Le Figaro* qui titre « Délation dans l'armée, une nouvelle mafia ! » à la une du 27 octobre 1904. Imaginez le scandale ! Des francs-maçons qui fichent des officiers de l'armée française ! La passion s'empare de la France. À la Chambre des députés, le ministre de la Guerre est apostrophé par l'opposition, il nie, on fournit des preuves, il continue à nier, la tension monte et le député nationaliste et membre de la ligue antimaçonnique Gabriel Syveton monte à la tribune pour gifler le ministre. C'est dire l'état de tension que cette affaire a révélé. Souffleter un ministre en plein débat au Parlement ! Voilà qui ferait augmenter l'audience de la Chaîne parlementaire !

Malgré cette tension, l'affaire aurait dû s'arrêter là puisque le Parti radical était majoritaire à l'Assemblée. C'est alors qu'un événement tragique relance la polémique. Le 8 décembre de la même année, Gabriel Syveton est retrouvé mort dans son cabinet de travail. Suicide ? Assassinat politique ? Inutile de dire que les rumeurs vont bon train ! Après tout, puisque les maçons sont prêts à ficher dans le plus grand secret ceux qui ne pensent pas comme eux, ils peuvent certainement commanditer des assassinats politiques ! Les républicains affirment preuve à l'appui que Syveton s'est effectivement donné la mort car il était compromis dans une affaire politico-financière qui devait être jugée le lendemain. Leurs adversaires rétorquent que Syveton a été « suicidé » alors qu'il se préparait à se rendre à la Chambre des députés pour exiger la démission du gouvernement. Le grand public se passionne pour cet étrange suicide qui semble, en fait, n'avoir été qu'une sordide affaire de mœurs. En effet, il ne fait aucun doute aujourd'hui que Syveton avait une liaison avec la fille de sa femme et que cette dernière lui aurait demandé de mettre fin à ses jours… pour l'honneur.

Dans la revue littéraire *Le Mercure de France*, l'écrivain Remy de Gourmont résume bien cette affaire étrange : « Un moment le crime parut possible. Ensuite, le suicide recommença à devenir évident. Aujourd'hui, s'il fallait concilier logiquement tous les faits, on serait assez porté à conclure qu'il n'y a eu ni crime ni suicide, mais quelque chose d'intermédiaire. »

Le ministère d'Émile Combes ne survivra pas à ce scandale et sera contraint de démissionner. L'implication de la franc-maçonnerie dans ce système de fichage, à la demande d'un gouvernement, va décrédibiliser la franc-maçonnerie aux yeux du public. Dorénavant, la franc-maçonnerie sera vue comme un réseau dirigé par des politiques, et les francs-maçons comme de zélés et fidèles serviteurs de la cause républicaine et anticléricale. Une étiquette qui restera longtemps collée sur le dos des francs-maçons.

### Stavisky se suicide d'une balle tirée à trois mètres

Alors que trente ans se sont écoulés depuis l'affaire des fiches, un autre esclandre va relancer le débat et jeter le doute sur l'honnêteté des francs-maçons. Là encore, tout commence par un article à la une d'un journal, *Le Canard enchaîné*, qui, en janvier 1934, titre : « Stavisky s'est suicidé d'une balle tirée à trois mètres. Voilà ce que c'est que d'avoir le bras long. » Alexandre Stavisky, dit le « Beau Sacha », était poursuivi pour avoir émis de faux bons de caisse au Crédit municipal de Bayonne pour une valeur de plus de huit cents millions de francs. Mais ce n'était pas son premier délit. Stavisky devait être jugé pour une affaire d'escroquerie datant de 1926. Grâce à ses relations et à sa générosité, Stavisky pu faire repousser le procès dix-neuf fois.

Il ne semblait, en effet, pas très inquiété par la justice et ses procès étaient toujours différés. Et pour cause, il avait mis les moyens pour s'assurer la complicité de l'appareil judiciaire et politique. Le Beau Sacha avait dépensé jusqu'à cent millions de francs pour « arroser » un nombre important de parlementaires et de ministres dans le but de faire retarder ses procès. Il avait participé au financement de la campagne électorale de 1932 des partis politiques. Et parmi ces derniers se trouvait en première ligne le Parti radical, composé en majorité de francs-maçons.

Les circonstances de la mort de Stavisky restent mystérieuses. Les policiers qui entraient dans le chalet pour l'arrêter entendirent un coup de feu et trouvèrent Stavisky gisant, la tête traversée par une balle, serrant encore un revolver entre ses doigts. Alors suicide ? C'est la thèse officielle mais les milieux d'extrême droite accusent rapidement le gouvernement du franc-maçon Chautemps d'avoir liquidé celui qui en savait trop.

La mort de Stavisky va lancer une enquête qui prouvera que Stavisky manipulait les journalistes, les policiers et les politiciens. Tous étaient mouillés. La presse révèle que Stavisky a bénéficié de nombreuses remises de son procès, alors que le parquet était dirigé par le beau-frère du président du Conseil Camille Chautemps, lui-même franc-maçon.

Cette affaire va bien sûr faire chuter le gouvernement Chautemps qui sera remplacé par Édouard Daladier. Mais plus encore, elle va instiller le doute sur les possibles liens entre les francs-maçons et les réseaux d'affaires. Le raisonnement est simple :

Stavisky a acheté sa protection en finançant le Parti radical et certains proches du gouvernement. Parmi les heureux bénéficiaires se trouvent de nombreux francs-maçons.

L'extrême droite se déchaîne. Stavisky était juif, Chautemps franc-maçon, voilà donc naturellement le mythe du complot judéo-maçonnique qui ressurgit (voir chapitre 5). L'esprit du supposé complot tient en quelques mots : le gouvernement français, dirigé par des francs-maçons, encourage les Français à épargner. Stavisky dérobe une partie de cet argent et en offre aux membres du gouvernement. On voit bien la perversité du raisonnement que *L'Action française*, journal d'extrême droite, résume dans ses colonnes : « Un scandale éclate montrant que la pauvre épargne publique, dont le régime prétendait assurer la protection à si grands frais, est livrée par les pouvoirs mêmes qui en avaient la garde aux rafles colossales d'un métèque escroc. »

Les ligues d'extrême droite et en particulier la ligue antimaçonnique appellent les Parisiens à manifester pour dénoncer ce complot et exiger la démission du gouvernement. La manifestation du 6 février 1934, jour de l'investiture du nouveau gouvernement, tourne à l'émeute : 17 morts et plus d'un millier de blessés. Les historiens montreront que la France n'est pas passée loin d'un renversement non pas du gouvernement mais de la république puisqu'un coup d'État a bien failli avoir lieu.

Mais la république résistera et, face à ces manifestations d'extrême droite et au danger que représente le fascisme, la gauche française s'organise. La coalition de gauche prend le pouvoir en 1936 sous le nom de Front populaire. Lors de la manifestation de février 1934, les manifestants criaient des slogans hostiles à la franc-maçonnerie et demandèrent son interdiction. Deux ans après, les esprits se sont calmés puisque, lors du grand défilé du 14 juillet 1936, le Grand Orient défile en tablier et gants blancs.

La Seconde Guerre mondiale, l'Occupation et le gouvernement de Vichy vont affaiblir la franc-maçonnerie qui sera contrainte à se mettre en sommeil. Le Grand Orient de France, principale obédience par son effectif, voit le nombre de ses membres passer de 30 000 à la veille de la guerre à 6 000 à la Libération.

En 1943, le général de Gaulle annule la loi de Vichy qui en août 1940 avait interdit la franc-maçonnerie. Celle-ci se reconstruira progressivement mais il faudra trente ans pour qu'elle retrouve ses effectifs de 1939. De cette période sombre de l'Occupation, il est resté dans l'inconscient des francs-maçons l'idée qu'il valait peut-être mieux cacher son appartenance à la franc-maçonnerie. Il n'est pas inutile de préciser à ce propos, car cela aura son importance pour la suite, que si le serment maçonnique interdit à un franc-maçon de dévoiler l'appartenance maçonnique d'un autre franc-maçon, il est libre de le faire pour lui-même. Ainsi, un franc-maçon peut dire ou non qu'il est franc-maçon mais ne peut dire qu'Untel l'est.

## La loge italienne finançait le Vatican

Les deux affaires, celle des fiches en 1904 et celle de Stavisky en 1934, appartiennent au passé mais elles ont laissé dans nos mémoires collectives l'idée que les francs-maçons constituent un réseau souterrain pouvant agir dans le plus grand secret sur la marche de l'État, et qu'il existe des liens entre la franc-maçonnerie et le monde des affaires. Plus proche de nous, une autre affaire viendra enfoncer le clou. Juste au moment où la gauche française arrive au pouvoir, en mai 1981, la presse italienne publie la liste des membres d'une mystérieuse loge maçonnique dans laquelle on trouve la majorité des hommes politiques au pouvoir. Le nom de cette loge est resté comme synonyme d'organisation politico-mafieuse : la loge P2 !

La fameuse loge P2 descend d'une loge encore plus fameuse : la loge maçonnique *Propaganda Massonica* créée en 1877. Comme dans la France de cette époque, cette loge était composée d'hommes politiques célèbres et sa principale fonction était de diffuser les valeurs maçonniques dans la société italienne. Rien de bien choquant, donc, au moment où la franc-maçonnerie s'étalait sur la place publique. Pendant le régime fasciste de Mussolini où la franc-maçonnerie fut interdite, les francs-maçons exilés se regroupèrent sous la bannière de cette loge qui devint le symbole de la défense de la république italienne à rétablir. Mais c'est à partir du milieu des années 1970 que cette loge va sortir de l'influence du Grand Orient d'Italie. Elle va tout d'abord changer de nom pour devenir la *Propa-*

*ganda Massonica n° 2* ou loge P2, puis surtout s'orienter vers une assemblée politique défendant des valeurs ultra-conservatrices, militant pour le retour de la peine de mort et en totale contradiction avec les valeurs défendues par le Grand Orient d'Italie. Sous la direction de Licio Gelli, la pseudo-loge P2, comme il conviendrait de l'appeler, deviendra une gigantesque organisation destinée à collecter et à redistribuer l'argent, les faveurs et les protections parmi les plus grandes institutions d'Italie.

La loge P2 n'était pas une loge maçonnique. Elle comptait, d'après les listes rendues publiques, plus d'un millier de membres alors que l'effectif d'une loge maçonnique ne dépasse que très rarement la centaine. Les membres de la loge P2 ne se réunissaient pas et d'ailleurs ne se connaissaient pas entre eux, et seul Licio Gelli connaissait tous les membres de la loge qu'il initiait seul, dans son bureau. Bref, rien de bien maçonnique dans son fonctionnement. Beaucoup de personnalités étaient présentes sur cette liste, parmi lesquelles des chefs des services secrets italiens, de nombreux politiques dont Silvio Berlusconi, des journalistes, des magistrats et le responsable de la banque du Vatican, un certain Roberto Calvi.

Là encore, l'affaire aurait dû s'arrêter d'elle-même après l'agitation médiatique qu'elle a suscitée qui entraîna au passage la démission du gouvernement. Mais, en juin 1982, un an après la publication de la liste des membres de P2, Roberto Calvi est retrouvé pendu sous le pont *Blackfriars* de Londres. Il laisse un trou de plus d'un milliard de dollars dans les caisses de la Banco Ambrosiano qui provoque un déficit de 205 millions de dollars dans les finances de la banque du Vatican, principale actionnaire de la banque de Roberto Calvi.

Inutile de dire que cette mort fut rapidement attribuée par la rumeur aux frères de la loge P2 qui avaient certainement voulu supprimer le témoin principal de ses principales malversations. Pour les journalistes, il ne fait aucun doute que Roberto Calvi a été assassiné par les membres de la loge P2. De plus, les frères ont signé leur crime puisque *Blackfriars* signifie en anglais « frères noirs » et ont placé des briques dans les poches de Roberto Calvi. Personne ne remarqua que des briques n'étaient peut-être pas la meilleure signature pour les dignes héritiers des tailleurs de pierre et que *blackfriars* désignait surtout les frères dominicains portant la traditionnelle robe noire de leur ordre. Après deux enquêtes, il fut prouvé que Roberto Calvi avait été assassiné par la mafia pour empêcher la justice de découvrir comment il l'aidait à blanchir de l'argent.

Mais plus encore que le meurtre de Roberto Calvi, on attribua à la loge P2 tous les événements obscurs qui agitaient la société italienne : l'attentat de la gare de Bologne de 1980, la mort du pape Jean-Paul Ier et la tentative d'assassinat de son successeur, le financement du syndicat polonais Solidarnosc, ainsi que quelques assassinats politiques non élucidés.

Ce qu'il subsistera de cette malheureuse histoire est que la loge P2 était donc une œuvre de récupération d'une loge maçonnique historique et d'un fonctionnement en réseau par des individus peu scrupuleux. Elle réunissait des hommes politiques de tous les partis, de la gauche jusqu'à la droite. Elle avait pour pratique d'infiltrer la presse et l'État, ce que résumera en 1992 la présidente de la commission d'enquête parlementaire sur la loge P2 par ces mots : « Ce qui a caractérisé la P2, c'est qu'elle ne visait pas à un coup d'État mais qu'elle se glissait avec ses hommes dans les parties vitales de l'État. Les sommets militaires, politiques, les journalistes étaient chargés de seconder et d'orienter la réalisation des buts prévus. »

Les trois affaires que nous venons d'évoquer : l'affaire des fiches, l'affaire Stavisky et celle de la loge P2 sont très étrangement ressemblantes. Le scénario est identique : au départ, un article de presse qui divulgue une information secrète. Puis un scandale politique, et enfin une mort inexpliquée qui relance l'affaire et qui conduit à la chute du gouvernement en place. Ces affaires appuient l'idée selon laquelle la franc-maçonnerie est un réseau mafieux, opinion du reste partagée par de nombreux Italiens lorsqu'on les interroge sur la franc-maçonnerie.

## Des présidents (presque) francs-maçons

Les Français ne sont certainement pas très éloignés de leurs voisins italiens sur cette question. Il faut dire que la presse française publie régulièrement des articles à sensation consacrés à l'influence des francs-maçons, à leur vrai visage, aux fameux réseaux qui nous dirigent... Certes ces titres feront vendre les magazines. Mais qu'en est-il vraiment ? Les francs-maçons tiennent-ils, comme le titrait un hebdomadaire français, les clefs de l'Élysée ? Est-ce que certains frères peu scrupuleux utilisent le réseau de la fraternité pour faire des affaires ? Il est exact que certains hommes politiques français sont francs-maçons mais leur engagement maçonnique est plus personnel que politique. L'influence directe de la franc-maçonnerie sur la vie politique semble appartenir au passé.

Même si aucun président de la Ve République n'a été franc-maçon, ils ont tous pris soin de les courtiser, ou au moins de ne pas les ignorer. Dans ce domaine, beaucoup de bruits circulent pour affirmer que tel ou tel président est franc-maçon.

L'un d'eux raconte que Valéry Giscard d'Estaing a failli devenir franc-maçon. En tant que président de la République, il aurait souhaité que lui soit accordé un régime de faveur. L'initiation aurait dû avoir lieu à l'Élysée et non dans un temple, et directement au 33e degré. Les obédiences refusèrent et le président ne fut jamais initié. Évidemment, cette histoire révélée par *Le Canard enchaîné* et jamais démentie est impossible à vérifier ! Les francs-maçons adorent la raconter pour se prouver à eux-mêmes que les hommes sont égaux et qu'il n'existe pas de passe-droit en franc-maçonnerie !

On a souvent cru, à tort, que François Mitterrand l'était. Mais ce qui est sûr, c'est qu'il sut s'entourer de ceux qu'il appelait les « frères la gratouille » en référence aux signes de reconnaissance que les francs-maçons peuvent s'échanger dans une poignée de main (voir chapitre 10). D'après Patrice Burnat et Christian de Villeneuve, dans leur livre, *Francs-maçons des années Mitterrand*, un cinquième des différents ministres de Mitterrand étaient francs-maçons, parmi lesquels Roland Dumas, Pierre Joxe, Henri Emmanuelli, André Rossinot, Alain Devaquet, Yvette Roudy, Lucette Michaux-Chevry et Charles Hernu. Il faut dire également que le nom de Mitterrand fut longtemps associé au Grand Orient de France puisqu'un certain Jacques Mitterrand, sans lien de parenté avec l'ancien président, fut deux fois grand maître du Grand Orient de France entre 1962 et 1971.

Beaucoup de rumeurs ont couru pendant les années Mitterrand sur l'influence de la franc-maçonnerie en politique. En 1981, la franc-maçonnerie se trouve proche du pouvoir et cela ne s'était pas produit depuis le gouvernement d'Émile Combes au début du XXe siècle. Les loges maçonniques et en particulier celles du Grand Orient de France étaient composées en grande partie de gens de gauche. De plus, Mitterrand sut très habilement utiliser les francs-maçons pour conquérir et conserver le pouvoir.

En mai 1987, une délégation de dignitaires francs-maçons fut reçue à l'Élysée par le chef de l'État pour la première fois. Roger Leray, grand maître du Grand Orient de France, écrira même dans *Le Monde* que « les projets du gouvernement correspondent à la sensibilité des francs-maçons du Grand Orient de France ». Mais rapidement les choses se gâtent et le Grand Orient de France reprochera à Mitterrand de s'être incliné dans le combat pour la laïcité, en particulier dans le domaine de l'éducation, en suspendant la loi Savary qui devait limiter l'enseignement privé. Combat que le Grand Orient de France continue d'ailleurs de mener en organisant des manifestations publiques, des commissions et mêmes des manifestations comme celle du 10 décembre 2005 où de nombreux francs-maçons portant baudriers manifestent pour la défense de la laïcité.

Catholique conservateur dans l'âme, Mitterrand sut mieux que personne utiliser la symbolique maçonnique dans la mise en scène de ses deux septennats. On se souvient de son entrée dans le Panthéon (ce cimetière de francs-maçons), une rose à la main, soigneusement mise en scène par Serge Moati, fils de franc-maçon. L'histoire retiendra également la symbolique maçonnique des bâtiments que Mitterrand a fait construire à Paris, en particulier pour commémorer le bicentenaire de la Révolution française (voir chapitre 9).

### Au ministère de l'Intérieur, la franc-maçonnerie est chez elle

De la même façon, une rumeur, en partie relayée par le livre *Les Frères invisibles*, affirme que Jacques Chirac est franc-maçon. C'est faux, mais ce qui est vrai, c'est qu'il a été invité à donner une conférence à la Grande Loge Alpina (obédience suisse). Certains, par souci de raccourci, en ont déduit qu'il appartenait à cette loge. Sur les listes de cette obédience depuis cinquante ans, pas de Jacques

Chirac. Mais un Jacques Chibrac. Un B qui fait la différence ! En revanche, Jacques Chirac connaît bien la franc-maçonnerie puisque son grand-père, Louis Chirac, directeur d'école à Brive-la-Gaillarde, fut autrefois vénérable d'une loge du Grand Orient. Jacques Chirac a très certainement été influencé dans sa jeunesse par ce franc-maçon radical-socialiste, grand pourfendeur de religion. Enfin, il recevra toutes les obédiences françaises à l'Élysée. Cette cérémonie eut lieu à l'occasion du 275e anniversaire de la franc-maçonnerie, le 23 juin 2003. Dans son discours, Jacques Chirac parlera de la franc-maçonnerie comme d'« une tradition philosophique qui a pris une part si importante, en France et dans le monde, à l'élaboration et à la diffusion des idées républicaines ».

De la même façon, des rumeurs circulent sur Nicolas Sarkozy. Le 24 juin 2003, Nicolas Sarkozy, alors ministre de l'Intérieur, reçoit les représentants des obédiences françaises. Il débute son discours par cette phrase énigmatique : « Dans ce ministère de l'Intérieur, la franc-maçonnerie française est un peu chez elle », pour ajouter juste après, sentant peut-être poindre la polémique : « Je ne dis pas cela parce qu'il y aurait – dit-on – beaucoup de maçons dans ce ministère. Je n'en sais rien et je ne tiens pas à le savoir. [...] Si la franc-maçonnerie est chez elle au ministère de l'Intérieur, c'est plus simplement parce que peu de ministères portent aussi bien les valeurs républicaines et que peu de familles de pensée s'identifient aussi bien à la République. »

Que Nicolas Sarkozy porte sa main sur son cœur ou à plat sur sa poitrine et le voilà soupçonné, comme Henri Brisson, en 1899, d'appeler les francs-maçons à voter pour lui. Qu'il cite tel ou tel homme politique français de surcroît franc-maçon et le voilà désigné comme franc-maçon. Non, Nicolas Sarkozy n'est pas franc-maçon mais, comme François Mitterrand, il a su s'entourer de francs-maçons influents. En particulier, l'un de ses proches n'est autre qu'Alain Bauer, ancien grand maître du Grand Orient de France, spécialiste de la sécurité et ancien membre du cabinet de Michel Rocard. C'est Alain Bauer qui va inciter Nicolas Sarkozy à citer les valeurs de la république et de la fraternité dans ses discours politiques, c'est lui qui va lui souffler les quelques références maçonniques de gauche que Nicolas Sarkozy placera habilement dans son discours d'homme de droite !

**Des francs-maçons (presque) présidents**

Si les hommes politiques ne négligent pas le soutien que peuvent leur apporter les francs-maçons, peu le sont activement. En effet, comment concilier l'emploi du temps d'un ministre avec l'assiduité exigée en loge ? De plus, l'engagement maçonnique n'est pas seulement constitué d'une inscription à un groupe. Il implique une régularité et des devoirs. Les hommes politiques sont-ils prêts à consacrer une partie de leur temps à pratiquer l'art royal ? Pour la plupart, la réponse est non. Philippe Martinat, par exemple, raconte dans la bibliographie de Bertrand Delanoë que l'actuel maire de Paris fut initié dans une loge du Grand Orient de France mais, qu'après quelques mois, il préféra démissionner par manque de temps, se sentant obligé de choisir entre l'engagement politique et l'engagement maçonnique.

Les hommes politiques estiment, pour la plupart, que les francs-maçons ne sont pas plus influents que d'autres réseaux. Aucune obédience ne donnerait de consigne de vote mais il est vrai que les francs-maçons se reconnaissent peut-être plus dans les partis ou hommes politiques qui défendent les valeurs de la république que dans les autres. Cependant, les hommes politiques ne peuvent négliger aucun réseau. Concernant la franc-maçonnerie, ils sont invités régulièrement à parler dans des tenues blanches fermées. Ces réunions sont composées de francs-maçons, à l'exception du conférencier qui ici sera un homme politique invité à parler sur un sujet comme l'Europe, l'emploi, la place des femmes, l'éthique ou la laïcité et présenter ainsi sa politique. Ces événements sont relayés par les journaux, et le public fait souvent la confusion : puisque Untel a été invité dans telle ou telle obédience, c'est qu'il est franc-maçon. Dans tous les partis politiques et dans l'entourage de toutes les femmes et de tous les hommes au pouvoir, des francs-maçons sont présents. Certains d'entre eux ne cachent pas leur appartenance, d'autres préfèrent rester discrets, d'autres enfin ont mis en sommeil leur activité maçonnique pendant la durée de leur mandat. Certains conseillers politiques savent laisser croire qu'ils en sont en pensant que… ça peut toujours servir !

Non pas en mission commandée par leur obédience comme au temps de l'affaire des fiches, mais plutôt comme conseillers personnels. Est-ce que leur qualité de franc-maçon leur ouvre des portes et leur donne accès à un réseau ? Oui, sans aucun doute. Mais, dans ce domaine, méfions-nous des raccourcis. La loi des partis sera toujours plus forte que celle de la fraternité et d'autres réseaux sont plus efficaces, et cela dans tous les partis politiques, tous ou presque.

Le cas du Front national est, en effet, différent. Ce parti véhicule en effet des idées incompatibles avec les valeurs défendues par la franc-maçonnerie, toutes obédiences confondues. Plus encore, un militant ou même un sympathisant d'extrême droite n'aurait aucune chance de devenir franc-maçon. Il faut dire que le Front national inscrit dans ses projets l'interdiction pure et simple de toute société secrète, en particulier de la franc-maçonnerie, reprenant ainsi les termes des lois de Vichy. Jamais un leader du Front national ou de tout autre parti d'extrême droite ne sera invité à une tenue blanche fermée. Cependant, quel parti politique est le premier, en 1920, à interdire officiellement à ses membres d'être franc-maçon ? Il s'agit du Parti communiste, pour qui la franc-maçonnerie est une organisation bourgeoise et qui affirme que la révolution populaire n'a pas besoin de la franc-maçonnerie. Léon Trotski ira encore plus loin puisqu'il affirmera que « la maçonnerie n'est qu'une des formes de la servilité politique de la petite bourgeoisie devant la grande » et que « la franc-maçonnerie est une plaie sur le corps du communisme français, qu'il faut brûler au fer rouge ». Cet interdit sera levé après la Seconde Guerre mondiale.

## Les francs-maçons au service de l'État

L'une des dernières grandes actions politiques de la franc-maçonnerie date de la fin des années 1960 et du début des années 1970. Elle se conclura par la loi Neuwirth, qui autorisa la contraception, et la loi Veil qui dépénalisa l'avortement. À l'origine de ces lois, Pierre Simon, ancien grand maître de la Grande Loge de France et gynécologue obstétricien. Le corps, la sexualité et en particulier celle des femmes étaient jusque dans les années 1950 le seul espace où la religion et la morale avaient encore beaucoup d'influence. Les loges maçonniques, bien qu'essentiellement masculines à l'époque, vont propager une vision moderne de la contraception et de l'avortement. Lorsque Mitterrand se présente à l'élection présidentielle de 1965, Pierre Simon rédige, à sa demande, un texte pour préciser ces idées, qui seront inscrites dans le projet du candidat. Mais l'influence de la franc-maçonnerie s'arrête, on l'a vu, à la porte de l'Assemblée nationale. Les projets de loi ne sont débattus que parce qu'ils sont portés par des hommes politiques convaincus de leur bien-fondé pour la société. Pour la loi sur la contraception, c'est le député Lucien Neuwirth, non franc-maçon, qui porta la proposition de loi élaborée en loge devant l'Assemblée nationale. La loi Veil sur la dépénalisation de l'avortement a été élaborée également dans la loge de Pierre Simon, puis portée et défendue à l'Assemblée nationale par Simone Veil, elle-même non franc-maçonne.

L'histoire de ces deux lois illustre bien la façon dont la franc-maçonnerie agit sur la république. Ce n'est pas une obédience particulière qui a proposé ces lois, c'est un homme, un franc-maçon, qui a su utiliser le mécanisme de débats permanents qui existent au sein des loges pour, d'une part, construire ces idées de lois et, d'autre part, diffuser ces idées auprès des francs-maçons. Si au XIXe siècle la franc-maçonnerie faisait la politique, il est clair qu'aujourd'hui elle fait les hommes qui feront (peut-être) la politique, au sens de l'engagement dans la cité. C'est une incitation plus qu'une obligation qui se résume ainsi, à la fin des réunions de loges, par une phrase du rituel qui propose de répandre partout la lumière, diffuser la vérité et la connaissance, ou encore de continuer au-dehors le travail qui a été commencé dans cette loge.

Mais la franc-maçonnerie peut également jouer un rôle politique en dehors de l'Assemblée nationale. En 1988, la Nouvelle-Calédonie est en proie à des émeutes violentes. Le gouvernement français craint une guerre civile. D'un côté, les indépendantistes dirigés par Jean-Marie Tjibaou et, de l'autre, les anti-indépendantistes dirigés par Jacques Lafleur. Le 5 mai 1988, l'assaut de la grotte d'Ouvéa qui a fait 21 morts risque de mettre le feu aux poudres. Mais un mois après, coup de théâtre pour les uns, miracle pour les autres, un accord est signé entre les deux protagonistes et les Français découvriront dans leurs journaux la photo de Jacques Lafleur et Jean-Marie Tjibaou se serrant la main dans les salons de l'hôtel Matignon. Tout comme en 1899 le geste de Brisson sauva le gouvernement, ce qui préserva la paix en Nouvelle-Calédonie est le fait que les deux ennemis étaient francs-maçons et que le gouvernement français sut utiliser cet argument pour les faire asseoir à une même table et trouver un accord.

Un article de *L'Express* sur l'influence de la franc-maçonnerie paru pendant la campagne présidentielle de 2007 titrait sur « Les frères de Ségolène Royal » ou encore « Un grand maître chez Nicolas Sarkozy ». L'article insistait sur le fait que même si les internautes semblent avoir plus d'influence que les francs-maçons, les candidats à l'élection présidentielle ne peuvent se permettre de les négliger. Ils s'entourent donc de francs-maçons qui les conseillent et, en cas de besoin, sauront activer le bon réseau au bon moment.

Alors les francs-maçons ont-ils de l'influence ? Oui, bien sûr, et c'est ce qu'ils cherchent. Même s'il faut reconnaître que cette influence est souvent exagérée par le public qui imagine un vaste complot, et par les francs-maçons eux-mêmes qui aiment s'imaginer influencer la marche du monde.

La vérité est certainement plus subtile car, comme le disait le général de Gaulle, la franc-maçonnerie n'est « pas assez importante pour qu'on puisse s'y intéresser, trop importante pour qu'on puisse s'en désintéresser ».

**À lire**

BURNAT, Patrice et de VILLENEUVE, Christian, *Francs-maçons des années Mitterrand*, Grasset, 1994.

CHEVALIER, Pierre, *Histoire de la franc-maçonnerie française*, t. III : *La Maçonnerie : Église de la république (1877-1944)*, Fayard, 1993.

LEFEBVRE-FILLEAU, Jean-Paul, *Les Scandales de la IIIe République*, Safed, 2005.

OTTENHEIMER, Ghislaine et LECADRE, Renaud, *Les Frères invisibles*, Albin Michel, 2001.

VINDÉ, François, *L'Affaire des fiches (1900-1904). Chronique d'un scandale*, Éditions universitaires, « Documents », 1989.

## Chapitre 8

# Les États-Unis, une conspiration maçonnique

Le soleil brille ce mercredi 18 septembre 1793. C'est un jour important pour le président des États-Unis. Il s'apprête à poser la première pierre de ce qui deviendra le Capitole, siège du pouvoir législatif du pays. Dix-sept ans après la proclamation de l'indépendance et six ans après la première Constitution des États-Unis d'Amérique, George Washington, premier président des États-Unis, lance son pays dans la construction des principaux bâtiments du gouvernement américain.

Par-dessus son habit de président, il ajuste son tablier de franc-maçon décoré de l'équerre, du compas et d'un œil entouré de rayons. Un splendide tablier brodé, dit-on, par Adrienne de La Fayette, l'épouse du marquis de La Fayette, lui-même franc-maçon et grand ami de George Washington. Ainsi paré et accompagné d'une délégation des grands maîtres américains, il se rend sur le chantier du Capitole.

La cérémonie suit le protocole établi par les grandes loges américaines. Le grand maître de la Grande Loge de l'État de Virginie remet une truelle d'argent et un maillet de marbre au président des États-Unis. Washington, aidé par ses frères, place la pierre angulaire au nord-est du futur bâtiment. Il dépose ensuite du maïs, du vin et de l'huile en offrande sur cette pierre devenue autel, comme le voulait l'usage de cette cérémonie maçonnique. Après les honneurs au drapeau américain, une prière est dite à la gloire du Grand Architecte de l'univers, symbole de dieu chez les francs-maçons ! Puis la pierre est consacrée symboliquement par les outils de la franc-maçonnerie : le fil à plomb, le niveau et l'équerre, et par trois coups portés par le maillet de marbre.

À l'instant précis où George Washington consacre la première pierre du Capitole, est-il un président portant un tablier maçonnique ou un franc-maçon devenu président des États-Unis ? Est-il, comme inscrit sous le buste en marbre de l'un des très nombreux monuments à sa mémoire « *Freemason and First President* », c'est-à-dire, « franc-maçon d'abord et président ensuite » ? Difficile bien sûr de répondre à cette question, mais il est certain que les francs-maçons ont pris une part très active dans l'édification de la nation américaine. En particulier, trois des hommes qui ont marqué l'histoire des États-Unis d'Amérique : Benjamin Franklin, George Washington et le Français La Fayette sont francs-maçons.

Comme la franc-maçonnerie américaine du XVIIIe siècle ne se dissimule pas, les francs-maçons ont laissé de nombreuses traces de leur passage. La pyramide tronquée surmontée de l'œil du « grand sceau » américain visible sur le billet d'un dollar en est un bon exemple. Ces signes excitent les amateurs de complots qui tentent de prouver qu'une société secrète, héritière des francs-maçons et des Illuminés de Bavière, tire les ficelles du monde en vue d'instaurer un ordre nouveau. Alors vrai ou faux ?

## Des maçons utopistes imaginent la nation américaine

La philosophie des Lumières illumine la pensée européenne du XVIII^e siècle. Mais certains hommes, francs-maçons ou non, ne peuvent se contenter d'échanger et de diffuser des idées. Il leur faut aller plus loin, agir et mettre en pratique ces si belles théories. En Europe, des philosophes imaginent une société véritablement fondée sur les trois principes d'égalité, de liberté et de fraternité, une société débarrassée des dogmes religieux et de l'autorité des rois. Montesquieu publie *De l'esprit des lois* et Rousseau *Le Contrat social.* Des utopistes élaborent même les plans de cités où les hommes vivraient dans le respect de ces valeurs. Mais pour les plus entreprenants, le nouveau monde que constitue l'Amérique se présente comme une terre à conquérir et une société à construire.

Justement, de l'autre côté de l'Atlantique, le territoire est immense, les ressources fabuleuses et les hommes entreprenants. Le problème est que l'Amérique n'est pas libre, elle est soumise à l'Angleterre.

Les Américains sont certes encore fidèles à l'esprit de la civilisation et de la culture anglaises mais ils deviennent conscients de leur identité commune et commencent à se sentir issus d'une même nation, même si celle-ci n'existe que dans leurs rêves les plus fous. De plus, l'idée de s'affranchir de la domination anglaise prend corps. Des actions spectaculaires contre les Anglais étaient même organisées par les « fils de la liberté », cette société secrète apparentée aux francs-maçons qui s'oppose directement à la politique fiscale et militaire des Anglais. Tous les ingrédients pour une révolution sont réunis, la tension monte et un événement suffit à mettre le feu aux poudres.

### Des francs-maçons déguisés en Indiens

C'est à Boston, le 16 décembre 1773, que dans l'arrière-salle de la taverne *The Green Dragon* des frères de la loge Saint-André décident de saborder une cargaison de thé anglais. Déguisés en Indiens pour passer inaperçus, ils montent sur le pont des navires anglais qui attendent d'être déchargés, ouvrent les tonneaux, jettent par-dessus bord les quarante-cinq tonnes de thé et remettent à leur place les tonneaux vides. Le thé était bien sûr le symbole de l'Empire britannique mais surtout l'un des produits sur lesquels la taxe était la plus lourde. Taxe devenue d'ailleurs une pomme de discorde entre les Britanniques et les colonies. Le gouvernement britannique réplique en fermant le port de Boston mais les autres colonies, solidaires de ce mouvement de rébellion, se jettent dans la bataille.

Pourtant, ce n'est pas une simple bataille qui fit suite à l'événement de Boston mais une guerre de huit ans, de 1775 à 1783, entre les insurgés et les troupes britanniques.

Les insurgés sont constitués de groupes armés plus ou moins organisés. George Washington les rassemble en une troupe de 90 000 hommes et en prend le commandement. Ils n'ont que peu de ressources et Washington se tourne alors vers la France qui s'engage dans l'effort de guerre malgré une situation financière catastrophique. Pourquoi la France ? En partie parce que Louis XVI souhaite prendre sa revanche sur les Anglais, qui venaient de gagner la guerre de Sept Ans.

### La Fayette séduit le général Washington

La France va d'abord apporter une aide logistique aux insurgés puis, deux ans après le début de la guerre, une armée et un soutien naval, ce qui se révélera déterminant pour la victoire. C'est là que la franc-maçonnerie va jouer un rôle de premier plan car c'est dans les loges maçonniques, en France et en Amérique, que l'on va retrouver tous les acteurs de la guerre d'Indépendance. Le marquis de La Fayette est l'un d'entre eux. C'est lui qui motive les jeunes aristocrates et les intellectuels français et les incite à s'engager pour libérer l'Amérique. C'est dans les loges parisiennes, fréquentées par les aristocrates épris de liberté, que l'engagement français va prendre corps.

Le marquis Marie-Joseph de La Fayette a 20 ans lorsqu'en 1777, contre l'avis de tous, il décide de partir combattre au côté des insurgés américains. La Fayette était certes à la tête d'une immense fortune mais trop jeune pour en disposer à sa guise. Il invente donc un voyage à Londres, achète et affrète un navire qu'il baptise *La Victoire* et s'embarque pour Philadelphie rejoindre le siège du gouvernement des colonies qui a décrété son indépendance un an plus tôt. Là, il fréquente régulièrement la loge militaire Union américaine où il rencontre George Washington.

Très vite, les deux hommes s'apprécient. La Fayette devient le fils que Washington n'a pas eu et ce dernier est pour le marquis le père qu'il n'a jamais connu. Mais leur vrai lien, qui dépasse l'amitié, c'est la fraternité. D'ailleurs, quand le sculpteur Bartholdi, également franc-maçon, façonne en 1895 les deux hommes, il les montre se donnant une très fraternelle poignée de main dans laquelle un franc-maçon reconnaîtra le signe maçonnique. C'est la statue qui orne encore la place des États-Unis à Paris.

Certes, La Fayette est un homme plein de talent mais son appartenance maçonnique favorise sa carrière militaire. D'ailleurs, il l'avoue dans un de ses discours : « Après que je fus entré dans la maçonnerie américaine, le général Washington sembla avoir reçu une illumination. Depuis ce moment, je n'eus plus jamais l'occasion de douter de son entière confiance. Et peu après je reçus un commandement en chef fort important. »

La Fayette est initié très jeune à la loge La Candeur à Paris. Cette loge prestigieuse regroupe la noblesse fortunée de la deuxième moitié du XVIIIe siècle y compris, et c'est une originalité française, des femmes qui se réunissent dans une loge dite « d'adoption ». La Candeur est bien un lieu à la mode pour les aristocrates éclairés mais aussi une loge à vocation philanthropique et sociale. Elle organise des concerts de bienfaisance et attribue même un prix de 3 000 livres à celui qui trouverait la meilleure façon d'élever les enfants trouvés depuis leur naissance jusqu'à l'âge de 7 ans. Comme la majorité des loges de la fin du XVIIIe, la loge La Candeur participe à la diffusion des idées des Lumières.

Cependant, la guerre contre les Anglais est loin d'être gagnée. En 1779, Washington envoie La Fayette à la cour de France pour demander de l'aide au roi Louis XVI. Il arrive à Paris en « héros des deux mondes » et est promu maréchal de France. Connu pour ses talents diplomatiques, il convainc Louis XVI d'envoyer des renforts en Amérique. Une armée de 4 000 hommes s'embarque alors. Ces renforts permettent aux insurgés de vaincre les Anglais à Yorktown en octobre 1781, bataille décisive puisqu'elle met fin à la guerre d'Indépendance.

À son retour en France, La Fayette prendra une part importante dans la Révolution française de 1789, au cours de laquelle il participe à l'écriture de la Déclaration des droits de l'homme et du citoyen et à l'adoption de la cocarde tricolore. Il jouera encore un rôle majeur durant les Journées de juillet 1830 et participera à l'accession au trône de Louis-Philippe. Il reste dans l'histoire de France comme l'un des rares hommes à avoir participé de près à trois révolutions.

Même pour les Américains, La Fayette est un héros national. Plus de trente villes et villages américains portent son nom et chaque 4 juillet, lors de la fête nationale qui rappelle la déclaration d'Indépendance, l'ambassadeur américain en personne rend les honneurs sur la tombe de La Fayette au cimetière de Picpus, à Paris.

## Le président franc-maçon, George Washington

L'autre personnage essentiel dans l'indépendance de l'Amérique, c'est bien sûr George Washington qui devint le premier président des États-Unis. George Washington était aussi un franc-maçon très actif. Initié en 1752 à l'âge de 20 ans, en Virginie, il gravit les trois premiers degrés rapidement avant de prendre la direction de sa loge, charge qu'il conservera d'ailleurs longtemps, même après son élection.

Pendant la guerre d'Indépendance, George Washington favorise la création de loges militaires pour inculquer un peu de la discipline qui manque aux insurgés. Comme les loges de compagnons suivaient les chantiers du Moyen Âge, les loges militaires suivent les déplacements des armées et la plupart des officiers de l'armée de Washington fréquentent ces loges militaires.

Son appartenance maçonnique lui a certainement permis d'établir des contacts et il put ainsi être largement soutenu pour faire triompher les causes politiques qu'il défendait. C'est encore lui qui en 1776 va présider le congrès proclamant l'indépendance.

### Neuf francs-maçons signent la déclaration d'Indépendance

En pleine guerre, cette assemblée composée des délégués des treize colonies américaines adopte la déclaration d'Indépendance. C'est un texte provocateur, qui résume à lui seul l'esprit des Lumières guidant l'émancipation américaine.

La déclaration d'Indépendance est rédigée par Thomas Jefferson qui deviendra, en 1801, le troisième président des États-Unis. Il s'agit d'un acteur important de l'indépendance américaine. Il n'est pas franc-maçon mais fréquente l'*American Philosophical Society* qui diffuse les idées des Lumières. Il ira même très loin dans sa rédaction en proposant l'abolition de l'esclavage, mais cet article sera retiré de la version finale pour éviter la rupture avec les États du Sud.

En effet, comme bien d'autres personnalités du XVIIIe siècle, les pères fondateurs de l'Amérique ont des idées contradictoires sur la question de l'esclavage. La Fayette défend l'abolition alors que Washington est plus réservé. Il faut dire que ce dernier possédait plus de trois cents esclaves dans sa plantation de Virginie, et il aurait même eu un fils avec l'une d'entre elles. L'idée que les esclaves, en particulier les Noirs, puissent être traités comme des citoyens à part entière ne faisait pas l'unanimité, y compris chez les francs-maçons philosophes des Lumières. Voltaire résume assez bien dans son traité de métaphysique l'idée communément admise à l'époque que les races ne sont pas toutes égales : « Des hommes [les Blancs] me paraissent supérieurs à ces nègres, comme ces nègres le sont aux singes, et comme les singes le sont aux huîtres et aux autres animaux de cette espèce. » Quant à l'abolition de l'esclavage, elle attendra 1848 en France avec le franc-maçon Victor Schœlcher, et 1865 aux États-Unis.

La déclaration d'Indépendance est conclue le 4 juillet 1776. Parmi les cinquante-six signataires du texte, huit sont des maçons connus et sept autres ont montré des signes permettant de présumer qu'ils le sont, dont Benjamin Franklin, le célèbre inventeur du paratonnerre.

### Les Neuf Sœurs de Benjamin Franklin

L'histoire populaire raconte qu'en jouant au cerf-volant avec son jeune fils un jour d'orage, Benjamin Franklin eut l'idée d'accrocher une clef au bout de la corde. Il vit surgir un éclair qui démontrait la nature électrique de la foudre. Cependant, Benjamin Franklin n'est pas uniquement un homme de science. Si l'on s'intéresse à son parcours, on a l'impression d'avoir affaire à plusieurs vies tant la sienne est riche. En effet, ce fils d'une famille nombreuse et modeste devient d'abord imprimeur, puis journaliste, éditeur, philosophe, receveur des postes, économiste, écrivain, savant, homme politique et enfin habile ambassadeur. Tout cela avec un grand esprit pratique puisqu'il devient également un homme riche qui prit sa retraite à 42 ans !

Benjamin Franklin est franc-maçon et, même dans ce domaine, il ne fait pas les choses à moitié. Il est initié en 1731 à l'âge de 24 ans, dans la loge Saint-John à Philadelphie. Il fonde et dirige un journal local qui diffuse des informations maçonniques et, trois ans plus tard, il publie le premier livre maçonnique sur le territoire américain. Il s'agit des *Constitutions d'Anderson*, ouvrage publié à Londres en 1723 et considéré aujourd'hui comme le texte fondateur de la franc-maçonnerie moderne. Complètement dévoué à sa ville de Philadelphie, il fonde le corps des pompiers, un hôpital et une bibliothèque, organise une police locale et surtout crée la première société savante des colonies, l'*American Philosophical Society* sur le modèle de la *Royal Society* de Londres.

En 1776, Benjamin Franklin a presque 70 ans quand il arrive à Paris comme ambassadeur. Il est aussitôt « adopté » par les grandes familles aristocrates. Pendant son séjour, il fréquente les loges maçonniques, qui se battent pour recevoir le grand homme. Il est tout d'abord affilié à la loge La Candeur où il rencontre La Fayette, puis fréquente la prestigieuse loge Les Neuf Sœurs dont il prend même la direction en 1779. Cette loge fut l'une des plus brillantes du XVIIIe siècle. Son nom fait référence aux Muses car cette loge se voue à l'art, aux sciences et à la philosophie. Elle réunit l'élite intellectuelle parisienne. Voltaire, bien sûr, mais aussi, parmi les plus connus, Mirabeau, Camille Desmoulins, le marquis de Sade, le philosophe d'Alembert, l'astronome Lalande, le peintre Greuze, le sculpteur Houdon, le Dr Guillotin, les frères Montgolfier et le naturaliste Lacépède. C'est dans cette loge que la Déclaration des droits de l'homme et du citoyen, inspirée par la déclaration d'Indépendance américaine, est pensée et rédigée avant d'être proposée à l'Assemblée nationale par le marquis de La Fayette.

Les loges maçonniques, en particulier La Candeur et Les Neuf Sœurs, furent très vite séduites par la liberté américaine naissante qui garantissait la séparation des pouvoirs, la liberté de parole, d'expression et de religion à tous les citoyens. Pour les maçons du XVIII^e siècle, les insurgés américains défendent les idéaux des Lumières et donc ceux de la franc-maçonnerie. Les francs-maçons sont donc prêts à soutenir les insurgés et à participer à l'effort de guerre.

### Sans argent, pas de guerre possible !

« Un sac vide ne tient pas debout ! » Voilà ce que Benjamin Franklin lance pour justifier avec humour la demande de souscription qu'il propose à la loge des Neuf Sœurs. Sans argent, pas de guerre possible. Grâce à son talent et à ses contacts maçonniques, Benjamin Franklin rencontre rapidement tous les personnages influents de l'époque et arrive jusqu'au roi. Avec beaucoup de diplomatie, il fait signer à Louis XVI deux traités d'alliance franco-américaine dans lesquels la France s'engage à soutenir les insurgés dans leur guerre contre les Britanniques, et ce jusqu'à l'indépendance. Autre apport non négligeable du traité, la somme de 47 500 000 livres que la France octroie aux insurgés. À la cour de France, on raconte même que la reine Marie-Antoinette aurait participé personnellement à cette souscription en renonçant à quelques bijoux.

Évidemment, l'indépendance déclarée en 1776 est loin d'être acquise puisque les Anglais vont reprendre la direction des opérations militaires et gagner des batailles. L'année 1777 s'engage mal pour les Américains, partout mis en difficulté par les Anglais. La guerre se poursuit encore pendant cinq ans. Grâce à l'intervention de l'année française, les insurgés battent les Anglais en octobre 1781 à Yorktown, victoire importante puisqu'elle marque la fin de la guerre d'Indépendance et la naissance de la nation américaine.

### Philadelphie, ville de l'amour fraternel

Le conflit terminé, c'est un pays tout entier qu'il faut construire et organiser politiquement. Tel est le but de la Constitution américaine qui sera signée à Philadelphie en septembre 1787 lors d'une convention présidée par George Washington. Cette ville n'est pas choisie au hasard. En grec, Philadelphie signifie « amour fraternel. » C'est à Philadelphie qu'en 1730 s'installe la première loge américaine. C'est toujours à Philadelphie que les idées révolutionnaires se développent rapidement et c'est là où sont nés les fameux « fils de la liberté. »

Treize des trente-neuf signataires de la Constitution des États-Unis sont francs-maçons et six le sont devenus par la suite. C'est dire l'influence de la pensée maçonnique sur ce texte. En effet, on est surpris de voir l'audace et la modernité de la Constitution américaine qui reste, aujourd'hui encore, un modèle de démocratie. Jugez plutôt : fédéralisme, séparation de l'Église et de l'État, garantie des droits fondamentaux des citoyens, séparation des pouvoirs. Ce texte revêt presque un caractère sacré pour les Américains. Tous les officiels prêtent serment à la Constitution.

## Les présidents américains francs-maçons

George Washington est à la tête des États-Unis en 1789 et le restera pendant deux mandats. Le 30 avril 1789, lors de la cérémonie d'investiture, les membres du Congrès s'aperçoivent un peu tard qu'ils n'ont pas de bible sous la main pour lui faire prêter serment. Le grand maître de l'État de New York court alors au *Old Coffee House*, la taverne où se réunissait la loge Saint-John et récupère la bible qui servait aux serments maçonniques. Et c'est donc sur cet ouvrage que George Washington prête serment. C'est sur cette même bible que les quarante-deux présidents suivants ont prêté serment.

George Washington est le premier d'une lignée de présidents francs-maçons. En effet, quatorze des quarante-trois présidents américains sont francs-maçons. Les plus connus sont Theodore et Franklin Roosevelt et Truman, et le dernier est Gerald Ford, qui fut président de 1974 à 1977. Étonnant vu de France où la franc-maçonnerie est plutôt discrète. Ce n'est pas le cas aux États-Unis. La franc-maçonnerie est une société qui a pignon sur rue. Les frères portent fièrement des cravates ou des bagues avec l'équerre et le compas, et les bâtiments maçonniques sont très visibles. Cela tient bien sûr à la spécificité de la culture outre-Atlantique, à la franc-maçonnerie américaine qui s'apparente plus à une ONG qu'à une société secrète, et enfin au fait que la franc-maçonnerie est vue par les Américains comme l'association qui a contribué à la fondation de la nation.

## L'architecte coléreux disparaît avec les plans

Maintenant que les États-Unis d'Amérique existent, il faut une capitale à ce grand pays, et des bâtiments pour accueillir le gouvernement fédéral. Les États de Virginie et de Maryland proposent un terrain. En 1790, ce terrain est appelé du nom qu'il garde encore aujourd'hui : District of Columbia, et la capitale prend le nom d'abord de Federal City puis de Washington en hommage au premier président.

En 1791, George Washington et Thomas Jefferson demandent au Français Pierre-Charles L'Enfant de dessiner ce qui allait devenir la capitale américaine. Pierre-Charles L'Enfant n'est presque plus français puisqu'il est arrivé en Amérique en 1777 pour servir dans la guerre d'Indépendance au côté de La Fayette. Il rencontre George Washington à l'occasion de ces batailles. Était-il franc-maçon ? Non, en tout cas aucune preuve n'a jamais été donnée alors qu'à cette époque les loges inscrivaient régulièrement les noms de leurs membres sur des registres qui existent encore. Peut-être a-t-il fait croire qu'il l'était, ou peut-être encore que ses idées étaient proches de celles des francs-maçons, car un lien très fort l'unit à George Washington.

Pierre-Charles L'Enfant se met aussitôt au travail et en moins de six mois transforme, au moins sur le papier, un petit village de quelques habitants en une large ville en forme de losange. Il choisit l'emplacement des institutions politiques et culturelles du pays et relie ces places par de grandes avenues organisées avec une belle symétrie.

Mais le projet initial de L'Enfant ne verra jamais le jour. En effet, lassé par son mauvais caractère, les commanditaires américains le renvoient. Furieux, il disparaît en emportant avec lui les plans de la ville de Washington qu'il avait entrepris de dessiner. Pressé de commencer le chantier, les plans sont reconstitués par un géomètre et mathématicien américain du nom de Benjamin Banneker, qui en assure la mise en œuvre. Quant à Pierre-Charles l'Enfant, il ne fut jamais payé de son travail.

**Des figures magiques apparaissent au cœur de Washington**

Benjamin Banneker a travaillé de mémoire. Il est clair que son esprit de mathématicien a été frappé par la géométrie parfaite des plans initiaux. C'est, en effet, ce qui surprend lorsque l'on étudie la ville de Washington. La deuxième surprise est de voir apparaître des figures que certains peuvent appeler magiques, et qui sont surtout des formes géométriques idéales.

Ainsi, lorsqu'on surligne les principales avenues qui entourent la Maison Blanche (Massachusetts Ave., Rhode Island Ave., Connecticut Ave., Vermont Ave. et K Street Ave.), on voit surgir une étoile à cinq branches dont l'un des sommets pointe la résidence du président des États-Unis. L'étoile à cinq branches, ou pentagramme, est l'une des plus vieilles figures magiques connues. Les pythagoriciens la choisissent comme symbole, ainsi que de nombreuses organisations occultes. En franc-maçonnerie, c'est le grand symbole du compagnon.

Si l'on trace les rues adjacentes, on retrouve une autre figure célèbre : l'étoile à six branches, appelée aussi « sceau de Salomon » ou « étoile de David ». Enfin, on arrive même (avec un peu d'imagination) à voir une chouette inscrite dans ce fameux plan. Or, si la chouette n'est pas un symbole maçonnique, elle a toujours été, comme oiseau nocturne, le symbole de la connaissance ésotérique, c'est-à-dire cachée.

D'autres figures surgissent également du plan de la ville de Washington. Un compas dont le centre pointe sur le Capitole ouvre ses branches sur les deux grandes avenues menant à la Maison Blanche et au Jefferson Memorial.

Plus encore, certains arrivent à voir dans ce plan des figures octogonales qui rappellent la croix templière. Il n'en faut pas plus pour affirmer que les francs-maçons américains sont les descendants des Templiers et que leur légendaire trésor est caché quelque part à Washington. C'est cette idée que Walt Disney exploite dans le film *Benjamin Gates et le trésor des Templiers.* Les cinq premières minutes du film racontent, comme une vérité historique, que les Templiers ont découvert un fabuleux trésor à Jérusalem avant de le rapporter d'abord en France, puis en Écosse pour le cacher en Amérique. Les signes maçonniques dessinés sur le plan de la capitale américaine sont alors autant d'indices pour trouver le légendaire trésor. C'est du reste en suivant ces pistes que Benjamin Gates le dénichera finalement en plein cœur de Washington.

C'est beau, mais c'est faux !

### Washington et les jardins du château de Versailles

Les figures géométriques qui apparaissent sur le plan de Washington ne sont pas nées du hasard, mais leur signification maçonnique n'est pas prouvée. D'abord ni L'Enfant ni Banneker ne sont francs-maçons et l'utilisation de la géométrie en architecture n'est pas une nouveauté. De plus,

Pierre-Charles L'Enfant, architecte et urbaniste du XVIIIe siècle, a certainement été inspiré par les perspectives et la géométrie parfaite des jardins à la française, comme ceux que Le Nôtre réalise à Versailles un siècle plus tôt. Comme tout jardin, ceux de Le Nôtre sont orientés par rapport au soleil, les dimensions ne sont pas laissées au hasard et le plan reflète une certaine vision de l'ordre du monde.

Ce qui était demandé à Pierre-Charles L'Enfant était de concevoir une capitale fédérale dont le plan et l'architecture reflètent les ambitions, la grandeur et les valeurs de la nation américaine. Il va donc prévoir de grandes avenues ouvertes et organiser l'espace autour de trois lieux sur lesquels seront bâtis la Maison Blanche, le Washington Monument et le Jefferson Memorial.

La Maison Blanche s'appelait au départ la « Presidential Mansion », c'est-à-dire la demeure présidentielle. Mais en 1814, elle est en partie brûlée par les Anglais lors de la guerre américano-britannique. Pour cacher les murs noircis et abîmés, elle est alors peinte en blanc et devient ainsi la Maison Blanche.

Le Washington Monument est un monument bien étrange. C'est un obélisque de style égyptien qui mesure 169 mètres de haut. Il fut imaginé en 1799, huit jours après la mort de Washington, mais sera seulement construit en 1838. Il restera longtemps le monument le plus haut du monde. Il fut détrôné par la tour Eiffel et ses 320 mètres en 1889. Ce n'est pas un vrai obélisque égyptien en pierre d'un seul tenant, comme celui de la place de la Concorde. Il est fait en marbre, de grès et de granit. Par décret, il doit demeurer la plus haute construction de la ville. Voilà pourquoi il n'y a pas de buildings à Washington.

Le site actuel du Washington Monument n'est pas celui prévu par Pierre-Charles L'Enfant. Dans son plan initial, il le plaçait au sommet d'une équerre ayant la Maison Blanche et le Capitole à chaque extrémité. Mais comme le sol n'était pas assez stable pour monter cet obélisque, il a fallu déplacer le lieu d'une centaine de mètres vers le sud-est. Comme dans le cas de la Grande Arche de la Défense (chapitre 9), la belle perspective initiale s'en trouve quelque peu décalée.

Le Jefferson Memorial est plus récent puisqu'il fut construit en 1930. C'est un bâtiment imposant, de style romain et dédié à Thomas Jefferson.

L'harmonie en architecture est fondée sur l'utilisation de figures géométriques simples et harmonieuses comme le triangle, le carré, le pentagramme et le rectangle d'or. Ce n'est donc pas étonnant de les retrouver sur les plans des jardins, des villes et des bâtiments. Ce ne sont pas les francs-maçons qui ont inventé ces figures mais les architectes. Les francs-maçons les ont reprises dans leur symbolique. Coïncidence ? Non, car l'origine de la franc-maçonnerie se trouve dans les corporations de bâtisseurs du Moyen Âge, et le symbolisme maçonnique s'inspire des outils et des modèles des premiers architectes. Le premier d'entre eux s'appelle Imhotep. Cet architecte vécut dans l'ancienne Égypte entre 2800 et 2700 avant notre ère. Il est considéré par les historiens comme le pionnier de la construction en pierre et l'inventeur de la pyramide à degrés. Au

XVIIIe siècle, l'Égypte est à la mode et représente la terre de tous les mystères.

## Washington et les pyramides de Gizeh

Pour organiser la Maison Blanche, le Washington Monument et le Jefferson Memorial, Pierre-Charles L'Enfant s'est peut-être également inspiré du site de Gizeh où se trouvent les célèbres pyramides de Kheops, Khephren et Mykerinus. Ces trois pyramides sont alignées suivant les trois étoiles du centre de la constellation d'Orion et on retrouve cet alignement dans les trois monuments. Bien entendu, il est impossible de le prouver mais l'Égypte était à la mode à cette époque et, pour L'Enfant, le site de Gizeh devait symboliser l'archétype de l'architecture sacrée et mystérieuse.

Certains avancent que la position des rues et des principaux bâtiments révèle un plan de contrôle du monde et, mieux encore, l'agenda de cette prise de pouvoir.

Le périmètre bordé par le Capitole, la Maison Blanche et le Jefferson Memorial forme un triangle isocèle dont la base, située entre la fontaine de l'entrée de la Maison Blanche et le Jefferson Memorial, mesure précisément 1 776 mètres, la date de la déclaration d'Indépendance des États-Unis. Une grande conspiration maçonnique inscrite dans le plan de la ville ? Coïncidence ? Marques sataniques ? Rien de tout ça n'est sérieux. Ces signes et marques ne prouvent finalement pas grand-chose d'autre que le fait que les pères fondateurs des États-Unis d'Amérique étaient guidés par la philosophie des Lumières et que cette philosophie trouvait une expression symbolique dans la franc-maçonnerie.

Si le plan de Washington dévoile une harmonieuse géométrie et si les principaux bâtiments ne sont pas édifiés au hasard mais alignés avec soin, c'est que Pierre Charles L'Enfant était avant tout un architecte baigné dans le style à la mode de son époque et qu'il a voulu créer une ville dont la structure reflète la force et l'équilibre de la Constitution américaine.

Washington n'est pas la seule ville dont le plan dévoile des figures et des symboles apparentés à la franc-maçonnerie. En 1818, un franc-maçon du nom de Hector Kilbourne redessine la ville de Sandusky dans l'Ohio, faite en damier comme la plupart des villes américaines. Il crée des avenues en diagonales pour former un compas ouvert posé sur une équerre. Ces symboles maçonniques sont très nets sur le plan original de Kilbourne mais il faut beaucoup d'imagination pour discerner l'équerre et le compas dans le plan actuel de la ville de Sandusky. En effet, faute de moyens, les travaux de refonte de Sandusky suivant les plans de Kilbourne n'ont jamais eu lieu.

Mais des symboles mystérieux vont apparaître ailleurs que dans le plan de Washington. Sur le billet d'un dollar est représenté un autre emblème de l'Amérique, le sceau avec lequel le président signe les déclarations officielles. Sur l'une des faces du sceau, un aigle, et de l'autre une pyramide. Toutefois, pas n'importe quel aigle ni n'importe quelle pyramide.

**L'aigle chauve du « grand sceau » américain**

Le sceau américain n'est pas né dans une loge maçonnique. C'est un comité de quatre hommes comprenant Benjamin Franklin (le seul franc-maçon du groupe), qui lance le projet d'un grand sceau en 1776, mais il fallut six ans et de nombreux projets pour qu'il soit enfin dessiné dans sa forme actuelle. Certains éléments des projets antérieurs sont gardés comme l'œil qui voit tout, la devise *E pluribus unum* attribuée au peintre français Pierre-Eugène du Simitière, qui n'était pas franc-maçon, et la pyramide tronquée suggérée par Francis Hopkinson, un autre non-maçon. La branche d'olivier, les treize bandes rouge et blanche que l'on retrouvera sur le drapeau américain, et enfin la constellation des treize étoiles à six branches furent également conservées. En revanche, d'autres éléments furent rejetés comme les références bibliques du premier projet. En 1782, le comité qui mit la touche finale à ce qui allait devenir le sceau officiel se réunit. Parmi ses membres, on ne recense aucun franc-maçon !

Au centre du sceau se trouve l'aigle américain tenant dans son bec une bannière sur laquelle est écrit *E pluribus unum* qui signifie : « De plusieurs, un » qui symbolise l'unité du peuple américain. L'aigle saisit de sa patte droite un rameau d'olivier à treize feuilles, symbole de paix, et de l'autre un faisceau de treize flèches, symbole de la force et de la cohésion de cette force. Le corps de l'aigle est protégé par un bouclier en forme de blason rayé par treize colonnes. Le haut du blason est un rectangle qui symbolise l'union des treize colonies et le Congrès américain.

L'aigle est le symbole de la puissance alliée à une volonté de domination. Mais une hypothèse, souvent avancée, suggère que l'oiseau du sceau américain n'est pas un aigle mais un phénix, symbole mystique de l'initiation. Pour preuve, l'oiseau des premiers dessins possède une petite aigrette à l'arrière de la tête et se tient debout sur un nid de flammes, comme sur les illustrations traditionnelles du légendaire phénix. Il est possible en effet que les premiers dessinateurs du sceau se soient inspirés des représentations traditionnelles du phénix et que l'aigle ne fut choisi qu'ultérieurement. Et pas n'importe quel aigle mais un « aigle chauve » (ou pygargue à tête blanche) car il présente la particularité de ne vivre qu'en Amérique du Nord !

Au-dessus de la tête de l'aigle, un nuage en forme de couronne contient les treize étoiles scintillantes qui représentent l'esprit des treize colonies. Ces astres à cinq branches figuraient d'ailleurs sur le premier drapeau américain qui en comporte maintenant cinquante mais a gardé les treize lignes horizontales en mémoire des premières colonies américaines. Ces étoiles ne sont pas disposées au hasard mais forment le sceau de Salomon. D'après l'auteur américain David Ovason, les anciennes versions du sceau montrent que ces étoiles étaient elles-mêmes à six branches. Certains ont vu dans ces formes l'influence de la culture juive sur la société américaine mais, compte tenu de la date de création de ce sceau, il est plus probable que ce ne soit que de simples étoiles sans autre signification que de représenter ce qui brille !

Et maintenant, retournons le sceau !

### L'œil de Dieu trône au sommet de la pyramide tronquée

Le revers du sceau est plus connu car il est présent sur le billet d'un dollar. Il représente une pyramide tronquée surmontée d'un pyramidion dans lequel est inscrit un œil. Celui-ci semble d'ailleurs être plus inscrit dans un triangle équilatéral des côtés duquel partent des rayons lui conférant un air magique. Au-dessus de cette pyramide, la locution latine *Annuit Coeptis*, que l'on peut traduire par « Notre projet sera couronné de succès », et en dessous *Novus ordo seclorum* qui signifie « Nouvel ordre pour le siècle ». Les devises officielles des États-Unis *E pluribus unum, Annuit Coeptis* et *Novus ordo seclorum* ne sont pas des traductions latines d'expressions anglaises. Les pères fondateurs étaient, certes, cultivés mais ils n'ont pas choisi le latin pour rendre leurs devises encore plus obscures et ésotériques. Elles proviennent du poète et écrivain romain Virgile et montrent bien l'engouement pour la Rome antique et l'attrait pour une religion naturelle sans dogme.

Deux éléments surprennent sur ce blason et donnent lieu à de nombreuses interprétations : le sommet de la pyramide ressemble au symbole maçonnique du Grand Architecte de l'univers qui représente l'esprit supérieur. Ce symbole est matérialisé dans les loges par un triangle dans lequel un œil est inscrit. Cet œil, c'est l'œil d'Horus, le dieu égyptien, c'est l'œil qui voit tout, c'est l'œil de la conscience.

Lorsque l'on trace sur le sceau des traits qui joignent le A de *Annuit Coeptis* au O de *Novus Ordo seclorum* puis au S de *Annuit CoeptiS*, on obtient un triangle équilatéral pointe en bas. Si l'on fait la même chose avec le sommet de la pyramide tronquée et la première et la dernière lettre de *Novus ordo secloruM*, on obtient un autre triangle équilatéral, cette fois pointe en haut. Ces deux triangles forment l'étoile de David et les six lettres M, A, S, O et N forment le mot « mason » qui signifie « maçon » en anglais. Le complot judéo-maçonnique n'est pas loin !

Ce qui peut surprendre dans ce sceau et les éléments symboliques qui illustrent le dollar américain, c'est qu'à part le mot God (« Dieu », dans *In God We Trust* qui date de 1864), aucune référence au christianisme n'est mentionnée. Certes, les pères fondateurs étaient tous chrétiens mais ils étaient avant tout conscients de la distance qu'ils devaient conserver vis-à-vis de la religion pour éviter de reproduire les guerres européennes.

L'autre élément est le nombre d'étages de cette pyramide tronquée. Treize exactement. Pour certains, le fait que la pyramide ait treize étages prouve que la création des États-Unis d'Amérique est bien la première étape d'une machination diabolique qui vise à créer un nouvel ordre mondial. Car treize n'est pas un nombre ordinaire. C'est en tout cas ce qu'affirme la croyance populaire. Pour les historiens, les choses sont plus simples.

Le nombre treize est attaché à l'acte de naissance des États-Unis d'Amérique. Jugez plutôt : treize étoiles, treize colonies, treize bandes sur le drapeau et le sceau, treize étoiles et treize flèches dans les serres de l'aigle, treize feuilles au rameau d'olivier et enfin treize étages sur la pyramide. Pour certains, tout cela est normal puisque l'Amérique naissante regroupait treize colonies et ce nombre revêt alors, pour les pères fondateurs de l'Amérique, une importance particulière. Oui, mais alors pourquoi avoir poussé aussi loin l'apparition du nombre treize ? En effet, les deux locutions latines *E pluribus unum* et *Annuit Coeptis* qui forment la devise des États-Unis sont composées également de treize lettres.

Plus fort encore : à la base de la pyramide, le nombre romain MDCCLXXVI indique 1776, date de la signature de la déclaration d'Indépendance des États-Unis. Or 7 + 6 = 13. Vous doutez encore de la démonstration ? Alors continuons… En regroupant MDCCLXXVI (ou 1776) en trois blocs de trois lettres et en ignorant les premiers termes de ces blocs, on trouve : DC LX et VI dont la somme fait 666. Voilà, le chiffre maléfique apparaît enfin. Pour les uns, c'est le plus pur hasard, mais pour les partisans des complots en tous genres, c'est la preuve que les pères fondateurs des États-Unis n'étaient pas uniquement francs-maçons. Ils étaient également membres des Illuminés, secte associée au mal, donc au nombre 666 et créée justement en 1776 !

### Les Illuminés ont-ils infiltré le pouvoir américain ?

Les Illuminés (ou encore *Illuminati* – du latin *illuminare* : illuminer, connaître) constituent un ordre initiatique créé en Bavière par le baron Adam Weishaupt. Ils prétendaient rendre l'homme à son état naturel en supprimant la propriété, la religion et la morale. Mais d'aucuns ont vu dans le but des Illuminés la destruction de la royauté et de la papauté. L'abbé Barruel en a même fait les vrais instigateurs de la Révolution française, les francs-maçons n'en étant que le moyen. Mais la réalité historique est différente car la tentative d'infiltration de la franc-maçonnerie autrichienne opérée par le baron Weishaupt fut un échec et l'ordre, jugé subversif, sera interdit en 1784 par les autorités autrichiennes (voir chapitre 3).

Les Illuminés fonctionnaient comme les francs-maçons et employaient des symboles. Le plus célèbre est celui de la pyramide tronquée surmontée de l'œil de la conscience, que l'on retrouve sur le dollar américain. L'œil dans un triangle pour représenter Dieu apparaît pendant toute la Renaissance, longtemps avant l'entrée en scène de la franc-maçonnerie sous sa forme moderne. À l'époque des Lumières, l'œil dans un triangle est un symbole de la raison éclairant le monde et dont les rayons chassent l'obscurantisme. Les francs-maçons l'utilisent comme représentation du Grand

Architecte de l'univers, principe divin. Il n'y a finalement là rien de sinistre ni d'occulte. Ainsi, ce symbole est antérieur à la naissance des Illuminés en Bavière. Ce groupe n'a donc rien créé et s'est contenté de récupérer des symboles existants puis de les transformer pour les adapter à sa philosophie.

Les adeptes de la conspiration pensent que les Illuminés de Bavière sont passés dans la clandestinité et ont continué à faire vivre leur ordre dans la plus totale discrétion de génération en génération au sein d'une élite soigneusement recrutée. Ils croient également que ces groupes existent toujours et se cachent dans les hautes sphères du pouvoir. Ces groupes d'élite contrôlent la destinée du monde. Leur symbole est un œil au sommet d'une pyramide. Toutefois, la signification n'est pas celle du grand sceau américain mais la suivante : l'œil représente l'élite qui veille sur le monde et la base de la pyramide représente le peuple ignorant. La devise américaine *Novus ordo seclorum* traduit la volonté de ces groupes d'instaurer un « nouvel ordre mondial ». Selon ces théories, parmi les groupes recensés, on trouve le groupe de *Bilderberg*, la Commission trilatérale et les *Skull and Bones.* Ces groupes du monde des affaires sont des sociétés effectivement très fermées qui rassemblent des personnalités internationales du monde politico-économique. Leur discrétion et leur protocole mystérieux les désignent souvent comme les instigateurs d'un immense complot. Mais ceux qui cherchent les marques d'un lien entre ces groupes et la franc-maçonnerie ou les Illuminés de Bavière seront déçus car aucune preuve ne permet de vérifier une quelconque filiation entre ces groupes et la secte du baron Weishaupt.

Et pourtant... des coïncidences sont troublantes.

**Le mythe de la conspiration toujours plus fort**

Le 11 septembre 2001, des avions de ligne détournés par un groupe de terroristes s'abattent sur le World Trade Center de New York et entament le Pentagone. Cet événement tragique fut une véritable déclaration de guerre sur le sol américain. Mais très vite, certains affirmèrent que ce qui apparaît comme une attaque terroriste lancée de l'extérieur du pays pouvait avoir été organisé par les services secrets américains pour justifier la guerre en Afghanistan puis en Irak. De nombreux débats circulent sur internet, en particulier sur le site du Français Thierry Meyssan qui défend cette hypothèse. Si les arguments invoqués par les adeptes de cette théorie du complot ne tiennent pas face à une analyse rigoureuse, les faits sont néanmoins troublants.

Ainsi, d'autres personnes vont encore plus loin et prouvent que l'attentat du 11 septembre 2001 était déjà prévu à l'époque où fut dessinée la version actuelle des billets de 10, 20 et 50 dollars, soit plus de deux siècles avant la destruction du World Trade Center !

La preuve est donnée sur la Toile : lorsque l'on plie les billets de 5, 10, 20 et de 50 dollars d'une certaine façon illustrée sur les sites qui relaient ces théories, on voit apparaître les deux tours jumelles, puis les mêmes tours en feu, puis en train de s'écrouler, puis enfin plus rien que le ciel. Avec d'autres pliages, on voit apparaître la brèche dans le Pentagone et même le prénom d'Oussama Ben Laden. Pour les tenants du complot, c'est la preuve que l'attentat du 11 septembre 2001 a été planifié depuis longtemps et même depuis très très longtemps puisque le billet vert a été dessiné en 1782, avant que les Twin Towers aient pu naître dans l'imagination d'un quelconque architecte. Ces francs-maçons sont vraiment très forts !

**À lire**

*Architectures maçonniques*, AAM, 2006.

CHEVALLIER, Pierre, *Histoire de la franc-maçonnerie française*, t. I *(1725-1799)*, Fayard, 1974.

KASPI, André, *Les Américains, (1607-1945). Naissance et essor des États-Unis*, t. I Seuil, « Points », 1989.

OVASON, David, *The Secret Zodiacs of Washington DC*, Arrow Books Ltd, 2001.

OVASON, David, *The Secret Symbols of the Dollar Bill*, Harper Collins, 1988.

## CHAPITRE 9

# Paris, ville maçonnique

Dans la cour d'honneur de l'Assemblée nationale à Paris, le sculpteur Walter de Maria a conçu une sculpture monumentale constituée d'une grande sphère en granit noir poli qui repose sur un socle de marbre blanc. L'œuvre est disposée au centre d'un hémicycle de marbre représentant le lieu où les députés débattent et où l'artiste a gravé les articles de la Déclaration des droits de l'homme. Au cœur de la sphère, Walter de Maria a dissimulé une sphère en or massif. Sur la sculpture en granit noir, aucune indication, aucun symbole ésotérique, aucun signe maçonnique ou autre. La sphère de granit noir est lisse et parfaite. Pas d'ouverture, pas de petites fenêtres ni de dispositif électronique pour permettre aux visiteurs de vérifier par eux-mêmes que la sphère intérieure est bien présente. Le visiteur doit donc croire l'artiste sur parole. Il devra surtout, à défaut de la voir, imaginer cette sphère en or. Aucun indice n'est donné sur l'apparence de la sphère intérieure. Est-elle grande ? Est-elle petite ? Est-elle lisse ou ciselée ? Rien de sensible. Rien de visible ? Comme dit le Petit Prince, « l'essentiel est invisible pour les yeux ».

Paris est à l'image de cette sphère de granit noir. En apparence, c'est une belle ville mondialement appréciée pour la richesse de son architecture et la diversité des styles représentés. Mais cette apparence cache-t-elle autre chose ? Les sculptures qui ornent les frontons de nos bâtiments publics ne sont-elles que des ornements ou délivrent-elles un message symbolique difficile à décoder ? Du château de Vincennes à la Grande Arche de la Défense, cette traversée de Paris nous permettra de déceler l'invisible inscrit au cœur des principaux bâtiments de la capitale.

Êtes-vous prêt pour le voyage ?

**Des symboles cachés aux allégories triomphantes**

Longtemps, l'Église catholique a été la référence absolue en matière de connaissance. Les hommes qui s'engageaient dans d'autres voies que la sienne devaient alors dissimuler leurs travaux pour éviter d'être accusés d'hérésie et de finir sur le bûcher. L'utilisation de symboles et de textes codés leur permettait de diffuser des connaissances sous une apparence anodine, et même esthétique.

Condamnée par l'Église, la franc-maçonnerie a développé des moyens pour dissimuler ses messages et ne les délivrer qu'à ceux capables de les comprendre sans les déformer. Les symboles constituent l'un de ces moyens.

Mais la franc-maçonnerie n'a pas le monopole des symboles, allégories et métaphores pour exprimer simplement des idées abstraites. Les artistes utilisent largement le langage symbolique. Cela consiste à remplacer une idée par un objet, un animal ou une forme géométrique. Le message est donc plus direct puisqu'il n'exige pas l'effort que le langage écrit nécessite. Certains symboles sont connus de tous, comme la balance pour la justice, la corne d'abondance pour la prospérité, un cœur pour l'amour ou une colombe pour la paix.

Lorsqu'au XIXe siècle, la franc-maçonnerie française devient un acteur politique visible et même très visible (chapitre 7), c'est une avalanche d'allégories, de symboles et d'images maçonniques qui s'affichent sur les frontons des édifices publics et les sculptures parisiennes. Le culte de la république remplace celui des églises et les symboles sont employés abondamment pour mettre en scène les valeurs républicaines.

Ils sont tellement présents dans notre paysage urbain qu'on ne les remarque même plus. Vous en doutez ? Levez les yeux, les symboles maçonniques y sont toujours. Non ? Toujours pas ? Alors suivez le guide !

### Les deux rois tournent le dos à la république triomphante

L'histoire de France semble s'être inscrite dans l'architecture de la ville de Paris. Une ligne, appelée l'axe historique, traverse la capitale d'est en ouest. Elle commence au château de Vincennes de saint Louis et se termine à la Grande Arche de la Défense de François Mitterrand. Suivre cette ligne permet de parcourir presque toute l'histoire de France. Même si, comme nous allons le voir, cet axe ne devient parfaitement rectiligne qu'à partir du Louvre, il présente une belle perspective, ornée de bâtiments et de sculptures qui racontent le passage de l'Ancien Régime à une ère nouvelle.

À l'est de la place de la Nation se trouvent les deux grandes colonnes du Trône érigées en 1787 sur le site de l'ancienne barrière d'octroi. Au sommet de ces deux piliers de 28 mètres de haut, les statues de Philippe Auguste et de son petit-fils saint Louis sont installées en 1845. Elles regardent à l'est en direction du château de Vincennes, un château médiéval imaginé par Philippe Auguste, construit et habité par saint Louis et dont le général de Gaulle avait pensé, un temps, faire sa résidence. Les deux rois regardent vers le passé, vers la France de l'Ancien Régime qu'ils ont contribué à construire. Ils tournent le dos à la république qui, au milieu du XIXe siècle, est en train de se bâtir en France.

Les différents noms de la place de la Nation ont suivi l'histoire de France. Elle s'est d'abord appelée place du Trône, puis, pendant la Révolution, place du Trône renversé, pour enfin prendre son nom actuel le 14 juillet 1880. Mais ce n'est pas seulement le trône du roi de France qui est renversé, place de la Nation. Pendant la Terreur, une guillotine est installée à l'ombre des colonnes et plusieurs centaines de personnes seront exécutées.

Certains ont vu, dans les deux colonnes de la place de la Nation, une analogie de celles qui encadrent les portes des temples maçonniques. Paris serait alors, à leurs yeux, un immense temple maçonnique orienté d'est en ouest. Il est vrai que les portes des temples sont encadrées par deux colonnes qui n'ont qu'une fonction symbolique puisqu'elles ne supportent rien. Mais les francs-maçons se sont bornés à imiter l'architecture du temple de Salomon décrite dans le Livre des rois de l'Ancien Testament qui est vu par notre culture judéo-chrétienne comme le modèle de tous les temples.

Au cours de la IIIe République, les messages que l'État français délivre au peuple au travers des allégories et symboles sont simples : la république a été conquise par le courage et la force du peuple (symbolisés par le lion) qui s'est battu pour son émancipation (les chaînes brisées). Elle se construit par le travail (la ruche), la justice (la balance) et la loi (les Tables de la Loi). La république garantit la liberté (le bonnet phrygien), l'égalité (le triangle ou l'équerre à niveau) et se fonde sur la fraternité humaine (la poignée de main). Mais le peuple doit se soumettre à l'autorité de l'État (faisceaux) qui lui garantira la prospérité (épis de blé et cornes d'abondance) et l'accès à la connaissance (le livre et le compas).

Partons des deux colonnes de la place de la Nation, avançons vers l'ouest et parcourons quelques mètres pour atteindre le centre de la place. Là, on peut admirer l'un des plus beaux monuments de la IIIe République : la statue représentant « La République triomphante » qui s'inspire du symbolisme maçonnique très en vogue à cette époque.

Grâce aux clés exposées plus haut, la statue nous livre ses secrets.

### Un jeune apprenti porte le compas, la règle, le maillet et le ciseau

Cette statue commandée par la Ville de Paris pour le centenaire de la Révolution ne fut installée qu'en 1899. Le sculpteur Jules Dalou a construit une gigantesque allégorie de la République, sous la forme d'une Marianne républicaine au bonnet phrygien, debout sur un char tiré par deux lions puissants représentant la nation guidée par le génie de la Liberté. C'est ce même génie qui est représenté au sommet de la colonne de la place de la Bastille. Celui-ci est l'œuvre d'Augustin Dumont. Mais les deux sont presque identiques. Ils tiennent dans leur main droite la torche qui représente la connaissance, et dans leur main gauche les chaînes brisées qui symbolisent la libération du peuple. Les deux génies regardent vers l'avenir, qu'ils éclairent de leur flambeau.

Dalou n'est pas franc-maçon mais il a représenté de nombreux symboles que les républicains et les francs-maçons se partageaient. Le travail, valeur essentielle dans l'esprit de la III^e République, est représenté par une ruche, l'égalité par une équerre à niveau et l'immortalité par une feuille d'acacia, grand symbole maçonnique. Un forgeron revêtu d'un grand tablier de cuir représente le maître tandis que, près de lui, un jeune garçon porte un livre, symbole de la connaissance, et les outils de l'apprenti franc-maçon : le compas, la règle, le maillet et le ciseau. Pour le sculpteur, ces symboles étaient peut-être un clin d'œil aux commanditaires dont certains devaient être francs-maçons mais se pliaient aussi à la mode de l'époque. À l'arrière de cette statue, des chérubins nus portant une corne d'abondance représentent l'âge d'or, l'innocence, le paradis terrestre ou encore l'origine du monde.

Continuons notre parcours en suivant l'axe historique. Nous passons la place de la Bastille puis celle du Châtelet pour arriver au Palais du Louvre. Là, dans les années 1980, les Parisiens ont vu s'élever une pyramide incongrue commandée par celui que certains, supposant son appartenance maçonnique, ont appelé le « Grand Architecte de l'univers ».

### François Mitterrand, Grand Architecte de l'univers

Si François Mitterrand n'était pas franc-maçon, il a été le président de la V^e^ République qui a le plus transformé Paris et laissé sa marque dans l'architecture de la capitale. Jugez plutôt. Durant ses deux septennats, il a fait construire l'Opéra Bastille, la Pyramide du Louvre, la Grande Arche de la Défense, la Grande Bibliothèque, la Cité des sciences et de l'industrie, la Cité de la musique, et rénové le musée d'Orsay et le ministère de la Culture.

Paris avait besoin de ces espaces et de ces travaux, mais François Mitterrand a également profité du bicentenaire de la Révolution française le 14 juillet 1989 pour proclamer les valeurs de la gauche en mettant en avant la philosophie des Lumières. Dès 1986, Mitterrand demande à Michel Baroin de présider la commission d'organisation de la commémoration du bicentenaire de la Révolution. Michel Baroin est bien connu des francs-maçons. Cet ex-P-DG de la GMF et de la Fnac fut pendant deux ans grand maître du Grand Orient de France. C'est dire l'importance que Mitterrand attribue à la franc-maçonnerie, qu'il reconnaît comme héritière des valeurs des Lumières et gardienne des principes républicains. Mais Michel Baroin ne verra jamais les commémorations qu'il avait contribué à préparer car il disparaîtra deux ans auparavant dans un mystérieux accident d'avion.

Au cours de ses deux septennats, François Mitterrand va orner et compléter l'axe historique de Paris par des bâtiments qui n'ont pas fini de susciter la polémique. Parmi eux, la Pyramide du Louvre. La question que se posent alors les Parisiens est : peut-on construire au cœur d'un bâtiment historique une pyramide ultramoderne faite d'acier et de verre ? Mais à cette question d'ordre esthétique s'ajoute une autre concernant les intentions réelles ou cachées du président Mitterrand.

La pyramide serait-elle porteuse d'un message symbolique caché ?

### Une pyramide cachée dans le sous-sol du Louvre

C'est ce que laisse entendre Dan Brown dans le *Da Vinci Code.* On sait bien sûr que ce roman n'est pas une référence historique et qu'il a surtout contribué à relancer une rumeur très en vogue au moment de la construction de la Pyramide. En effet, l'auteur fait dire à son héros Robert Langdon, à propos de la Pyramide du Louvre : « À la demande du président Mitterrand, la pyramide a été construite avec 666 plaques de verres. »

666 n'est pas choisi au hasard puisque c'est le nombre qui est associé à la Bête dans l'Apocalypse et donc à Satan. Preuve supplémentaire, le triangle est un symbole maçonnique universel. Alors, il n'en faut pas plus pour affirmer que François Mitterrand, comme ses initiales le prouvent, était franc-maçon et a voulu marquer par cette pyramide l'emblème de la franc-maçonnerie au cœur du Paris historique. Toutefois, la réalité est bien différente. François Mitterrand n'a jamais été franc-maçon. La Pyramide du Louvre est, certes, bien constituée de triangles en verre mais elle en compte 793 exactement. Si le président français a suivi de très près cette construction, il n'a jamais rien exigé sur ses caractéristiques, laissant à l'architecte américain Ieoh Ming Pei la liberté d'exercer son art.

Le symbole de la pyramide reprend l'idée du passage de la Terre au ciel. Sa base est un carré, souvent utilisé comme symbole de la Terre, et son sommet est une pointe qui représente le centre de la voûte céleste. De nombreuses illustrations maçonniques, reprises en particulier par la secte autrichienne des Illuminés, montrent une pyramide surmontée d'un œil divin ou d'un triangle rayonnant.

Invisible de la surface, une autre pyramide se cache dans les sous-sols du Louvre. Au centre de la galerie commerciale dite « du Carrousel », une pyramide inversée tombe du plafond et pointe sur le sol de la galerie. Elle n'est pas placée là par hasard puisque la pointe de cette pyramide inversée rencontre, sur le sol, le méridien de Paris. Cet axe imaginaire était l'origine des longitudes jusqu'en 1884 et fut remplacé par un autre méridien célèbre, celui de Greenwich.

Dan Brown fait du méridien de Paris l'élément principal de son énigme. En effet, ce méridien va être le fil d'Ariane qui va conduire les deux héros à Rosslyn Chapel où Sophie Neveu découvrira la vérité sur sa famille. L'auteur du *Da Vinci Code* place l'axe de la Pyramide du Louvre sur le méridien de Paris. C'est beau, mais c'est faux !

En réalité, il est très facile de vérifier que le méridien de Paris ne passe pas par la Pyramide du Louvre. Il suffit pour cela de suivre les 135 médaillons de bronze que l'artiste hollandais Jean Dibbets a scellés, en 1984, sur le sol parisien pour matérialiser le fameux méridien. Deux de ces médaillons ont été placés à l'intérieur du musée du Louvre : l'un dans le passage Richelieu et l'autre dans l'escalier Daru. Or, si l'on relie ces deux points, la ligne ainsi formée passe très nettement à l'est de la Pyramide.

L'association des deux pyramides, l'une pointant vers le ciel et l'autre vers le centre de la Terre, est un motif symbolique souvent utilisé. On le retrouve par exemple, sous une forme stylisée, dans le sceau de Salomon (ou étoile de David) qui associe un triangle pointe en haut au bien et un triangle pointe en bas au mal. Mais l'association des deux pyramides exprime aussi la démarche initiatique suivie par les francs-maçons et résumée par la célèbre formule de Socrate : « Connais-toi toi-même, et tu connaîtras l'univers et les dieux. »

La pyramide inversée correspond au travail d'introspection que l'initié doit entreprendre sur lui-même (c'est le « connais-toi toi-même ») et la pyramide correspond à l'idée de l'élévation spirituelle (c'est le « tu connaîtras l'univers et les dieux »).

De la Pyramide du Louvre, continuons à cheminer vers l'ouest en suivant l'axe historique. Il nous faut pour cela obliquer un peu vers le nord car elle n'est pas orientée dans l'axe historique. Pour contempler le bel alignement que forment l'obélisque de la place de la Concorde, l'Arc de Triomphe de la place de l'Étoile et la Grande Arche de la Défense, il faut se placer précisément au pied de la statue équestre de Louis XIV située dans la cour Napoléon.

Et là, le plus vieil édifice de Paris se dresse au milieu de la place de la Concorde.

## Le plus grand cadran solaire du monde

L'obélisque de Louxor date de 1250 avant notre ère. Il a été offert en 1829 au roi Charles X par le vice-roi d'Égypte Méhémet-Ali pour célébrer le rôle du Français Champollion dans la découverte du sens des hiéroglyphes. Il ne sera érigé au centre de la place de la Concorde que sept ans plus tard, après un voyage de plus de deux années. Son sommet sera recouvert d'or en 1998 pour le rendre conforme aux obélisques égyptiens.

Mais l'obélisque est également le point d'intersection de l'axe historique et d'un axe perpendiculaire qui joint l'Assemblée nationale à l'église de la Madeleine, disposés à quelques centaines de mètres de l'obélisque. Les façades en forme de temples grecs des deux bâtiments se ressemblent et se regardent.

Certains ont pu voir dans cette symétrie le symbole de l'affrontement entre l'Église et la république qui eut lieu pendant la III$^{e}$ République (chapitre 6) et qui aboutit, en 1905, à la loi de séparation des Églises et de l'État. L'obélisque représente alors l'équilibre difficile à maintenir entre la loi de Dieu représentée par l'Église et la loi des hommes représentée par le Palais Bourbon. La place de la Concorde porte bien son nom.

En 1913, l'astronome Camille Flammarion, fondateur de la Société astronomique de France, eut l'idée de tracer sur la place de la Concorde les lignes du « plus grand cadran solaire du monde ». Malheureusement, la guerre de 1914 ne permit pas de réaliser le rêve de l'astronome. Ce n'est qu'en 2000 que l'architecte Denis Savoie tracera au sol les marques qui transforment la place de la Concorde en gigantesque cadran solaire.

### Le toit de la Grande Arche est un temple solaire

De toutes les réalisations de François Mitterrand, la Grande Arche de la Défense est celle qui contient le plus de symboles mystérieux. L'emplacement choisi pour cet édifice est lui-même important puisque la Grande Arche est censée couronner la grande perspective parisienne et l'ouvrir vers le futur. En ce sens, elle répond aux colonnes de la place de la Nation.

Mais le seul hic dans cette belle histoire, c'est que la Grande Arche ne se situe pas dans l'axe de la fameuse perspective parisienne. En effet, son axe est tourné de quelques degrés vers le sud par rapport à l'axe historique. On a imaginé beaucoup d'explications à ce décalage. On a raconté que François Mitterrand avait voulu montrer par là que l'homme ne devait pas rivaliser avec Dieu, seul capable d'une telle perfection. On a raconté également que le léger pivotement de la Grande Arche vers le sud par rapport à l'axe historique imitait celui de certaines églises, à l'image de la tête du Christ sur la croix.

La réalité est plus simple. La Grande Arche a dû être construite sur un paysage existant très contraignant. Bien que dans les années 1980, le quartier de la Défense n'était pas aussi dense qu'aujourd'hui, la présence de l'autoroute et des lignes de chemin de fer n'a pas permis d'aligner les fondations avec l'axe historique. Comme l'Arche ne pouvait être dans la perspective de l'obélisque de la Concorde et l'Arc de Triomphe, les architectes ont décidé, pour accentuer la symétrie de l'ensemble, de la pivoter vers le sud d'un angle égal à celui que la Pyramide du Louvre fait avec l'axe historique.

La Grande Arche est un cube parfait de 110 mètres de côté. Elle pèse 300 000 tonnes et repose sur douze piliers. Elle a été inaugurée en 1989 à l'occasion du sommet des chefs d'État des pays industrialisés (le G7), qui coïncidait avec le bicentenaire de la Révolution.

Quelques références maçonniques semblent avoir été inscrites dans l'architecture de l'Arche. L'escalier monumental, orienté vers l'ouest et qui permet d'accéder au parvis, comporte trente-trois marches. Or ce chiffre est le nombre de degrés du rite maçonnique le plus pratiqué au monde, le rite écossais ancien et accepté. Hasard ? Peut-être, surtout lorsqu'on sait que l'Arche aurait dû initialement comporter également trente-trois étages de bureaux mais que pour des raisons d'ordre économique, deux étages ont été ajoutés.

La Grande Arche est dessinée comme une fenêtre ouverte sur l'avenir qui, suivant la fameuse formule attribuée à André Malraux, « sera spirituel ou ne sera pas ». Ainsi, sa véritable symbolique est d'ordre spirituel. Elle est cachée aux yeux du visiteur et c'est du ciel qu'elle apparaît enfin. En effet, sur le toit de la Grande Arche, l'architecte Jean-Pierre Reynaud a dessiné un calendrier astrologique inscrit en granit noir sur des pavés de marbre blanc. Ce calendrier se présente sous la forme d'un cercle zodiacal mais dont on ne peut voir que des morceaux révélés par les quatre patios carrés. Seuls sont visibles les signes du cancer, du taureau, de la balance et du capricorne. Le reste du cercle est à imaginer.

Selon l'architecte, ce calendrier instaure « un réel dialogue avec la voûte céleste ». L'Arche n'est donc plus un pont horizontal entre deux points du parvis de la Défense. Elle n'est pas seulement une porte ouverte vers l'ouest censé symboliser l'avenir, elle ouvre vers le ciel. L'Arche devient un passage entre la Terre et le ciel, la Terre symbolisée par le carré largement présent dans la forme même de l'Arche, et le ciel par le cercle inscrit sur le toit de l'Arche.

Si la Grande Arche est présentée officiellement comme une fenêtre ouverte sur l'avenir, son léger décalage vers le sud la fait s'ouvrir sur… le cimetière de Neuilly. Ainsi, entre la naissance et la mort, entre l'est et l'ouest, le seul salut possible semble être une élévation vers le ciel, comme l'indique le toit de la Grande Arche.

Quant au large H majuscule inscrit au milieu du toit, inutile de chercher un symbole maçonnique caché. Il s'agit simplement du point d'atterrissage des hélicoptères !

Une autre référence astrologique est inscrite dans l'architecture parisienne initiée par François Mitterrand. Quittons l'axe historique et revenons près du Louvre, dans la cour d'honneur du Palais-Royal où un autre chantier du gouvernement socialiste a fait couler beaucoup d'encre.

### Un calendrier maya au cœur de Paris

En 1985, le ministre de la Culture Jack Lang passe commande à l'artiste Daniel Buren d'un aménagement de la cour d'honneur du Palais-Royal à Paris, utilisée comme parking par les membres du Conseil constitutionnel. Daniel Buren va organiser la cour d'honneur en répartissant de façon quasi géométrique 260 colonnes de tailles différentes, toutes tronquées, blanches rayées de noir dans le sens de la longueur et réparties en treize lignes de vingt. Ces 260 colonnes s'ajoutent aux 140 qui bordent les grandes galeries.

Pour certains, les colonnes de Buren sont une véritable œuvre d'art, pour d'autres elles constituent une offense au lieu chargé d'histoire. Pour d'autres enfin, elles ne seraient qu'un calendrier astrologique maya. En effet, l'année religieuse des Mayas se composait de treize périodes de vingt jours et comptait donc 260 jours. Par de savants calculs, quelques commentateurs ont essayé de prouver, mais sans grands résultats, que l'œuvre de Buren était en fait un temple maçonnique construit à l'insu des contribuables parisiens. Pavage mosaïque noir et blanc, colonnes dont certaines sont tronquées, alignement et orientation… ; tout cela est vrai mais la franc-maçonnerie n'a jamais eu le monopole de l'architecture classique qui ordonne et oriente des colonnes. La franc-maçonnerie puise ses symboles dans l'architecture et il n'est donc pas étonnant d'y retrouver surtout si elle s'inspire des styles classiques, des éléments qui rappellent immédiatement les symboles maçonniques.

Le Palais-Royal a un autre lien avec la franc-maçonnerie et ce lien, bien réel, s'appelle Philippe d'Orléans. Celui qui deviendra après la Révolution Philippe Égalité, est propriétaire des lieux. En 1775, il décide de transformer son jardin et fait construire sur les trois côtés du parc des immeubles aux façades identiques, sous lesquelles s'étalent de longues galeries abritant des boutiques de luxe, des cafés et des maisons de jeu. Le duc d'Orléans était aussi le grand maître du Grand Orient de France de 1771 à 1793.

Le Palais-Royal devint rapidement un lieu à la mode, mais aussi un foyer d'agitation politique.

C'est ce même duc d'Orléans qui en 1778 fera construire en plein cœur de Paris une réplique des pyramides égyptiennes.

### La pyramide du grand maître du Grand Orient

Il s'agit de la pyramide du parc Monceau. Le duc d'Orléans, cousin de Louis XVI, demande à l'architecte Bernard Poyet, membre de la loge Les Neuf Sœurs, de placer dans le jardin de son domaine de petits monuments inspirés par la franc-maçonnerie et par les mystères égyptiens très en vogue en cette fin de XVIII^e siècle. Obélisques, colonnes tronquées, tombeau étrusque et surtout cette pyramide égyptienne, tout en pierre et dont la porte, très basse comme dans les temples antiques, est encadrée de deux linteaux de pierre surmontés de deux têtes de sphinx. À l'intérieur, dit-on, se trouvait une statue de femme assimilée à la déesse égyptienne Isis. Sur ce même parc, Philippe d'Orléans avait également fait construire un temple maçonnique dans lequel il réunissait la loge Saint-Jean de Chartres qu'il avait créée. Un sous-sol avait même été creusé pour abriter les cabinets de réflexion où les futurs initiés étaient invités à méditer sur leur vie. Si le temple maçonnique fut détruit pendant le Second Empire, lors de la transformation du parc en jardin public, la pyramide égyptienne, toujours visible, est bien là, cachée entre toboggans et balançoires.

Un autre temple maçonnique a bien failli disparaître, victime de l'appétit des promoteurs immobiliers : il s'agit du « temple de l'amitié ». Ce bâtiment de six mètres de hauteur est niché au fond d'un jardin privé rue Jacob dans le 6e arrondissement de Paris. La façade est composée de quatre colonnes doriques et un escalier à six marches permet d'atteindre une salle circulaire qui surprend puisque le bâtiment est carré. Un autre escalier descend dans un sous-sol d'où partait, selon la légende, un souterrain dont l'entrée ne fut jamais retrouvée.

Son origine n'est pas connue avec certitude. Il aurait été construit sous le Premier Empire par la loge À l'Amitié. Personne ne connaît la signification exacte des trois lettres DLV inscrites au fronton de ce temple. DLV, 555 en chiffres romains, renvoie aux nombres 3 et 5, qui sont les nombres respectifs de la maçonnerie masculine et de la maçonnerie féminine très en vogue à la fin du XVIIIe siècle, comme nous l'avons vu au chapitre 4.

Malheureusement, ce petit temple maçonnique n'est pas visible de la rue et ne se visite pas. Si vous voulez voir d'autres bâtiments ornés de décorations et de symboles maçonniques, il faut franchir les hautes portes du plus célèbre des cimetières parisiens, celui du Père-Lachaise.

### Aucun mortel n'a encore osé soulever mon voile

Ce cimetière abrite de nombreuses tombes de francs-maçons célèbres. Arago, Félix Faure, l'architecte Brongniart, le physicien Lakanal, le sculpteur

Bartholdi, le chimiste Raspail, Monge, Champollion, Nadar, le célèbre Cambacérès et Louis Murat sont inhumés au Père-Lachaise. Mais paradoxalement, leur tombe ne dévoile pas leur appartenance maçonnique. Pour trouver des symboles comme l'équerre, le compas ou le rameau d'acacia, il faut se tourner vers les tombes de francs-maçons moins connus.

Ces symboles maçonniques vont de la discrète feuille d'acacia, dont le bois imputrescible est symbole d'immortalité, jusqu'à l'association de l'équerre et du compas, véritable symbole de la franc-maçonnerie.

La sépulture du chimiste François Raspail, qui fut un franc-maçon anticlérical engagé et un humaniste actif, est étonnante. En effet, le bas-relief de cet imposant édifice montre une femme éplorée recouverte entièrement d'un voile. Une veuve ? Oui, peut-être, mais pourquoi son voile lui couvre-t-il entièrement le corps et le visage ? Parce que cette femme est en fait la déesse égyptienne Isis, sœur et épouse du défunt Osiris. Isis est l'archétype de la sœur et de la veuve réunies dans un même personnage.

Isis est d'ailleurs un personnage repris par l'Ancien Testament et par les francs-maçons, en la personne de la mère du premier architecte Hiram, personnage central de la mythologie maçonnique. Les francs-maçons s'appellent d'ailleurs « les enfants de la veuve » en référence à cette légende qui invite au mystère, puisque sur la tombe d'Isis à Memphis on peut lire : « Aucun mortel n'a encore osé soulever mon voile. »

Mais d'autres monuments funéraires pourraient nous induire en erreur. En effet, aux XVIII^e et XIX^e siècles, les symboles ésotériques d'inspiration égyptienne ou orientale étaient à la mode et leur côté mystérieux était particulièrement adapté à l'idée de la mort et du voyage vers l'au-delà. Ainsi, des pyramides et des obélisques monumentaux surgissent ici et là sur des tombes de personnages qui, pour la plupart, n'ont pas été francs-maçons.

C'est le cas de l'imposant monument funéraire de la duchesse Duras qui, bien que n'étant pas franc-maçonne, souhaita un monument funéraire en forme d'obélisque de pierre sur lequel l'ange de la mort transporte les âmes des défunts vers... un delta rayonnant, symbole maçonnique du Grand Architecte de l'univers !

Mais les grands hommes ou en tout cas reconnus comme tels par la patrie ne sont pas enterrés au Père-Lachaise mais dans un autre lieu chargé d'histoire, le Panthéon.

## Aux grands hommes, la patrie reconnaissante

Le Panthéon est, à l'origine, destiné au culte chrétien. Louis XV le fait construire pour remercier Dieu de l'avoir sauvé d'une maladie qui aurait pu l'emporter. L'architecte Soufflot construit une gigantesque église qui s'inspire du Panthéon que l'empereur Hadrien fit construire à Rome en 125 de notre ère. Le chantier commence en 1764 par le creusement d'une crypte et s'achève un an après la Révolution. C'est d'ailleurs le nouveau régime politique qui rebaptise le Panthéon, car de temple de la religion il devient temple de la patrie.

Sur son fronton, l'inscription « Aux grands hommes, la patrie reconnaissante » ne laisse aucun doute sur la destination de ce bâtiment de conception religieuse. Pourtant, le Panthéon s'est successivement appelé au cours de l'histoire de France « église Sainte-Geneviève », « temple de la Gloire », puis « temple de l'Humanité ». C'est en 1885, à l'occasion des funérailles de Victor Hugo, qu'il prend enfin son nom actuel.

Louis XV destinait la crypte aux Bourbons. Ainsi, c'est trois cents places que Soufflot va réserver pour les rois à venir. Aujourd'hui, 77 personnages célèbres y sont enterrés. Parmi eux, 31 francs-maçons dont Voltaire, Monge, l'homme politique et franc-maçon Victor Schœlcher qui, en 1848, joua un rôle décisif en convainquant le gouvernement d'abolir l'esclavage, Léon Gambetta, Félix Éboué, Jean Moulin et le physicien Paul Langevin, professeur au Collège de France et président de la Ligue des droits de l'homme.

Mirabeau, également franc-maçon et membre de la très célèbre loge Les Neuf Sœurs, fut le premier grand homme a être reçu au Panthéon et le premier à en sortir ! En effet, quelques mois après sa mort, on découvrit dans les tiroirs secrets de son secrétaire des lettres échangées avec le roi Louis XVI et l'Autriche. Cette correspondance montrait sans ambiguïté que Mirabeau complotait pour rétablir l'Ancien Régime. Après cette découverte, la dépouille mortelle du traître fut retirée du

Panthéon, brûlée et ses cendres finirent dans les égouts de Paris !

Pendant que ce jour du 21 septembre 1793, le cercueil de Mirabeau était sorti du Panthéon par une porte latérale, celui du franc-maçon révolutionnaire Marat assassiné dans sa baignoire franchissait la porte d'honneur. Mais Marat ne restera pas non plus très longtemps dans la crypte des grands hommes puisqu'en février 1795, il est considéré comme traître, son cercueil est retiré du Panthéon et tous les bustes le représentant sont brisés.

Du sommet de la coupole du Panthéon part un long câble auquel est accroché un poids. Ce pendule a été installé par le physicien Foucault en 1891 pour mener une expérience tendant à prouver la rotation de la Terre. L'invitation à voir tourner la planète est un immense succès à la fois scientifique et populaire. Le pendule fut enlevé pour être réinstallé en 1995. On ne peut que remarquer l'analogie de ce pendule avec le fil à plomb qui descend du plafond des loges maçonniques et qui symbolise l'axe du monde. Le pendule est également le symbole de l'illusion de l'absolu, puisqu'il suffit de le mettre en mouvement pour voir la rotation de la Terre, dynamique invisible à nos yeux parce que nous sommes également dans ce mouvement.

Mais le plus cocasse concernant les rapports entre la franc-maçonnerie et le Panthéon, c'est le discours en forme de poème que prononça l'abbé Alexandre-Gui Pingré à l'occasion de la pose de la première pierre du Panthéon. L'abbé Pingré avait la particularité d'être à la fois chanoine de l'église Sainte-Geneviève et vénérable, c'est-à-dire président de la loge Les Cœurs simples de l'étoile Polaire.

Voilà ce que nous dit ce singulier personnage : « Lorsque le sceptre en main Louis dicte des lois/ En son maître un Français bénit un tendre père, / Si, pour fonder un temple il prend en main l'équerre/En son frère un maçon voit le plus grand des rois. »

## De chaque côté de l'Atlantique, les déesses se regardent

En 1880, l'État français commande au sculpteur Bartholdi une statue à offrir à l'Amérique pour commémorer le centenaire de l'indépendance américaine et en signe d'amitié entre les deux nations. C'est la fameuse statue de la Liberté. Elle est restée longtemps le plus haut monument de New York et c'était sa flamme dorée que les émigrés apercevaient en premier lorsqu'ils approchaient du Nouveau Monde. Mais aujourd'hui, si vous voulez la voir, inutile de prendre l'avion pour New York puisqu'une réplique en bronze est visible à Paris au bout de l'allée des Cygnes, sur l'île située près du pont de Grenelle. La réplique a été placée de telle sorte que les deux statues se regardent. Quelle belle illustration de l'amitié franco-américaine !

La liberté est symbolisée par une femme brandissant une torche. On raconte que Bartholdi, lors d'une émeute violente, aurait été impressionné par la vision d'une femme tenant une torche à la main et incitant les hommes au combat avant de s'écrouler sous les tirs.

Bartholdi décrit lui-même sa statue en ces termes : « Une statue représentant la Liberté éclairant le monde, qui consiste, fondamentalement en un personnage féminin drapé, avec un bras levé, portant une torche, alors que l'autre tient une tablette gravée, et avec un diadème sur la tête. »

Dans sa main gauche, la statue tient un livre représentant la Déclaration d'indépendance des États-Unis. À ses pieds, des chaînes brisées symbolisent l'oppression abolie. Cette figure féminine s'inspire des Mariannes républicaines mais, à la place du bonnet phrygien, elle porte un diadème à sept rayons qui représentent les sept mers et continents, et affirme ainsi l'universalité des principes de la déclaration d'Indépendance des États-Unis d'Amérique.

Bartholdi, franc-maçon, est membre de la loge Alsace-Lorraine. La statue de la Liberté est elle aussi un parfait exemple de l'usage des symboles maçonniques très en vogue à cette époque pour mettre en scène « la liberté éclairant le monde », comme s'appelait la statue à l'origine.

En effet, pour les francs-maçons, la lumière représente la vérité et la connaissance. C'est en accédant à la connaissance et à la vérité, qui ne sont pas, au contraire des religions, révélées mais à construire, que l'homme se libère de ses passions, de ses peurs et de son ignorance. C'est de cette façon qu'il conquiert sa liberté.

La statue repose sur un socle pyramidal à trois niveaux correspondant aux trois degrés maçonniques : apprenti, compagnon, maître. La torche tenue dans la main droite est censée éclairer le monde. Dans l'esprit de Bartholdi, la lumière qui éclaire le monde est avant tout l'héritage de la philosophie des Lumières, née en France au XVIIIe siècle et qui a inspiré les fondateurs de la nation américaine.

### Bartholdi avait-il prédit les attentats du World Trade Center ?

Mais on peut faire dire à peu près tout et son contraire aux nombres et symboles si l'on ne sait pas les lire. Certains s'échinent à rechercher dans la statue de la Liberté l'apparence de divinités babyloniennes comme la déesse du Soleil Shamash, Tiamat, Sémiramis ou Ishtar, symbole de la corruption et de décadence dans la Bible. Ils affirment donc que la statue de la Liberté symbolise l'Amérique décadente cherchant à instaurer un ordre nouveau. Il est, certes, possible qu'en tant que franc-maçon, Bartholdi se soit inspiré de l'art antique et des mystères antiques, égyptiens et babyloniens.

D'autres, amateurs de numérologie, affirment que la statue de la Liberté contient dans sa structure des informations sur l'attentat de New York du 11 septembre 2001. La preuve ? La statue mesure 111 pieds de haut et 151 pieds avec le piédestal. Or 111 et 151 sont liés, toujours suivant les numérologues, par la formule suivante : 111 minutes = 1 heure et 51 minutes. Ces mesures de hauteur sont donc en fait des indications de temps. Or, il restait exactement 111 jours avant la fin de l'année au moment des attentats du World Trade Center.

La statue de la Liberté pour prévoir les drames ? Oui, puisqu'elle indique le lieu où disparaît la princesse Diana. Non ? Vous ne voyez pas ? Eh bien en 1997, Lady Di trouve la mort lorsque sa voiture s'écrase sur une pile du souterrain du pont de l'Alma. Juste au-dessus se trouve la reproduction de la flamme dorée de la statue de la Liberté.

Alors ? coïncidence ? message secret des francs-maçons ? Le frère Bartholdi visionnaire ? Décidément, certains sont prêts à tout, même à se ridiculiser, pour essayer de faire croire par ces prétendues preuves que les francs-maçons complotent dans l'ombre pour tirer les ficelles du monde !

Ce qu'il est, en revanche, important de souligner, c'est qu'au XIXe siècle, les sculpteurs n'avaient pas besoin de cacher ni leur appartenance maçonnique (elle était souvent connue de tous), ni celle de leurs concitoyens, ni encore de dissimuler les messages de liberté portés par la franc-maçonnerie. Pour preuve, en 1895, Bartholdi sculpte La Fayette et Washington, les deux héros de l'indépendance américaine, se donnant une poignée de main très maçonnique ! Cette statue en bronze, toujours visible place des États-Unis à Paris, montre, à qui saura lever les yeux, le fameux signe supposé très secret que les francs-maçons utilisent pour se reconnaître entre eux.

### Le petit temple maçonnique du Champ-de-Mars

Non loin du pont de l'Alma, caché au bout d'une impasse donnant sur le Champ-de-Mars, un petit bâtiment récent intrigue par sa forme classique et ses symboles mystérieux. Cet étrange bâtiment a été commandé par la Ville de Paris en 1989 pour commémorer le bicentenaire de la Révolution française et est dédicacé à la Déclaration des droits de l'homme et du citoyen.

Cette déclaration marque la fin de l'Ancien Régime et le début d'une ère nouvelle. Elle s'inspire de la déclaration d'Indépendance des États-Unis et des grands principes de la philosophie des Lumières. Avant d'être adoptée par l'Assemblée nationale, la Déclaration des droits de l'homme et du citoyen a été pensée et rédigée dans les loges maçonniques du XVIIIe siècle. La Fayette en a été l'un des rédacteurs et c'est lui qui la présentera à l'Assemblée. Il est donc naturel d'associer ce texte et le bâtiment qui lui est dédié à la symbolique maçonnique.

Inutile de se briser le cou ou de chercher à la loupe ces symboles. Ils sont gravés dans la pierre et le bronze de façon très visible. Le bâtiment est construit comme un temple antique en pierre de taille et repose sur une double plate-forme. De l'extérieur, le visiteur croit voir une imposante pierre d'une hauteur double de sa longueur.

L'architecte Yvan Theimer décrit son œuvre par ces mots : « Un édifice dessiné et décoré visiblement pour favoriser l'élévation de l'esprit ; bref, un temple. Un édifice en pierre de taille, de dimension modeste, quoique imposant par la configuration et les proportions se référant aux modèles antiques. [...] Dans la façade sont insérés deux obélisques, élevant au ciel une véritable encyclopédie de textes, de symboles, d'images qui ne concernent pas seulement la Révolution, mais toutes les idées, les mots d'ordre, qui depuis les débuts de l'histoire, tendent à promouvoir la dignité humaine, la liberté et la raison. »

La façade nord-est du bâtiment semble être l'entrée. C'est vers la lourde porte de bronze encadrée par deux grosses colonnes blanches que le visiteur se dirige spontanément. Mais elle est fermée. Pas de fenêtre ni d'ouverture pour scruter l'intérieur du temple.

L'autre façade est ornée de deux obélisques de bronze dont le sommet dépasse le toit. Devant ces colonnes, deux statues étranges interpellent le visiteur. Celle de droite représente un homme vêtu d'une toge tendant les bras vers l'avant comme s'il évoquait un dieu mystérieux, pratiquait un rite ancien ou invitait le visiteur à le rejoindre. Il porte son pied droit en avant comme les représentations antiques des pharaons. La statue de gauche montre une femme également vêtue d'une toge qui conduit un enfant nu. L'enfant représente Horus, fils d'Isis et d'Osiris. Il porte sur la tête un drôle de chapeau en forme de cylindre, comme les bonnets égyptiens symboles de la connaissance, et son pied gauche en avant montre qu'il n'est qu'au début de son chemin initiatique. Car c'est bien un parcours initiatique que ces statues nous décrivent.

## L'essentiel est invisible pour les yeux

La femme et l'enfant sont placés à gauche du temple sur la première marche de la plate-forme.

La statue de droite est placée sur la deuxième marche. Cette progression reprend celle que l'on observe dans les temples maçonniques. En effet, le temple maçonnique, à l'image du temple de Salomon, est divisé en deux parties. La première, appelée « hékal », est le sanctuaire et la deuxième, appelée « Débir », est le saint des saints. Le temple maçonnique est symboliquement orienté d'ouest en est. Le « Débir » est situé à l'orient, c'est-à-dire à l'est, et l'« hékal » occupe le reste de l'espace. Une plate-forme constituée de trois marches permet d'accéder à l'orient. Sur la première marche, une pierre brute est posée à gauche. Sur la deuxième marche, à droite, c'est une pierre taillée qui est installée.

Cette mise en scène symbolise la progression de l'initié qui passe du grade d'apprenti (pierre brute à gauche) à celui de compagnon (pierre taillée à droite) pour enfin devenir un initié, représenté par le delta lumineux disposé au centre de la loge. Les statues du monument des Droits de l'homme nous délivrent le même message. D'abord l'enfant nu, accompagné dans sa démarche, puis l'homme sage et enfin le temple dont l'entrée, invisible, est à chercher entre les deux colonnes de bronze.

Sur ce mur, un triangle est gravé dans la pierre. Au centre de cette figure, un trou, également en forme de triangle, permet aux curieux de regarder à l'intérieur du bâtiment et d'apercevoir… la face antérieure de la porte de bronze située de l'autre côté. Surprise. Le temple est donc vide. Lorsque notre œil s'habitue à la pénombre, nous parvenons à distinguer sur la face intérieure de la porte d'entrée entièrement sculptée des textes gravés mais impossibles à lire.

Je vous l'avais dit : « L'essentiel est invisible pour les yeux ! »

**À lire**

*Architectures maçonniques*, AAM Éditions, 2006.

AURILLAC, Raphaël, *Guide du Paris maçonnique*, Dervy, 2005.

BAYARD, Jean-Pierre, *La Tradition cachée des cathédrales*, Dangles, 1990.

CÉSARI, Dominique, *Les Jardins des Lumières en Île-de-France*, Parigramme, 2005.

MAINGUY, Irène, *La Symbolique maçonnique du troisième millénaire*, Dervy, 2001.

RACZYNSKI, Richard, *Guide du Paris initiatique*, Dualpha, avril 2006.

VINCENT, Robert, *Géométrie du nombre d'or*, Chalagam, 2001.

## CHAPITRE 10

# Le secret des symboles maçonniques

« Moi, je déclare les francs-maçons plus bêtes que les vieilles dévotes. [...] Ces nigauds-là ne font qu'imiter les curés. Ils ont pour symbole un triangle au lieu d'une croix. Ils ont des églises qu'ils appellent des "loges" avec un tas de cultes divers : le rite écossais, le rite français, le Grand Orient, une série de balivernes à crever de rire.

[...] Et il fallait voir mon oncle Sosthène offrir à dîner à un franc-maçon. Ils se rencontraient d'abord et se touchaient les mains avec un air mystérieux tout à fait drôle, on voyait qu'ils se livraient à une série de pressions secrètes. Quand je voulais mon oncle en fureur, je n'avais qu'à lui rappeler que les chiens aussi ont une manière toute franc-maçonnique de se reconnaître.

Puis mon oncle emmenait son ami dans les coins, comme pour lui confier des choses considérables ; puis, à table, face à face, ils avaient une façon de se considérer, de croiser leurs regards, de boire avec un coup d'œil comme pour se répéter sans cesse : "Nous en sommes, hein !"

Et penser qu'ils sont ainsi des millions sur la Terre qui s'amusent à ces simagrées ! J'aimerais encore mieux être jésuite. »

Par ces propos cocasses, Guy de Maupassant présente son oncle Sosthène, franc-maçon et libre-penseur, dans le recueil de nouvelles intitulé *Les Sœurs Rondoli*, paru en 1884.

Pour beaucoup, les francs-maçons s'amusent ainsi à des simagrées. Ils s'appellent « frères » ou « sœurs ». Ils se reconnaissent entre eux en se donnant des poignées de main étranges. Ils cultivent le secret sur leur appartenance et sur leurs pratiques rituelles. Ils ornent leurs temples de symboles insolites souvent macabres. Bref, la franc-maçonnerie constitue un monde à part qu'il est difficile de connaître si l'on n'en fait pas partie.

Beaucoup pensent que les francs-maçons seraient plus sympathiques s'ils ne se livraient pas à tous ces rituels bizarres et désuets. Mais dans ce cas, la franc-maçonnerie serait-elle encore la franc-maçonnerie ? D'où vient alors le goût des francs-maçons pour les symboles, les mythes et les diverses attitudes qu'ils utilisent pour se reconnaître entre eux ? D'où vient enfin ce goût pour le secret qui, aux yeux de certains, dessert la franc-maçonnerie plutôt qu'il ne la sert ? Le secret maçonnique existe-t-il et quelle est sa nature ?

C'est ce que nous allons voir dans ce chapitre.

**Des secrets bien gardés... enfin presque !**

Le premier secret concerne le contenu des rites maçonniques. Ces rites structurent la démarche initiatique des francs-maçons en degrés (par exemple, le rite écossais ancien et accepté comporte 33 degrés). Pour faire simple, disons que les degrés sont un peu comme les ceintures de couleur au judo. Tant qu'on n'est pas à l'aise dans la ceinture blanche, inutile d'aller voir ce qui se passe du côté de la ceinture jaune. Ainsi, un maître maçon s'engage à ne pas dévoiler à un compagnon les connaissances qui sont inscrites dans son degré. *Idem* en ce qui concerne un compagnon pour un apprenti et un apprenti pour un profane. Cet interdit est valable pour tous les degrés. Il garantit le bon fonctionnement de la méthode initiatique et, dans une certaine mesure, son efficacité puisque les degrés sont franchis sans brûler les étapes, les uns après les autres. La franc-maçonnerie est donc très cloisonnée et même si aujourd'hui les rituels maçonniques sont en partie publiés, le secret est bien gardé.

Autre secret, celui de l'appartenance maçonnique. Certes, la franc-maçonnerie est aujourd'hui libre (sauf dans les pays totalitaires et les pays islamistes) et reconnue, mais elle a dû, dans un passé pas si lointain, imaginer des astuces pour assurer la tranquillité et parfois même la protection de ses membres. Cette tradition a traversé les siècles et a permis aux francs-maçons de se protéger contre les attaques répétées des pouvoirs en place et des Églises.

Ainsi, un franc-maçon s'engage à ne jamais révéler l'appartenance maçonnique d'un de ses frères ou d'une de ses sœurs. C'est une simple question de liberté individuelle et de respect de la vie privée. En revanche, en ce qui le concerne, il est libre d'afficher ou de cacher son appartenance. Certains choisissent de dire qu'ils sont francs-maçons et d'autres préfèrent le cacher pour vivre leur engagement en toute tranquillité. Mais cette restriction provient surtout des différentes époques où le pouvoir interdisait la franc-maçonnerie, le dernier étant le gouvernement de Vichy en août 1940. Le souvenir de cette période difficile pour les francs-maçons est toujours inscrit dans la mémoire des plus âgés.

Mais alors, s'il n'existe pas de liste publique donnant les noms et les adresses des francs-maçons, comment se reconnaissent-ils entre eux ?

### Des mots secrets changés tous les six mois

C'est simple… en apparence. Lorsqu'un franc-maçon veut se faire reconnaître comme tel par un autre franc-maçon, il lui donne une poignée de main particulière. Au lieu de serrer la main normalement, il appuie avec son pouce à un endroit précis de la main de la personne rencontrée. Bien entendu, je ne vous donnerai pas l'endroit précis où se porte cette pression. C'est un secret que je me suis engagé à ne pas révéler. Mais il est facile de le connaître, par exemple en examinant la poignée de main très maçonnique que La Fayette et Washington s'échangent sur la sculpture de Bartholdi qui orne la place des États-Unis à Paris (voir chapitre 9).

Mais que ceux qui essayeraient par cette poignée de main de se faire passer pour francs-maçons alors qu'ils ne le sont pas se méfient. En effet, la poignée de main n'est que le début d'une sorte de procédure d'identification très complexe où se mêlent demande de mots de passe et questions sur le contenu du premier degré. Ainsi à la question, « quel âge avez-vous ? », un franc-maçon ne répondra pas son âge réel mais son âge symbolique, c'est-à-dire le nombre associé à son degré, 3 s'il est apprenti et 5 s'il est compagnon par exemple.

D'où viennent ces pratiques étranges et si obsolètes ? Elles remontent au Moyen Âge, d'où la franc-maçonnerie moderne tire ses symboles et sa pratique. À cette époque, les corporations, soucieuses de conserver les secrets de leur métier et leurs prérogatives, avaient mis en place une méthode permettant aux membres de se reconnaître entre eux. C'était particulièrement utile lorsque les ouvriers voyageaient de chantier en chantier.

Cette pratique ancienne est toujours utilisée aujourd'hui par la majorité des obédiences maçonniques. Ainsi, elles utilisent des mots de passe particuliers appelés « mots de semestre » qui, comme leur nom l'indique, changent tous les six mois. Ce sont deux mots, généralement le nom d'un franc-maçon célèbre et un mot désignant une vertu. Ils sont nécessaires pour accéder aux loges maçonniques. Le fait de les changer régulièrement permet d'interdire l'entrée des temples aux frères qui auraient quitté la franc-maçonnerie.

Cette procédure de reconnaissance est utile lorsqu'un franc-maçon voyage et désire assister à une tenue dans une loge où il n'est pas connu. En effet, n'importe quel franc-maçon peut aller assister aux réunions d'une autre loge que la sienne, à condition qu'il puisse se faire reconnaître comme franc-maçon. Inutile de dire, « bonjour, je m'appelle X et je suis franc-maçon ». À l'entrée, il doit prouver qu'il est bien franc-maçon en donnant les mots de semestre.

La plupart du temps, les francs-maçons se reconnaissent par le hasard des rencontres. Mais les francs-maçons restent très méfiants, en particulier dans le monde professionnel, et évitent de se dévoiler. Il est vrai que les francs-maçons utilisent, par habitude ou par réflexe, des termes maçonniques qui peuvent les démasquer. Mais ces termes ne sont pas la propriété des francs-maçons et ce n'est pas parce que votre collègue de travail fait un exposé « en trois points », utilise la formule « je vais vous éclairer » pour dire « je vais vous expliquer » ou enfin utilise le terme « plancher » pour dire « travailler » qu'il est franc-maçon.

Il faut reconnaître que si ces « simagrées », comme les appelait Guy de Maupassant, sont devenues un peu désuètes, elles excitent l'imagination de ceux qui aiment voir des complots à chaque coin de rue. Ainsi, un article récent d'un hebdomadaire français affirmait : « Édouard Balladur est franc-maçon puisque sur la plupart des photos, il est représenté une main sur le front, ou qu'il a une façon particulière de se gratter le sommet du crâne. » D'autres affirment enfin que le fait de toucher ses lunettes d'une certaine manière, de poser un doigt sur la bouche ou de croiser les mains sous le menton sont également les signes d'appartenance à la fraternité maçonnique. Tout cela n'est pas sérieux mais alimente régulièrement la presse en mal de scoop.

La franc-maçonnerie est une tradition orale. Les enseignements et les rituels des premiers francs-maçons n'étaient pas écrits et se transmettaient uniquement de bouche à oreille. Au XVIII$^{e}$ siècle, les francs-maçons ont commencé à écrire les rituels qu'ils pratiquaient. Une question s'est alors rapidement posée à eux : comment écrire des mots de passe et autres secrets qui doivent, par définition, ne jamais être écrits ? La réponse est simple : en employant une forme codée ou en utilisant un alphabet particulier.

## Les frères trois points

Dans le code maçonnique, chaque lettre de l'alphabet est remplacée par un signe particulier qu'il est facile de reconstituer à partir d'une grille. Cette grille est formée de carrés et de croix dans lesquels les lettres sont placées dans l'ordre alphabétique. Il suffit alors de remplacer chaque lettre par la portion du dessin de la grille qui le contient. Mais ce code était tellement connu qu'il a rapidement été relégué au musée. En revanche, un autre code est resté en usage. Il consiste simplement à remplacer la fin d'un mot par trois points formant un triangle équilatéral pointe en haut.

Les « frères trois points », voilà comment François Mitterrand appelait les francs-maçons. À l'origine, ce procédé permettait de cacher les mots de passe ou les mots importants des rituels. Cette technique est toujours en usage mais il s'agit plus d'une tradition qu'autre chose. En effet, les mots de passe ainsi cachés se retrouvent souvent écrit en toutes lettres dans les livres ou les articles de presse. Mais cette technique est surtout utilisée pour respecter l'anonymat des frères et des sœurs sur des convocations ou des programmes de loges.

Une polémique circule à ce propos sur internet. Quelques personnes se sentant injustement traitées par la justice française affirment avoir repéré, dans les courriers échangés par les magistrats à propos de leurs affaires, des codes particuliers bien étranges. Trois points ou trois étoiles formant un triangle pour séparer deux paragraphes ou finir un texte. Ils accusent ainsi les magistrats de signer leur courrier par une marque et de signaler à leur destinataire leur qualité de maçon afin de lui faire examiner cette affaire de façon particulière. Mais cette figure, appelée « cul-de-lampe », est bien connue des typographes qui l'utilisent depuis l'invention de l'imprimerie pour séparer deux portions de textes dans un document. Elle n'a rien à voir avec la franc-maçonnerie.

Toutefois, certains francs-maçons s'amusent à placer trois points dans leur signature pour montrer qu'ils sont bien francs-maçons. Là encore, c'est un procédé peu usité aujourd'hui car peu efficace puisque tout le monde peut l'utiliser. On l'a vu, ce n'est pas comme cela que l'on prouve que l'on est franc-maçon si on a besoin de le faire.

Les francs-maçons se désignent entre eux par l'expression « les enfants de la veuve. » Cette formule vient du fait que les francs-maçons se retrouvent dans le personnage d'un mythe qui est au cœur de l'initiation maçonnique : le mythe d'Hiram.

Mais pourquoi les francs-maçons ont-ils besoin de se raconter des légendes ?

## Tout mythe est un drame humain condensé

Le philosophe Gaston Bachelard disait que « tout mythe est un drame humain condensé. Et c'est pourquoi tout mythe peut si facilement servir de symbole pour une situation dramatique actuelle ». Tous les symboles et tous les mythes de la franc-maçonnerie ont pour fonction d'apporter un support à la réflexion des femmes et des hommes qui cherchent à mieux comprendre le sens de leur vie et leur place dans l'univers.

Ce n'est pas nouveau. Les hommes ont toujours eu besoin d'histoires portées par des êtres imaginaires. Cela a existé de tout temps, depuis les mythologies égyptiennes et grecques qui mettaient en scène les passions humaines et les phénomènes naturels jusqu'aux jeux de rôles modernes, en passant par les contes de notre enfance ou le théâtre de Guignol qui nous permettaient d'exorciser nos peurs.

Les religions monothéistes ont canalisé ces mythes, symboles et cultes issus de l'Antiquité dans un système organisé. La franc-maçonnerie a fait de même. Mais à la grande différence des religions, la franc-maçonnerie ne délivre aucun message secret venu de la nuit des temps et révélé par quiconque, qu'il s'appelle gourou, prophète, grand sage, pape ou grand maître. La franc-maçonnerie propose des outils et des méthodes pour mieux comprendre le monde, mieux sentir sa place dans ce monde et donner un sens à sa vie. C'est ce que les francs-maçons appellent l'initiation. Pas de mystères bizarres, pas de révélation magique, pas de transe ni d'esprit d'un autre monde. Les seuls cultes que les francs-maçons pourraient être amenés à honorer sont ceux de la raison et du travail.

La franc-maçonnerie, comme toute tradition spirituelle, utilise des symboles et des mythes qui lui permettent d'atteindre des connaissances difficiles à saisir par la simple lecture d'un texte. Ces mythes et symboles ont été repris d'autres traditions plus anciennes, comme le mythe d'Hiram, qui prend sa source dans l'Ancien Testament et se poursuit dans le monde de la légende.

**Les trois compagnons en colère tuent le maître**

L'histoire du Temple construit par le roi Salomon est racontée dans l'Ancien Testament dans le Livre des rois. L'architecte, appelé Hiram, est chargé de la construction du Temple.

Deux passages de la Bible décrivent la construction du Temple. Le premier est dans le Livre des rois et le second est au Livre des chroniques. Voici comment l'histoire commence : « Le roi Salomon fit venir de Tyr Hiram, fils d'une veuve de la tribu de Nephthali, et d'un père tyrien, qui travaillait sur l'airain. Hiram était rempli de sagesse, d'intelligence, et de savoir pour faire toutes sortes d'ouvrages d'airain. Il arriva auprès du roi Salomon, et il exécuta tous ses ouvrages. Il fit les deux colonnes d'airain. La première avait dix-huit coudées de hauteur, et un fil de douze coudées mesurait la circonférence de la seconde. Il fondit deux chapiteaux d'airain, pour mettre sur les sommets des colonnes ; le premier avait cinq coudées de hauteur, et le second avait cinq coudées de hauteur. »

L'histoire s'arrête là où commence la légende. Au XVIII^e^ siècle, Hiram fait son entrée dans les rituels maçonniques. De l'Ancien Testament, avec quelques erreurs de traduction, quelques erreurs d'orthographe et beaucoup d'imagination, a été tirée l'histoire qui forme le mythe central de la franc-maçonnerie. Le Temple du roi Salomon n'est pas pris par les francs-maçons dans son acception historique ni religieuse. Il est pris comme l'archétype de la construction d'un espace sacré. Mais la légende va plus loin puisqu'un drame va mettre fin au chantier et laisser le temple inachevé.

Nous sommes sur le chantier du temple du roi Salomon : « Chaque jour, Hiram entre dans le Temple pour prier et tracer sur sa planche à dessin ses dessins que les ouvriers doivent réaliser. Alors qu'il partait un soir, il est accosté par trois compagnons très désireux de découvrir les secrets des maîtres maçons. Chacun menace l'architecte et l'attaque avec ses outils. Le troisième lui porte un dernier coup fatal. Hiram meurt sans avoir divulgué les secrets qu'il s'est engagé à protéger. Les paroles secrètes du maître maçon s'en vont dans la tombe avec lui. »

La beauté de cette légende a inspiré de nombreux auteurs comme Goethe, qui reprend dans *Nostalgie bienheureuse* l'idée de construction du temple intérieur. Gérard de Nerval va également contribuer à propager cette légende en la racontant avec beaucoup de détails dans son *Voyage en Orient.*

La mort de l'architecte laisse le chantier inachevé. Cette légende qui, au cours des temps, a été enrichie devint le support d'un enseignement moral. Les trois compagnons symbolisent respectivement notre ignorance, notre ambition démesurée et notre fanatisme, autant de risques sur le chemin de l'initié. Savoir débusquer, comprendre, accepter ou combattre ces trois faiblesses est le message du mythe d'Hiram. Plus encore, la mort d'Hiram et la perte de ses secrets nous montrent que le chantier est ouvert et que tout est à reconstruire, indiquant ainsi l'aspect éphémère de notre passage sur Terre et la nécessité de rechercher partout ce qui nous permettra de construire le temple de Salomon, symbole de notre temple intérieur.

Et pour construire, on le sait bien, il faut des outils.

### Construire un temple à la vertu et un tombeau pour le vice

Rappelez-vous, enfant, vous avez peut-être entendu un maître ou un professeur vous dire : « Un mauvais ouvrier a toujours de mauvais outils. » Ce proverbe dont l'origine exacte est inconnue daterait du XIII$^{e}$ siècle. La franc-maçonnerie a repris à son compte l'idée du compagnonnage selon laquelle l'ouvrier et l'œuvre ne font qu'un. Un franc-maçon est un bâtisseur dont le premier travail consiste à se bâtir lui-même. Pour cela, il a besoin d'outils, de connaître le métier et d'apprendre l'art de bâtir.

La philosophie maçonnique repose sur l'analogie suivante : l'homme doit bâtir sa vie comme on bâtit un temple. Les fondations d'abord, puis les murs solidement posés sur le sol et montés suivant la verticale, et enfin le toit en voûte ou en pointe qui se perd dans les cieux. L'homme est donc à la fois l'ouvrier qui construit la cathédrale et la cathédrale elle-même. Cette idée est bien résumée dans cette phrase de Paul Valéry : « À force de construire, je crois bien que je me suis construit moi-même. » Cette analogie n'est pas nouvelle et n'a pas été inventée par les francs-maçons. Elle a été reprise de la philosophie de corporations de métiers. On la retrouve également dans le compagnonnage où l'ouvrier et l'œuvre ne font qu'un.

Mais à l'image du temple du roi Salomon, l'œuvre du franc-maçon n'est jamais terminée. Le but de la franc-maçonnerie est le perfectionnement de l'homme. Ce n'est pas le rendre parfait. Qui pourrait le prétendre ? Mais c'est lui permettre, par un travail incessant, de se perfectionner de façon permanente.

Pour travailler à se bâtir, les francs-maçons utilisent donc des outils mais ces outils, inspirés du monde de la construction, ne sont pas de vrais outils. Ce sont des symboles.

Les symboles que les francs-maçons utilisent dans leurs rites sont connus de tous : équerre, compas, fil à plomb, delta lumineux, colonnes... Ils intriguent souvent les profanes qui voient là une forme d'adoration primitive. Mais ces symboles ne sont pas des dieux ni des idoles et encore moins des objets de culte. Ils ne sont que des outils que les francs-maçons utilisent comme support de leur réflexion. Ni plus ni moins. Vous ne verrez jamais un franc-maçon se prosterner ou prier devant un triangle, une équerre, un compas.

Alors, à quoi peuvent bien servir les symboles ? À construire, bien sûr. D'où viennent-ils ? Du Moyen Âge !

**D'où viennent les symboles maçonniques ?**

Les sources de la franc-maçonnerie sont doubles : la chrétienté et les constructeurs des cathédrales. Au cours des siècles, les francs-maçons ont fusionné ces deux courants pour, d'une part, se détacher progressivement des métiers de la construction et, d'autre part, pour prendre de la distance avec l'Église catholique jugée trop dogmatique. Il n'est donc pas étonnant de retrouver dans les symboles maçonniques à la fois des outils des bâtisseurs et des détournements des symboles chrétiens.

Les outils des bâtisseurs sont, en effet, très présents dans la symbolique maçonnique. À quoi peuvent donc bien servir un maillet, un ciseau, une équerre et un compas à des personnes qui depuis le

XVIII^e siècle sont sorties des chantiers ? Ils servent à délivrer un message d'une façon originale qui n'est pas le monopole de la franc-maçonnerie.

En effet, déjà au Moyen Âge, les architectes d'édifices religieux plaçaient, à la demande des commanditaires, des messages à destination des fidèles. Ces messages, issus de scènes bibliques, étaient gravés dans la pierre. Ils étaient chargés d'enseigner tel ou tel précepte moral à des fidèles qui ne savaient pas lire. Mais comme la taille et la sculpture sont des travaux lents et coûteux, les architectes ont eu l'idée de simplifier les messages en employant des symboles. L'utilisation des couleurs, des animaux ou des végétaux permettait alors d'exprimer simplement des idées qu'il aurait été difficile d'exposer autrement. Nous avons vu quelques exemples de la symbolique chrétienne dans le chapitre 2 sur Rosslyn Chapel.

Aujourd'hui, nous ne savons plus lire ces différents symboles, ce qui laisse la porte ouverte à des interprétations plus fantaisistes les unes que les autres.

Ce qu'il est important de conserver à l'esprit, c'est que les scènes gravées dans la pierre des églises médiévales délivrent un message qui touche directement le cœur et l'imagination. Point de mots à déchiffrer, point de texte à lire. Ces messages ne font pas appel au cerveau gauche, siège de la logique et de la parole, mais au cerveau droit, siège de l'imaginaire et de l'intuition. Ils activent donc la pensée symbolique qui fonctionne par association et analogie. Ce mode de communication sera repris par la franc-maçonnerie, qui utilise abondamment des symboles pour développer la pensée et pour enseigner ses valeurs.

Un symbole peut prendre plusieurs significations suivant le contexte dont il est extrait. Par exemple le coq est, pour les chrétiens, le symbole de la résurrection. Les chrétiens le placent donc au sommet des églises comme annonciateur du jour où le Christ reviendra. Pour les francs-maçons, le coq est le symbole de la force, du courage et de la persévérance, vertus que doit posséder un franc-maçon pour cheminer sur son parcours initiatique. Les francs-maçons le placent dans le cabinet de réflexion. C'est dans cette pièce sombre, située symboliquement sous la terre, que le candidat devra méditer quelque temps avant de vivre la cérémonie d'initiation qui fera de lui un franc-maçon. Ainsi, le coq n'annonce rien à venir. Il montre surtout que la vérité ne viendra que du candidat lui-même et aucun événement extérieur n'est prophétisé, attendu ni même espéré.

C'est dans ce même cabinet de réflexion que l'on trouve un crâne humain. Même si aujourd'hui il est en plastique, il semble souvent sinistre aux profanes qui pensent voir dans cet élément la preuve que la franc-maçonnerie s'adonne à des pratiques occultes. Il est vrai qu'un crâne n'est pas très réjouissant. Mais le crâne n'est pas forcément attaché à des pratiques occultes. Pour preuve, ce symbole était largement utilisé dans la peinture flamande du XVIe siècle. Des natures mortes appelées « vanités » mettaient en scène un crâne ou, quelquefois, une horloge pour représenter le passage du temps et la vanité de la vie humaine, pour montrer que finalement quoi qu'on fasse, c'est ainsi qu'on finira. Le crâne qui trône dans le cabinet de réflexion exprime le même message et ne doit pas être pris comme un symbole annonçant je ne sais quelles pratiques occultes, mais simplement la brièveté de la vie humaine.

Les francs-maçons se réunissent dans des temples. Il existe bien entendu des temples maçonniques magnifiquement décorés, en particulier aux États-Unis, mais la plupart du temps ce sont de simples salles de réunion. Cependant, comme tout temple, ces pièces ne sont pas disposées ni agencées n'importe comment, elles suivent un ordre quasi immuable.

**Les temples toujours à reconstruire**

L'architecture des lieux sacrés, temples ou églises élevés à la gloire de telle ou telle divinité, reflète généralement l'ordre du monde enseigné dans la religion ou le culte en question. Les pyramides et autres temples antiques n'étaient pas bâtis au hasard. Leur emplacement, leur orientation, et jusqu'à leur forme sont soigneusement choisis pour être en harmonie avec le lieu, l'époque et la religion qu'ils servent.

Les églises ont pour la plupart été construites sur des emplacements qui étaient déjà des lieux sacrés ou magiques, des lieux de miracle, des curiosités géologiques ou des anciennes sources souterraines. L'Église catholique a récupéré à son profit des croyances païennes existantes et les a canalisées à travers la construction d'un lieu de culte chrétien.

L'église est orientée d'ouest en est. Cette orientation symbolique place la façade au couchant d'où viennent les ténèbres, et l'autel au levant d'où sort la lumière symbolisant le Christ. Au haut Moyen Âge, l'orientation se précise puisque l'église est orientée vers le point du lever du soleil au jour anniversaire du saint auquel l'église est dédiée.

La forme des temples n'est pas non plus le fruit du hasard. Ainsi, la croix, symbole chrétien, se retrouve inscrite dans le plan des églises romanes qui initialement étaient rectangulaires.

Au Moyen Âge, les loges maçonniques désignaient des abris que les ouvriers montaient sur les murs de la construction pendant la durée du chantier. Lorsque les francs-maçons se sont détachés des métiers de la construction, ils ont commencé à se réunir dans les arrière-salles des tavernes. Ce n'est qu'au début du XIXe siècle que les francs-maçons se dotent de lieux de réunion fixes qu'ils appellent « temples ».

Comme les églises, les temples maçonniques sont tournés vers l'est. Mais les temples maçonniques ne sont pas des constructions réelles, mais imaginaires. Certes, la pièce où se réunissent les francs-maçons existe bien mais elle ne devient effectivement un temple qu'après qu'est prononcé un rituel appelé « rituel d'ouverture ». Ce rituel reconstruit symboliquement et par la parole le temple et son orientation. À la fin de la réunion, un rituel particulier appelé « rituel de fermeture » permet de déconstruire le temple qui redevient une simple salle de réunion. Ces rituels sont un jeu d'échanges de questions et de réponses entre les différents francs-maçons qui dirigent la loge.

Par cette construction, le temple devient le centre du monde où se rencontrent trois axes. Le premier d'est en ouest, le second du nord au sud et le troisième, appelé « axe du monde » du nadir au zénith. Bien sûr, ces lignes et ces points sont symboliques et il ne viendrait pas à l'esprit d'un franc-maçon de se prosterner dans une direction particulière. Il n'y a pas de lieu saint en franc-maçonnerie. Il n'y a d'ailleurs ni saint, ni martyr, ni miracle.

Dans le temple maçonnique sont accrochés des objets qui représentent les symboles maçonniques. Il y a plus de quatre-vingt-dix symboles différents dans les trois degrés de la maçonnerie et nous ne pouvons que nous intéresser aux plus connus et à ceux qui intriguent par leur forme ou leur connotation apparemment occulte.

## Le Grand Architecte de l'univers a remplacé Dieu

Le point central des Églises chrétiennes est la croix qui représente le Christ. Elle indique donc aux fidèles que la voie à suivre a été tracée par l'enseignement de Jésus. À la différence des Églises, la franc-maçonnerie ne délivre aucune vérité. Elle proclame que la vérité est à trouver en chacun de nous et n'est pas révélée. Bien entendu, l'Église catholique dans le passé et les églises évangélistes aujourd'hui voient d'un mauvais œil cette recherche personnelle qui sort des routes tracées par la Bible.

Et pourtant la franc-maçonnerie est une démarche spirituelle qui permet de trouver un sens à l'univers. La plupart des francs-maçons rejettent tout dogmatisme religieux. Pour unifier toutes les croyances en un même mouvement spirituel, les francs-maçons français inventent, à la fin du XIXe siècle, un symbole universel censé réunir toutes les religions et toutes les croyances. C'est le symbole du Grand Architecte de l'univers.

L'idée se résume simplement : toute démarche spirituelle qui permet à l'homme de réfléchir à son destin et de trouver sa place dans l'univers part du principe que celui-ci est ordonné et répond à un principe créateur. Pour les uns c'est le hasard, pour les autres c'est la science, pour d'autres enfin il s'agira d'une divinité. Le Grand Architecte de l'univers désigne ce principe créateur et ne se réduit à aucune des interprétations possibles. Le Grand Architecte de l'univers n'est pas le dieu des francs-maçons. C'est un symbole dans lequel chacun est libre de placer ce qu'il imagine être le principe créateur de l'univers.

Adolphe Crémieux, franc-maçon du milieu du XIXe siècle et promoteur de ce symbole, le décrit en des termes qui montrent bien l'esprit de conciliation que porte ce symbole : « Nous ne donnons aucune forme au Grand Architecte de l'univers, nous laissons à chacun le soin de penser ce qu'il veut. Quant à nous, nous nous inclinons devant l'Infini, l'Incompréhensible, et nous n'imposons pas plus la religion de Jupiter que celle d'Adonaï : toutes sont égales à nos yeux. »

En inventant ce symbole de Grand Architecte de l'univers, la franc-maçonnerie, malgré ses différents visages, préfigure ce que pourrait être une religion naturelle sur laquelle tous les hommes seraient d'accord, ou encore une spiritualité sans Dieu comme la rêve le philosophe André Comte-Sponville.

**L'œil d'Horus trône au centre des loges**

Dans les loges, le Grand Architecte de l'univers est représenté par un triangle équilatéral pointe en haut, entouré de rayons. Cette figure que les francs-maçons appellent le « delta lumineux » est souvent représentée avec, en son centre, un œil.

Le « delta » est installé au centre des loges, à l'orient, derrière le plateau du Vénérable. Il est, bien entendu, associé au nombre 3 et on trouve souvent associés à ce triangle les mots « liberté, égalité, fraternité » ou encore « voir, entendre et se taire ». Notons également que dans certaines loges laïques, le delta lumineux est remplacé par un buste de Marianne républicaine.

Au centre du delta est dessiné un œil très inquiétant qui semble ne jamais cesser d'observer. C'est l'œil de la conscience. Ce symbole n'a pas été inventé par la franc-maçonnerie spéculative. On trouve l'œil comme représentation de Dieu dans des peintures d'avant la Renaissance. C'est l'œil qui voit tout, qui protège ou qui juge selon les cas. Cet œil est généralement placé dans le ciel pour montrer que Dieu est partout. Pour le franc-maçon, l'œil représente le Grand Architecte de l'univers pris comme principe créateur indépendamment de toute religion.

« L'œil qui voit tout » proviendrait de l'image égyptienne de l'œil d'Horus, fils d'Isis et d'Osiris, appelé encore « œil d'Oudjat ». Cet œil est souvent présenté, à tort, comme l'emblème des sociétés secrètes qui œuvrent en coulisse pour instaurer un ordre nouveau. Il est souvent associé à l'idée d'un « Big Brother » qui surveillerait tout, partout et tout le temps. C'est justement la définition de la conscience, mais la conscience est personnelle et n'est pas un projet politique.

Le triangle est également une figure chrétienne de la divinité, et en particulier de la Sainte Trinité, que la franc-maçonnerie a reprise à son compte.

Mais le plus célèbre des symboles maçonniques est certainement la figure qui associe une équerre et un compas.

### Un compas pointé sur le nombril

L'équerre et le compas apparaissent en tant que symboles maçonniques en 1725 dans les premiers textes dévoilant les rituels maçonniques.

L'équerre seule est le symbole de la rectitude. Dans l'analogie utilisée par la franc-maçonnerie qui consiste à associer la vie d'un homme à un temple, l'équerre représente l'instrument qui permet de vérifier constamment que ce qui est construit est d'équerre, c'est-à-dire droit, et ne risque pas de s'écrouler. L'analogie s'arrête où commence la réflexion personnelle. La démarche symbolique proposée par la franc-maçonnerie demande que chacun s'empare du symbole de l'équerre et cherche dans sa propre vie quelles sont les valeurs qui l'aident à construire son existence avec droiture.

Comme instrument, le compas est l'emblème de la mesure, de la prudence et de la justice. Mais comme outil permettant de tracer des cercles, il a souvent également été associé à l'idée d'un dieu créateur. Cette association n'a pas été inventée par les francs-maçons mais reprise des enluminures médiévales représentant le créateur de l'univers tel un géomètre, tenant à la main un compas qui lui permet de dessiner le monde.

Lorsque l'équerre et le compas sont associés, ils constituent le grand symbole de la franc-maçonnerie. Aux États-Unis, où la franc-maçonnerie s'affiche, il est facile de reconnaître un bâtiment appartenant aux francs-maçons. En général, une équerre et un compas trônent fièrement sur le fronton de l'édifice. En France, depuis l'occupation allemande, les obédiences sont plus discrètes et n'affichent pas de signes ostentatoires sur leurs murs.

Dans cette association, l'équerre désigne la matière et le compas l'esprit. Les placer ensemble nous enseigne le fait que la matière et l'esprit sont indissociablement liés et indique la double nature de l'homme fait de matière et d'esprit.

L'équerre est placée en bas, ouverte vers le haut, et le compas en haut, ouvert vers le bas. Les branches du compas et celles de l'équerre se croisent donc. La position relative de ces branches a un sens particulier. Lorsque l'équerre est sur le compas, le symbole désigne le grade d'apprenti, lorsque les deux branches sont entrecroisées, le grade de compagnon, et lorsque le compas est placé sur l'équerre, il s'agit du grade de maître. La lecture symbolique de ces configurations est que plus le franc-maçon avance dans les grades maçonniques, plus il apprend à ouvrir son esprit et à se libérer de la matière qui l'emprisonne. Mais ne nous y trompons pas. Un franc-maçon ne deviendra pas un mystique éthéré complètement détaché des contraintes matérielles.

L'équerre est associée à la Terre, au nombre 4 et au carré. Le compas est associé au Ciel, à l'unité et au cercle. Réunir l'équerre et le compas est, d'une certaine façon, s'engager à réussir la quadrature du cercle, construction géométrique délicate et *a priori* impossible qui consiste à faire coïncider un carré de même aire qu'un cercle donné. Ce problème est impossible car le nombre XXX est un nombre transcendant, c'est-à-dire qu'il n'est solution d'aucune équation algébrique. Mais, au-delà des mathématiques, c'est d'un point de vue symbolique que le problème de la quadrature intéresse les francs-maçons. En effet, il revient à dire qu'il est impossible par une construction humaine (la géométrie) de faire totalement coïncider la matière et l'esprit. On peut alors imaginer de faire tendre le carré vers le cercle, mais l'atteindre parfaitement est impossible.

Le temple est justement ce lieu de passage entre la Terre et le Ciel. L'homme, fait de matière et d'esprit, est de la même nature que le temple. La démarche maçonnique qui permet de réconcilier la nature matérielle de l'homme et sa dimension spirituelle a justement choisi comme symbole universel l'équerre et le compas. Le grand architecte romain Vitruve, qui vécut un siècle avant notre ère, illustre cela par les mots suivants : « Si on couche un homme sur le dos, mains et jambes écartées, et qu'on pointe un compas sur son nombril, on touchera tangentiellement, en décrivant un cercle, l'extrémité des doigts de ses deux mains et de ses orteils. Mais ce n'est pas tout : de même que la figure de la circonférence se réalise dans le corps, de même on y découvrira le schéma du carré. Si, en effet, mesure est prise d'un homme depuis la plante des pieds jusqu'au sommet de la tête et qu'on reporte cette mesure sur la ligne définie par ses mains tendues, la largeur se trouvera être égale à la hauteur, comme sur les aires carrées à l'équerre. »

Je conçois que cela apparaisse très abstrait car il est vrai que l'utilisation des symboles du langage et de la pensée symbolique n'est pas acquise et s'apprend. Cette forme de pensée n'est pas contradictoire avec le raisonnement logique. Elle vient l'enrichir, permet d'ouvrir de nouveaux mondes par la pensée et d'élargir son champ de conscience.

Ces outils ne sont pas les seuls à provenir du monde des tailleurs de pierre. Dans une loge maçonnique, on va également trouver un maillet et un ciseau, le fil à plomb et le niveau. Chaque outil a une ou plusieurs significations. L'objet du travail maçonnique est justement de rechercher des liens d'association ou d'opposition entre ces symboles.

La franc-maçonnerie n'est pas un dictionnaire de symboles qui permettrait d'associer à chaque symbole un sens précis. Les symboles sont un support de réflexion au travail intellectuel des francs-maçons qui réfléchissent ensemble et individuellement au sens de leur vie et au moyen de l'améliorer. Si l'équerre et le compas semblent ainsi montrer une unité dans ce symbole où ils sont associés, c'est parce que toute la philosophie maçonnique repose sur une dualité fondamentale qui s'exprime au travers, en particulier, des symboles du soleil et de la lune.

**Le soleil et la lune**

Ce qui frappe le visiteur la première fois qu'il entre dans un temple maçonnique, c'est le delta lumineux placé au centre du mur du fond, et le soleil et la lune qui encadrent ce delta. Pourquoi avoir choisi ces deux symboles ? Est-ce une influence alchimique ? Et pourquoi les avoir placés précisément à cet endroit ?

Dans la peinture chrétienne de la Renaissance, le Christ sur la croix est souvent représenté avec un soleil à sa droite et une lune à sa gauche. Ces deux éléments représentent la dualité et la complémentarité, opposant lumière et obscurité, vie et mort… Cette représentation de la dualité associant le soleil et la lune n'est pas née dans le christianisme puisqu'elle prend sa source dans des traditions plus anciennes comme la légende égyptienne d'Isis et d'Osiris, le culte d'Apollon et de Diane, ou l'alchimie. Le christianisme a repris ces symboles et les a organisés autour de la figure centrale de sa doctrine : le Christ. Mozart les a mis en scène dans *La Flûte enchantée*, sous les traits de Sarastro, associé au soleil, et de la Reine de la nuit, associée à la lune (voir chapitre 4).

La franc-maçonnerie a repris à son tour ces symboles primitifs mais, certainement pour se démarquer de l'Église catholique, elle les a inversés puisque dans une loge maçonnique, le soleil est à droite et la lune à gauche.

Ces deux symboles sont toujours associés. Le soleil représente le principe actif, la lumière, et est associé au feu et à l'or ; la lune représente le principe passif, le reflet, et est associée à l'eau et à l'argent. Il n'y a pas d'idée de bien ni de mal dans cette classification car ces symboles, complémentaires plus qu'opposés, ne sont que… des outils.

Un autre symbole important réunit les deux principes antagonistes exprimés par le soleil et la lune. Il s'agit de l'étoile flamboyante bien connue des antimaçons qui voient en elle la preuve que la franc-maçonnerie est une secte sataniste. Alors, Satan ou pas Satan ?

### L'étoile flamboyante et le bouc des francs-maçons

Ce symbole est une étoile à cinq branches, ou pentagramme, de laquelle partent des rayons censés symboliser le flamboiement de l'étoile. Pour beaucoup, ce symbole est une figure magique, voire satanique. Si les francs-maçons l'utilisent, c'est donc qu'ils ont quelque chose à voir avec le diable. C'est tout simplement ignorer que l'étoile à cinq branches est plus ancienne que l'invention du diable. On la retrouve dans les hiéroglyphes égyptiens, associée à Horus, fils d'Isis et d'Osiris. Elle est placée sur la tête de la déesse romaine de la santé et de la prévention Hygie comme pour montrer le droit chemin, et enfin l'étoile à cinq branches est la figure centrale de l'enseignement de Pythagore qui repose sur le nombre d'or.

Ce nombre, appelé aussi divine proportion, vaut 1,618… Il présente des caractéristiques fabuleuses. Toute figure géométrique fondée sur cette proportion a la fabuleuse propriété d'être harmonieuse à nos yeux. Pourquoi ? Mystère. Ce nombre quasi magique aux caractéristiques arithmétiques étonnantes était vénéré par les pythagoriciens. Il n'est donc pas surprenant de le retrouver dans les œuvres artistiques, en peinture, sculpture et architecture. On le trouve inscrit dans les proportions de la pyramide de Kheops, dans celle du Louvre, dans la Géode de la Cité des sciences à Paris, dans la façade du Parthénon ou dans le tableau de Léonard de Vinci représentant la Cène.

On le retrouve également dans la spirale des coquillages, dans le cœur des fleurs du tournesol, et même sur notre corps puisque notre nombril divise notre taille en deux segments qui sont dans le rapport proche de 1,618. Faites l'expérience, ça marche presque à tous les coups !

D'une manière générale, l'étoile à cinq branches peut être représentée avec une pointe en bas ou une pointe en haut. Lorsque la pointe est en haut comme dans le fameux dessin de Léonard de Vinci

où l'on voit un homme bras et jambes écartés inscrit dans l'étoile, l'étoile est considérée comme bénéfique. Lorsque la pointe est en bas, elle est considérée comme maléfique. C'est ainsi que les antimaçons du XIX^e siècle (voir chapitre 6) ont inscrit dans cette étoile pointe en bas une tête de bouc censée représenter le diable, le museau dans la pointe en bas et les deux cornes dans les deux pointes du haut. Dans les loges maçonniques, l'étoile est toujours représentée pointe en haut et les seuls boucs présents sont ceux portés par les frères barbus.

Dans beaucoup de traditions, l'étoile est avant tout un guide. Il est évident que cela provient de l'utilisation que les premiers navigateurs ont pu faire des étoiles fixes qui leur servaient de repères. L'étoile de Bethléem qui guide les Rois mages en est un bon exemple.

Au centre de l'étoile flamboyante, comme souvent également entre l'équerre et le compas, les francs-maçons ont placé la lettre G. Plusieurs significations de cette lettre existent. G comme initiale peut désigner « la Géométrie » qui est vue par les francs-maçons comme la science de la maçonnerie. Elle peut également désigner « la Gravitation », qui ramène la réflexion aux idées de centre et de loi universelle. Sans entrer dans le détail, elle peut enfin désigner « la Gnose », la Génération, ou encore « le Grand Architecte de l'univers ».

L'étoile est un pentagramme, c'est-à-dire une figure géométrique parfaite à cinq côtés. Cette figure renvoie donc au nombre 5 qui est le nombre du grade de compagnon. L'importance du nombre

5 et de l'étoile qu'il génère est attestée dans la tradition alchimique. Dans cette dernière, l'étoile représente le sel, produit du soufre et du mercure. Ces deux corps sont symboliquement associés aux deux principes opposés que les alchimistes représentaient justement par le soleil et la lune. Le sel représente alors pour les alchimistes le principe essentiel ou quintessence qui, comme son nom l'indique, repose sur la symbolique du nombre 5.

Les quelques phrases qui précèdent peuvent sembler un peu étranges à ceux qui voient dans la franc-maçonnerie un lieu de débat sur la marche du monde et le progrès social. Certes, les différentes obédiences et loges ne sont pas toutes portées sur le travail symbolique avec la même intensité. Mais la règle fondamentale de la franc-maçonnerie est de n'imposer aucune limite à ses membres dans leur recherche. Cela explique aussi pourquoi la franc-maçonnerie est si difficile à circonscrire. Elle est une méthode qui offre une grille de lecture des phénomènes physiques et métaphysiques. Avec cette grille, tout prend du sens même ce qui paraît ridicule aux yeux du public, comme le fait de porter un tablier et des gants blancs.

### Dans les eaux bourbeuses du vice

Les francs-maçons portent un tablier et des gants. Voilà qui peut surprendre pour des femmes et des hommes qui ne risquent finalement ni de se blesser ni de se salir les mains puisque l'usage des outils est uniquement symbolique.

Alors, à quoi servent ces accessoires ?

Là encore, il faut se plonger dans l'histoire et le symbolisme pour comprendre leur signification.

Nous avons vu que la franc-maçonnerie est née dans les corporations des bâtisseurs de cathédrales du Moyen Âge. À cette époque, les ouvriers portaient un long tablier de cuir et des gants qui leur permettaient de se protéger des éclats de la pierre. Lors des cérémonies officielles, processions ou fêtes, les corporations défilaient en arborant leurs décors. Les maçons ne défilaient pas avec leurs vrais habits de travail, mais avec des accessoires de cérémonie, propres, beaux et décorés des symboles de leur corporation.

Les francs-maçons modernes conservent cette tradition. Le tablier est court, blanc et fait de cuir souple. Les gants sont blancs également. Ils n'ont plus aucune fonction pratique. Ils sont devenus la marque de l'héritage des francs-maçons, et le symbole du travail.

Certains ont affirmé que le tablier des francs-maçons était la marque du fait que la franc-maçonnerie était l'héritière de l'ordre des Templiers (voir chapitre 1). Mais c'est oublier que les templiers qui, il est vrai, portaient des tabliers, n'en avaient pas le monopole puisque cet accessoire était utilisé dans toutes les professions manuelles.

Les gants sont blancs, car comme il est dit dans un rituel maçonnique de 1800 : « Ne souillez jamais la blancheur éclatante de ces gants en trempant vos mains dans les eaux bourbeuses du vice : ils sont le symbole de votre admission dans le temple de la vertu. »

Nous voilà parvenus à la fin de notre voyage. Nous avons parcouru les événements de l'histoire qui ont donné naissance aux idées reçues racontées encore aujourd'hui. Nous avons levé le voile sur quelques-uns des principaux symboles maçonniques et évoqué, par le mythe d'Hiram, le cœur de la démarche initiatique.

Et pourtant, je sais bien qu'il vous manque encore quelque chose, et ce quelque chose constitue le vrai secret des francs-maçons.

## Finalement, rien n'a changé

Au XVIIIe siècle, un poème maçonnique résume assez bien l'idée de la difficulté de comprendre la franc-maçonnerie de l'extérieur : « Pour le public, un franc-maçon/Sera toujours un vrai problème/Qu'il ne saurait résoudre à fond/Qu'en devenant maçon lui-même. »

Les choses ont-elles changé depuis cette époque ? En apparence oui puisque, depuis que la franc-maçonnerie existe, tout a été écrit y compris la signification des symboles, le récit des principaux mythes et le contenu des rituels. Mais cela ne doit pas suffire car malgré ces publications, il reste encore un dernier secret à dévoiler.

Ce secret concerne ce que chaque franc-maçon apprend au cours de son expérience initiatique qui est difficilement explicable et impossible à transmettre. En effet, la franc-maçonnerie n'est pas constituée par un enseignement que l'on pourrait suivre dans un livre ou sur internet, mais par une pratique personnelle et régulière. C'est ce qu'on apprend au cours de cette expérience personnelle qui constitue finalement le vrai secret maçonnique.

Les connaissances que les francs-maçons acquièrent dans les loges ne sont pas des connaissances mystiques des savoirs occultes ou sataniques mais la connaissance du monde et de leur propre vie. Cette connaissance n'est pas donnée, n'est pas révélée ni découverte par un procédé magique ou en lançant des incantations. Chacun construit sa propre vérité. La franc-maçonnerie n'est là que pour proposer des outils et une méthode de construction personnelle. Cette réalisation est l'œuvre de toute une vie.

Le frère Casanova (eh oui, le célèbre Casanova, connu pour ses aventures galantes, était aussi un franc-maçon engagé) exprime parfaitement dans ses Mémoires ce qu'est le vrai secret maçonnique : « Le secret de la franc-maçonnerie est inviolable par sa propre nature, puisque le maçon qui le sait ne le sait que pour l'avoir deviné. Il ne l'a appris de personne, il l'a découvert à force d'aller en loge, d'observer, de raisonner, de déduire. Lorsqu'il y est parvenu, il se garde bien de faire part de sa découverte, fût-ce à son meilleur ami puisque s'il n'a pas eu le talent de le pénétrer, il n'aura pas non plus celui d'en tirer parti en l'apprenant oralement. Ce secret reste toujours un secret. »

Les découvertes dont parle Casanova à la fin du XVIII$^{e}$ siècle sont les mêmes que celles que font les francs-maçons dans les loges du XXI$^{e}$ siècle. Elles constituent le vrai secret de la franc-maçonnerie.

Finalement, rien n'a changé.

**À lire**

BOUCHER, Jules, *La Symbolique maçonnique*, Dervy, 1990.

COMTE-SPONVILLE, André, *L'Esprit de l'athéisme : introduction à une spiritualité sans Dieu*, Albin Michel, 2006.

DUPUY, Richard, *La Foi d'un franc-maçon*, Omnibus, 1976.

HARWOOD, Jeremy, *La Franc-maçonnerie*, Le Pré aux clercs, 2006.

MAINGUY, Irène, *La Symbolique maçonnique du troisième millénaire*, Dervy, 2001.

ORESVE, Louis-Marie, *À la recherche du secret maçonnique*, Alphée, 2005.

## Repères

### La franc-maçonnerie française aujourd'hui

Les 145 000 francs-maçons que compte la France se retrouvent régulièrement dans des loges pour débattre de sujets aussi variés que la mondialisation, la démarche initiatique, la philosophie des Lumières, l'ésotérisme chrétien, le soufisme, la symbolique de la géométrie du Temple, la spiritualité…

Les loges maçonniques sont regroupées au sein d'obédiences. Aujourd'hui, en France, on en compte une douzaine dont les principales sont le Grand Orient de France, la Grande Loge de France, la Grande Loge nationale française, l'Ordre maçonnique mixte international, le Droit humain et la Grande Loge féminine de France. Certaines sont plus tournées vers l'action politique et sociale, d'autres plus portées sur le travail initiatique, donc personnel. Certaines sont exclusivement masculines, d'autres exclusivement féminines, d'autres enfin sont mixtes. Le paysage maçonnique français est donc, on le voit, très varié. Peut-on tout de même parler alors de franc-maçonnerie française ? Oui, car au-delà de ces spécificités, les obédiences utilisent le même langage symbolique, partagent les mêmes valeurs et se retrouvent dans les quatre points suivants :

1. La franc-maçonnerie est une organisation qui propose à ses membres un enseignement initiatique leur permettant de s'améliorer, tant sur le plan moral que sur le plan spirituel.
2. La franc-maçonnerie n'est pas une construction surnaturelle. C'est une société humaine fondée sur la fraternité et sur la tolérance. Ainsi, les francs-maçons se reconnaissent comme frères, se doivent aide et assistance, respectent la pensée d'autrui et encouragent sa libre expression.
3. La méthode maçonnique repose sur l'utilisation de symboles dont les plus connus sont l'équerre et le compas. Les membres se réunissent dans des loges et pratiquent un rite (le plus pratiqué s'appelle le « rite écossais ancien et accepté ») qui les guide dans leur démarche initiatique. Celle-ci consiste, pour le franc-maçon, à apprendre à mieux se connaître et ainsi à comprendre sa place dans le cosmos, à bâtir sa vie puis à participer à l'amélioration du monde. Les rites maçonniques sont organisés en degrés dont les trois premiers reprennent les grades des métiers du bâtiment : apprenti, compagnon et maître.
4. Les francs-maçons se repèrent entre eux par des signes de reconnaissance. Chaque franc-maçon est libre de faire part ou non de son

appartenance mais ne doit jamais révéler celle d'autres frères. Ces signes sont secrets et ne doivent pas être communiqués à autrui n'ayant pas qualité pour les connaître.

### Dans le secret des corporations de métiers

La franc-maçonnerie telle que nous la connaissons aujourd'hui est née en Angleterre au début du XVIIIe siècle. Elle est le prolongement des loges des bâtisseurs de cathédrales organisés en corporations ou guildes dès le XIe siècle. Ainsi, les origines historiques généralement acceptées de la franc-maçonnerie sont les confréries, puis les corporations de métiers qui, cherchant à se libérer de l'influence des ordres ecclésiastiques, s'organisèrent dès le XIe siècle, notamment en Écosse, en Angleterre et en France. Les maçons prirent alors le nom de francs maçons, franc *(free* « libre » en anglais) signifiant qu'ils disposaient du privilège de se déplacer librement et non d'être attachés à une ville ou à un maître particulier.

Ces maçons se déplaçaient de chantier en chantier selon l'offre et la demande. Ils n'avaient donc pas de lieu permanent pour se retrouver. Ils eurent alors l'idée de construire des bâtiments particuliers, appelés « loges », pour se retrouver entre eux. Il s'agissait d'un simple local de chantier accolé au mur du bâtiment en construction pour le temps du chantier. C'est là que les ouvriers se réunissaient, travaillaient (notamment lorsqu'il pleuvait), mangeaient et se reposaient. C'était aussi le lieu où se transmettaient les secrets du métier. C'est là aussi que se déroulaient les cérémonies d'initiation au métier et de passage du degré d'apprenti au grade de compagnon.

Soucieuses de préserver leurs secrets et leurs privilèges, les corporations de métiers avaient conçu des rites particuliers dans le but de sélectionner les meilleurs ouvriers et de s'assurer de leur progression technique mais aussi morale. Pratiques fortement inspirées des symboles et mythes chrétiens car la religion chrétienne était, à cette époque, la seule référence en matière de spiritualité.

Les chantiers duraient plusieurs années et rassemblaient plusieurs centaines d'ouvriers de confréries différentes. Pour s'y retrouver, les corporations ont développé un système de reconnaissance par mots de passe, signes secrets particuliers et accoutrements et attouchements bizarres. Bien sûr, ces moyens de reconnaissance étaient secrets et donc uniquement réservés aux membres de la corporation suivant leur progression dans l'apprentissage du métier. Ainsi est né ce qui deviendrait le fameux secret maçonnique, ce qu'on appelait alors le « mot du maître », sorte de mot quasi magique permettant d'accéder aux secrets et mystères des bâtisseurs de cathédrales. Mais la vérité est qu'à la place du mystère, le « mot du maître » permettait surtout à celui qui le possédait de recruter et de diriger des ouvriers de la corporation, bref de s'installer à son compte.

Ces corporations de métiers traversèrent le Moyen Âge et la Renaissance. Les guerres de Religion ainsi que les querelles de pouvoir jetèrent l'Europe dans le conflit. Et quand ça ne va pas, c'est bien connu, c'est le bâtiment qui trinque ! Ainsi, les corporations de métiers perdirent-elles progressivement leurs privilèges, furent attaquées par l'Église qui les trouvait trop secrètes et par le pouvoir qui les trouvait trop puissantes. De plus, l'imprimerie naissante allait transformer la société fondée sur les traditions orales en une société fondée sur une tradition écrite. Les rites, rituels et secrets en tous genres semblaient alors désuets.

Et pourtant, le système rituel des corporations avait fait ses preuves. Il fonctionnait d'ailleurs tellement bien que certains, étrangers au métier de bâtisseurs, s'intéressèrent de très près à cette pratique. Ainsi, à partir du début du XVIIe siècle, les loges de métiers, en Angleterre et en Écosse, commencèrent à admettre des membres qui n'étaient pas des ouvriers tailleurs de pierre. Ainsi naquit la franc-maçonnerie moderne.

## La franc-maçonnerie des gentilshommes

La première Grande Loge, regroupant plusieurs loges, fut créée en 1717 à Londres. Cette année marque un tournant dans l'histoire de la franc-maçonnerie puisqu'à partir de cette date, la franc-maçonnerie se détache des corporations de métiers. Mais ce passage ne s'est pas fait en un coup de baguette magique et il a fallu plusieurs années pour que les loges maçonniques ne soient composées que de personnes étrangères aux métiers du bâtiment et pour qui le maillet et le ciseau n'étaient plus que des symboles.

En France, la première loge, Amitié et Fraternité, s'installe à Dunkerque en 1721. Cette époque marque le début d'un succès prodigieux de la maçonnerie en France. Il est vrai que le terrain était favorable : besoin de réaction contre le despotisme royal, aspiration à la liberté, goût pour les sciences et la philosophie, curiosité pour l'Angleterre.

Une autre année marque également un tournant pour la maçonnerie moderne : 1723. À cette date, James Anderson, un pasteur britannique et franc-maçon, trace dans un texte célèbre qui porte son nom les contours de cette nouvelle société. Les *Constitutions du pasteur Anderson* sont d'une audace incroyable car elles tolèrent toutes les opinions politiques et surtout religieuses, inventent une nouvelle croyance en une loi et un Dieu naturel indépendants de toute religion.

## Je suis tombé par terre, c'est la faute à Voltaire !

Ces nouveaux maçons philosophes, savants et hommes de lettres virent dans la franc-maçonnerie une méthode originale qui, au travers du symbolisme de la construction, pouvait permettre aux hommes de se perfectionner et de construire leur vie de façon harmonieuse. À cette époque, des mouvements de pensée qui conduiront à la philosophie des Lumières commençaient à poindre. Ces mouvements prônaient l'émancipation de la raison et défendaient la science face à la religion. Ces hommes éclairés trouvèrent dans le secret des loges la protection contre le pouvoir des églises et des rois. C'est dans ce cocon qu'ils purent explorer de nouvelles solutions pour en finir avec les guerres et les querelles religieuses qui déchiraient l'Europe. C'est en particulier dans les loges maçonniques du XVIIIe siècle que naquit une nouvelle philosophie fondée sur l'autonomie et la raison, la finalité humaine et l'universalité : la philosophie des Lumières. Derrière elle se cachait un combat pour l'émancipation de la pensée humaine, combat à mener contre la religion et le pouvoir royal. Ce combat ira jusqu'à la prise de la Bastille et on accusera alors les francs-maçons d'avoir provoqué cette révolution.

La Terreur qui suivit décime la franc-maçonnerie, essentiellement composée d'aristocrates. Mais, au début du XIXe siècle, les loges reprennent progressivement leurs activités. La franc-maçonnerie se recompose alors progressivement puis s'étend au monde entier sans grande homogénéité puisqu'au milieu du XIXe siècle, la franc-maçonnerie recense plus de mille rites différents !

Napoléon avait parfaitement compris l'avantage politique qu'il était possible de tirer de la franc-maçonnerie. Il tenta sans grand succès de mettre de l'ordre dans tous les rites maçonniques. Pendant l'Empire, la maçonnerie devint une mode et la campagne d'Égypte favorisa le goût pour les mystères et les rites les plus étranges.

À la fin du XVIIIe siècle et surtout au XIXe siècle, les obédiences s'organisent et acquièrent des bâtiments. Les loges quittent les arrière-salles des tavernes pour des lieux dédiés appelés « temples ». Ces derniers, souvent richement décorés, s'inspirent de la symbolique égyptienne, très à la mode à cette époque et porteuse de tous les mystères.

## Quand la franc-maçonnerie fait de la politique

La IIIe République française, qui s'étend de 1870 à 1940, marque l'apogée de la maçonnerie et plus précisément de son action politique. La franc-maçonnerie prône un libéralisme souvent anticlérical qui conduira aux lois de 1901 sur les associations, aux lois de Jules Ferry sur l'école publique et laïque, et surtout à la loi de séparation de l'État et des Églises dite « loi de 1905 ». Mais ces actions politiques amènent des réactions de plus en plus hostiles de la part de l'opinion publique qui voit d'un mauvais œil l'influence de cette société secrète sur la politique française. L'antimaçonnisme, organisé en parti et en ligue, refait alors son apparition et répond à la hauteur de l'importance de l'engagement de la franc-maçonnerie dans la vie politique.

Si dès le XVIIIe siècle les femmes apparaissent dans des mouvements maçonniques, c'est à la fin du XIXe siècle que naît la première franc-maçonnerie mixte. La franc-maçonnerie uniquement féminine devra attendre le début du XXe siècle pour exister pleinement.

Le XIXe siècle est également le siècle de la formalisation de l'idée de Grand Architecte de l'univers, principe créateur que chacun est libre d'interpréter selon ses croyances et ses convictions. Loin d'unifier tous les courants, l'idée de ce principe créateur indépendant de toute religion va diviser la franc-maçonnerie en deux branches :

- La première, dite « libérale », rejette l'idée d'un Grand Architecte de l'univers et se tourne alors vers une maçonnerie laïque engagée dans le combat politique et social.
- La seconde, dite « traditionnelle », se réfère au Grand Architecte de l'univers mais s'interdit toute discussion ayant trait à la politique ou à la religion dans ses loges.

Cette distinction, qu'il conviendrait de nuancer, divise encore aujourd'hui le paysage maçonnique français. Pour simplifier, disons qu'elle correspond à deux conceptions du rôle de la franc-maçonnerie dans le monde moderne. La première consiste à vouloir changer le monde par l'action politique, la deuxième à vouloir changer les femmes et les hommes qui changeront le monde.

L'occupation nazie reste dans les mémoires un moment douloureux pour la franc-maçonnerie. Pour la première fois de son histoire pourtant mouvementée, la franc-maçonnerie est interdite par le gouvernement de Vichy, dès août 1940. Un millier de frères paieront de leur vie la résistance au nazisme et à l'Occupation. Il faudra vingt ans à la franc-maçonnerie pour retrouver l'effectif d'avant-guerre. Aujourd'hui, le nombre de francs-maçons augmente régulièrement de 3 à 4 % par an, mais la moyenne d'âge reste sensiblement élevée.

**Mais que se passe-t-il dans les loges ?**

Internet et les nouvelles technologies de l'information et de la communication permettent à cette société réputée discrète de gagner plus en visibilité. Des conférences ouvertes aux non-maçons sont régulièrement organisées par les obédiences et des journées portes ouvertes permettent aux profanes de visiter des temples maçonniques dont certains sont des lieux chargés d'histoire. Mais en dehors de ces événements particuliers, les portes restent fermées sur le fameux secret des francs-maçons et les profanes ne peuvent participer à une tenue de loge. Ce fameux secret maçonnique qui a fait couler tant d'encre et qui a prêté le flanc à tant de rumeurs intrigue toujours les profanes. Que se passe-t-il donc dans les loges maçonniques ? Pour le savoir, répondent les francs-maçons, il suffit de devenir franc-maçon !

Alors pourquoi tant de mystères ? Est-ce que le secret a encore du sens dans notre monde moderne axé sur la communication ? La réponse est simple. Les francs-maçons ferment les portes de leur loge pour se protéger des agitations du monde moderne... et ce depuis que la franc-maçonnerie existe. C'est finalement ce qu'avaient compris les corporations de métiers lorsqu'elles décidèrent de construire les premières loges pour pouvoir travailler tranquillement à l'abri des pouvoirs politiques et religieux et parfaire leur œuvre dans la sérénité.

## À lire

BENHAMOU, Philippe et HODAPP, Christopher, *La Franc-Maçonnerie pour les Nuls*, First, 2006.

COMBES, André, *Les Trois Siècles de la franc-maçonnerie française*, Édimaf, 1989.

DACHEZ, Roger, *Histoire de la franc-maçonnerie française*, PUF, « Que sais-je ? », 2003.

GARNIER, Éric, *Les Grandes Obédiences de la franc-maçonnerie française*, De Vecchi, 2007.

HARWOOD, Jeremy, *La Franc-maçonnerie*, Le Pré aux clercs, 2006.

NAUDON, Paul, *Histoire générale de la franc-maçonnerie*, Charles Moreau, 2004.

NEFONTAINE, Luc, *La Franc-Maçonnerie : une fraternité révélée*, Gallimard, « Découvertes », 2000.

PRAGMAN, Jiri, *L'internet est-il maçonnique ?* Ivoire-Clair, 2005.

SAUNIER, Éric *et al.*, *Encyclopédie de la franc-maçonnerie*, La Pochothèque, 2002.

SIMON, Pierre, *La Franc-Maçonnerie*, Flammarion, « Dominos », 2002.

# TABLE

**Chapitre 8**



**Chapitre 9**

**Chapitre 10**

**Repères**

*Composé par Nord Compo Multimédia*
*7, rue de Fives, 59650 Villeneuve-d'Ascq*

Achevé d'imprimer par GGP Media GmbH, Pößneck
en Octobre 2008
pour le compte de France Loisirs,
Paris

N° d'éditeur : 53563
Dépôt légal : Juillet 2008
Imprimé en Allemagne